लीची
उत्पादन एवं विपणन

लेखकों का परिचय

प्रोफेसर (डॉ0) कौशल कुमार मिश्र ने पीएच0डी0 की उपाधि 1986 में गो0ब0पंत कृषि एवं प्रौद्योगिक विश्वविद्यालय, पंतनगर (उत्तराखण्ड) से प्राप्त की। तद्परान्त 1989 में इन्होंने अपनी पोस्ट डाक्ट्रेट की डिग्री, वर्जीनिया पॉलीटेक्निक इन्स्टीट्यूट और स्टेट विश्वविद्यालय, ब्लेकसवर्ग, वर्जीनिया, यूनाईटेड स्टेट ऑफ अमेरिका से प्राप्त की। डॉ0 मिश्र जून 08, 1974 से पंतनगर विश्वविद्यालय में विभिन्न पदों पर कार्यरत रहे हैं। ये जुलाई 27, 1998 से प्रोफेसर के पद पर कार्यरत हैं। डॉ0 मिश्र नवम्बर 01, 2004 से 18 दिसम्बर, 2005 तक तथा नवम्बर 30, 2006 से जून 02, 2009 तक विभागाध्यक्ष के पद पर रहे। इन्होंने 29 पुस्तकें, 198 शोध पत्र, 150 लेख और 12 से अधिक पुस्तकों में अध्याय प्रकाशित किये हैं। इनको 1984 में डॉ0 राजेन्द्र प्रसाद पुरूस्कार, भारतीय कृषि अनुसंधान परिषद, नई दिल्ली द्वारा दिया गया है। मैन ऑफ दि ईयर 1997–99 एवार्ड ए0बी0आई0 नार्थ कैरोलिना (सं0रा0 अमेरिका) से प्राप्त किया है। उद्यान फैलोशिप, उत्तराखण्ड–2004 और फैलोशिप, हार्टीकल्चर सोसाइटी ऑफ इण्डिया, 2013 प्राप्त हुए हैं। इनको बेस्ट सिटीजन ऑफ इण्डिया पुरूस्कार 2006 व 2010, नई दिल्ली भी प्रदान किये गये हैं। डॉ0 मिश्र को 43 वर्ष का शिक्षण, शोध व प्रसार शिक्षा का अनुभव है। 16 पीएच0डी0 और 14 एम0एससी0 छात्रों ने इनके निर्देशन में अपनी डिग्री प्राप्त की है।

डॉ0 सतीश चन्द ने पीएच0डी0 की उपाधि 2005 में हेमवती नन्दन बहुगुणा, गढ़वाल केन्द्रीय विश्वविद्यालय, श्रीनगर (उत्तराखण्ड) से प्राप्त की है। गोविन्द बल्लभ पंत कृषि एवं प्रौद्योगिक विश्वविद्यालय पंतनगर के उद्यान अनुभाग में 24 जून, 1988 से अक्टूबर 2010 तक उद्यान अवर अभियन्ता एवं उद्यान अधीक्षक के पदों पर कार्यरत रहे। 17 मई, 2006 को कनिष्ठ अनुसंधान अधिकारी के पद पर सीनियर स्केल (ग्रेड पे–8,000/–) में कार्यरत हैं। डॉ0 सतीश चन्द ने 20 शोध पत्र, 4 पुस्तकें, 2 बुक चैप्टर प्रकाशित किये हैं। डॉ सतीश चन्द को 24 वर्ष का पुष्प विज्ञान, पौधशाला प्रबन्धन एवं 11 वर्षों का शिक्षण, अनुसंधान एवं प्रसार शिक्षा का अनुभव है। सात एम0एससी0 उद्यान विज्ञान (पुष्प विज्ञान) एवं 02 ने एम0एससी0 उद्यान विज्ञान (फल) में इनके निर्देशन में अपनी डिग्री प्राप्त की है तथा 02 छात्र पीएच0डी0 उद्यान विज्ञान (फल विज्ञान) में तथा 01 छात्र एम0एससी0 उद्यान विज्ञान (फल) में इनके निर्देशन में डिग्री हेतु अध्ययनरत् हैं।

लीची
उत्पादन एवं विपणन

लेखक:

डॉ० कौशल कुमार मिश्र,

पीएच०डी०, पी०डी० (संयुक्त राज्य अमेरिका),

प्रोफेसर (उद्यान विज्ञान)

एवं

डॉ० सतीश चंद

पीएच०डी०, कनिष्ठ शोध अधिकारी,

सीनियर स्केल (उद्यान विज्ञान)

उद्यान विज्ञान विभाग, कृषि महाविद्यालय, गोविन्द बल्लब पंत कृषि एवं प्रौद्योगिक विश्वविद्यालय, पंतनगर, उद्यमसिंह नगर, उत्तराखण्ड

BIOTECH

2018

BIOTECH BOOKS

प्रकाशन एवम् वितरक
बायोटेक बुक्स
4762–63/23, अंसारी रोड़, दरियागंज
नई दिल्ली–110052
दूरभाषः +91–11–23262132
E-mail: biotechbooks@yahoo.co.in

प्रथम संस्करण 2018

ISBN: 978-81-7622-418-5

भारत में मुद्रित।

प्रोफेसर

(डॉ०) दलबहादुर सिंह
को
सादर समर्पित।

विषय सूची

प्राक्कथन

लीची विश्व की बहुत ही अच्छी फल फसल है। उपोष्ण जलवायु में उगाई जाने वाली फसलों में नीबू वर्गीय फलों, अंगूर और एवोकैडो को छोड़कर इसका स्थान आता है। इसकी व्यावहारिक बागवानी वेस्टइन्डीज, ब्राजील, मैक्सिको, हान्डुराज, संयुक्त राज्य अमेरिका का दक्षिणी भाग, दक्षिण जापान, इज़राइल, चीन, तैवान, मेडागास्कर, स्पेन, आस्ट्रेलिया, न्यूजीलैंड, मायनमार, बंगलादेश, थायलैंड, नेपाल, मोरिसस और भारत में की जाती है। भारत में इसकी व्यावहारिक, बागवानी अरूणान्चल प्रदेश, असम, बिहार, पंजाब, त्रिपुरा, उत्तर प्रदेश, उत्तराखण्ड और बंगाल में की जाती है लीची में साहित्य की कमी को देखते हुए हमने पुस्तक लिखने का प्रयास हिन्दी भाषा में छात्रों, शिक्षकों, शोध कार्यकर्त्ताओं, प्रसार कार्यकर्त्ताओं, किसानों व प्रसंस्करण में लगे लोगों के लिए किया है। किताब को सत्रहवें अध्यायों में विभक्त किया गया है। प्रथम अध्याय में प्रस्तावना दी गई है। दूसरे अध्याय में भूमि व जलवायु का वर्णन किया गया है। तीसरे अध्याय में किस्मों का वर्णन किया गया है। चौथे अध्याय में प्रवर्धन का वर्णन किया गया है। पांचवें अध्याय में बाग लगाने की विधियों का वर्णन किया गया है। छठे अध्याय में खाद व उर्वरकों का वर्णन है। सातवें अध्याय में सिचाई एवं जल प्रबन्धन का वर्णन है। आठवें अध्याय में निराई एवं गुड़ाई का वर्णन किया गया है। नवें अध्याय में पेड़ों की काट–छाँट का वर्णन किया गया है। दसवें अध्याय में परागण हेतु मौन प्रबन्धन का वर्णन किया गया है। ग्यारहवें अध्याय में पुराने बागों का जीर्णोद्धार एवं बारहवें अध्याय में फलों की तुड़ाई का वर्णन किया गया है। तेरहवें अध्याय में लीची के दैहिक विकारों की समस्या एवं बचाव का वर्णन किया गया है। चौदहवें अध्याय में कीट एवं रोगों की रोकथाम का वर्णन किया गया है। पन्द्रहवें अध्याय में विपरण और सौलहवें अध्याय में निर्यात हेतु तुड़ाई विधियों का विवरण किया गया है। सत्रहवें अध्याय में सामरिक महत्व के कार्यों का मासिक विवरण किया

गया है। अंत में तकनीकी शब्दों की परिभाषाओं एवं सन्दर्भ साहित्य का वर्णन किया गया है।

पुस्तक को सरल भाषा में लिखा गया है जिससे हमारे बागवान इस पुस्तक को पढ़कर लाभ उठा सकें। अंत में हम उन सभी लेखकों के आभारी हैं जिनके योगदान से पुस्तक पूर्ण हुई है। पांडुलिपि में संशोधन एवं परिवर्धन की विभिन्न आवश्यकताओं में श्रीमती मंजुल मिश्रा और कानन कौशल पाण्डेय का, सहायता हेतु आभार व्यक्त करते हैं। हम श्री प्रदुम्न कौशल, प्रतिभा कौशल, पाणिन कौशल, नेहा कौशल, सत्यजीत पाण्डेय, नवीन कुमार, प्रथम कुमार, प्रियान कौशल और आद्या कौशल का भी आभारी हूँ। हिन्दी में टंकण कार्य हेतु श्री शैलेन्द्र कुमार, प्रवर सहायक, उद्यान विज्ञान विभाग का भी सहयोग सराहनीय है।

आशा है यह संस्करण लीची में रूचि रखने वाले स्नातक व स्नातकोत्तर छात्रों, शिक्षकों, प्रसार कार्यकत्ताओं एवं लीची उत्पादकों के लिए विशेष उपयोगी सिद्ध होगा।

दिनांकः 19 मई, 2017

लेखकः
डॉ0 कौशल कुमार मिश्र
और
डॉ0 सतीश चंद

1

प्रस्तावना

लीची चीन के अति प्राचीनकाल में तंग वंश के राजा जुआंग जांग का प्रिय फल था। राजा के पास वह पुष्प द्रुतगामी अश्वों द्वारा पहुंचाया जाता था, क्योंकि वह केवल दक्षिण चीन के प्रान्त में ही उगता था। लीची को पश्चिम में पियरे सोन्नेरैट द्वारा वर्णितन किया गया था 1748–1814 के बीच, उनकी दक्षिण चीन की यात्रा से वापसी के बाद सन् 1764 में इसे रियूनियन द्वीप में जोसेफ फ्रैंकोइस द पाल्मा द्वारा लाया गया और बाद में यह मैडागास्कर में आयी और वह इसका मुख्य उत्पादक बन गया। फलों की रानी कहलाने वाली लीची का जन्मस्थान चीन है। चीन में जन्मी लीची की भारतवर्ष में सत्रहवीं शताब्दी के मध्य से बागवानी की जा रही है किन्तु जलवायु सम्बन्धी आवश्यकताओं के प्रति अत्यन्त संवेदनशील होने के कारण इसकी बागवानी बहुत ही सीमित क्षेत्रों पर केवल उपोष्ण जलवायु में ही सीमित रह गई है। क्षेत्रफल तथा उत्पादन की दृष्टि से चीन के बाद भारत का नम्बर आता है। लीची आकर्षक रंग, स्वाद, गुणवत्ता के कारण भारत में ही नहीं बल्कि विश्व में अपना विशिष्ट स्थान बनाए हुए है। दिनोदिन लीची के फल की बढ़ती लोकप्रियता के कारण इसकी मांग घरेलू एवं विदेशी बाजारों में बढ़ती जा रही है। विगत् कुछ वर्षों में निर्यात की अपार संभावनाएँ विकसित हुई हैं और इसका आयात भी बढ़ा है। लीची आज की अर्थव्यवस्था में अधिक महत्वपूर्ण हो रही है। कई बड़े व्यवसायिक घरानों का खुदरा विक्रेता संभाग में सक्रिय होना, मध्यवर्गीय शहरों में मॉल–संस्कृति का प्रसार आदि ऐसे कारण हैं, जिन्होंने लीची जैसे नाजुक फल को पहले से कहीं विस्तृत आयाम का बाजार दिया है। अत्यन्त आकर्षक तथा सुवासित होने के साथ ही साथ लीची का फल अजीर्ण, चेचक तथा

अंडाशय की सूजन के उपचार में काम आता है। स्नायुतंत्र के उपचार में भी लीची अत्यन्त महत्वपूर्ण पायी गयी है। इसके फल शर्करा, खनिज लवण तथा विटामिन बी के प्रमुख स्रोत हैं। 100 ग्राम लीची के गूदे का सेवन करने पर लगभग 4.2 कैलोरी ऊर्जा की प्राप्ति होती है।

लीची से एक अत्यन्त विशिष्ट जलवायु में ही अच्छी उपज एवं गुणवत्ता के फल पैदा किये जा सकते हैं जिसके कारण इसका विस्तार विश्व के अन्य देशों में बहुत ही कम हुआ है। किसी भी स्थान की मिट्टी और उसमें जल धारण क्षमता के साथ–साथ वहाँ के जलवायु में आवश्यक आर्द्रता, तापमान के उतार–चढ़ाव की स्थिति एवं फल तैयार होने के समय वायुमण्डलीय दशा यह निश्चित करती है कि यहाँ लीची की व्यवसायिक बागवानी की जा सकती है या नहीं। इन्हीं सब तथ्यों को ध्यान में रखकर अगर लीची के विस्तार को पिछले 200–250 वर्षों में देखा जाये तो स्पष्ट होता है कि लीची विश्व के कुछ चुने हुए देशों तक ही सीमित है। अगर व्यवसायिक उत्पादन को देखा जाये तो शायद ही ऐसा देश है जहाँ पर चीन के समतुल्य लीची की पैदावार होती है।

चीन में लगभग 1500 वर्ष ई0 पूर्व लीची की बागवानी मालाया के कुछ लोगों द्वारा की जा रही थी और जब ये लोग दक्षिण की दिशा में गये तब लीची को भी अपने साथ ले गये और इस प्रकार यह फल चीन से बाहर लाया गया। 17 वीं शताब्दी के अंत में यह फल पहुँचा जहाँ से आज से लगभग 100 वर्ष पूर्व इसे भारत लाया गया। वेस्टइण्डीज में लीची का प्रार्दुभाव सन् 1775 ई0 में और दक्षिण अफ्रीका में सन् 1869 ई0 में हुआ। संयुक्त राज्य अमेरिका के हवाई द्वीप में इसे 1873 ई0 और फ्लोरिडा प्रान्त में 1883 ई0 में ले जाया गया। तभी से लीची की बागवानी विश्व के अनेक राष्ट्रों में की जाने लगी। इसके उपरान्त लीची की बागवानी की संभावनाओं वाले अनेक राष्ट्रों में इसकी बागवानी का प्रयास किया जाने लगा। आज विश्व के अनेक राष्ट्र लीची के उत्पादन और निर्यात में अपना स्थान बनाये हुए हैं, जिसमें भारत एक प्रमुख देश है।

चित्र – 1: फलों से लदा लीची का गुच्छा

भारत में लीची का इतिहास बहुत पुराना नहीं है। 18 वीं शताब्दी में इसे म्यानमार के रास्ते उत्तर–पूर्वीय भाग में लाया गया और त्रिपुरा में अगरतल्ला के महाराजा द्वारा लीची बागान की स्थापना की गई जोकि लगभग 125 वर्ष पुराना है। यहीं से लीची भारत लाई गई। वर्तमान में लीची की बागवानी मूलतः उत्तरी भारत में ही सीमित है। हिमालय की तलहटी में जम्मू–कश्मीर से लेकर त्रिपुरा तक इसकी बागवानी की जाती है। जबकि मैदानी क्षेत्रों उत्तर प्रदेश, उत्तराखण्ड से मध्य प्रदेश और पंजाब से लेकर बंगाल तक लीची की बागवानी की जाती है। पठारी क्षेत्रों में छोटा नागपुर के पठार जो झारखण्ड, छत्तीसगढ़ और उड़ीसा के कुछ जिलों तक फैला है। लीची की बागवानी सीमित पैमाने पर की जाती है। लीची की व्यवसायिक बागवानी बिहार के मुजफ्फरपुर, समस्तीपुर, वैशाली, मोतिहारी, बैगुलसराय, उत्तराखण्ड के देहरादून, नैनीताल, ऊधम सिंह नगर, पिथौरागढ़, झारखण्ड के राँची, हजारीबाग, बंगाल के मुर्शिदाबाद एवं 24 परगना, उत्तर प्रदेश के सहारनपुर, बिजनौर, गोरखपुर, देवरिया, पडरौना, छत्तीसगढ़ के सरगुजा, अम्बिकापुर एवं मध्य प्रदेश के पंचगढ़ी, पंजाब के गुरदासपुर, आसाम के तेजपुर एवं हिमाचल प्रदेश के कांगड़ा घाटी में की जा रही है। इसके अलावा

भारत में अन्य प्रदेशों में भी जैसे जम्मू कश्मीर, हरियाणा आदि में लीची की बागवानी के प्रयास किये जा रहे हैं। भारत में लीची का मुख्य उपयोग ताजे फलों के रूप में ही होता है साथ ही साथ लीची से अनेक प्रकार के परिरक्षित पदार्थ जैसे स्क्वैश, नेक्टर, शरबत, कार्बोनेटेड पेय पदार्थ, डिब्बाबन्द फल तथा फल को सुखाकर लीची नट इत्यादि भी बनाये जाते हैं। लीची के फल पोषक तत्वों से भरपूर एवं स्फूर्तिदायक होते हैं। फल में 10–18 प्रतिशत शर्करा, 0.7 प्रतिशत प्रोटीन, 0.3 प्रतिशत बसा एवं विटामिन सी, बी एवं बी$_{12}$ प्रचुर मात्रा में होते हैं।

फल उपलब्ध होने का समय

विदेशों में लीची का फल लगभग मई माह से लेकर दिसम्बर माह तक उपलब्ध होता है नान क्लाइमैटिक फल होने के कारण इसे पूर्णरूप से पकने के बाद ही तुड़ाई की जाती है। लीची के फलों को अधिक समय तक भंडारित नहीं किया जा सकता है क्योंकि लीची के फलों की प्रवृत्ति अधिक खराब होने की है। किसी भी स्थान पर फलों की उपलब्धता 20–25 अधिकतम 30 दिन तक होती है। दक्षिण–पूर्वी एशियाई देशों में लीची के फल मई से अगस्त के मध्य तक तैयार होते हैं। जबकि आस्ट्रेलिया में नवम्बर–मार्च, मारीशस में फरवरी–मार्च तथा इजराइल में अगस्त–सितम्बर एवं मैडागास्कर तथा दक्षिण अफ्रिका में ये फल नवम्बर–दिसम्बर में तैयार होते हैं। क्रिसमस के अवसर पर मैडागास्कर की लीची से अधिक अच्छी आय प्राप्त होती है। भारत में लीची के फल मई के प्रारम्भ में त्रिपुरा एवं आसाम, मध्य मई में, झारखण्ड एवं पश्चिम बंगाल, मई के अन्त से जून के मध्य तक उत्तर बिहार जून–जुलाई में उत्तराखण्ड के पहाड़ी भागों एवं हिमाचल प्रदेश से प्राप्त होते हैं। इस प्रकार से हमारे देश में मई से जुलाई तक लीची के अच्छे फल प्राप्त किये जा सकते हैं जिससे राष्ट्रीय एवं अन्तर्राष्ट्रीय बाजारों से अधिक आमदनी प्राप्त की जा सकती है। भारत में प्रतिवर्ष लगभग 40000 मैट्रिक टन लीची फल मध्य पूर्व, यूरोप, रूस एवं कनाडा को निर्यात किया जाता है।

लीची के बगीचों की उत्पादकता विश्व के अन्य देशों के समतुल्य लाने के लिए उपयुक्त किस्मों के चुनाव, अच्छे बाग प्रबन्धन, समय पर कीटों एवं रोगों की रोकथाम बहुत ही आवश्यक है जिसके द्वारा इसे 2–3 गुना बढ़ाया जा सकता है। भारत में लीची का क्षेत्रफल सन् 1961–1962 में 11410 हैक्टर था जो वर्ष 2014–15 में बढ़कर लगभग 70000 हैक्टर हो गया है। ऐसा प्रतीत होता है कि हमारे देश में लीची का क्षेत्रफल दिन प्रतिदिन बढ़ता जा रहा है। लीची के अनेक उत्पादक राज्यों में बिहार, पश्चिम बंगाल, उत्तराखण्ड और झारखण्ड का मुख्य

स्थान है। कुल क्षेत्रफल का लगभग 70 प्रतिशत क्षेत्रफल इन्हीं चार राज्यों में है। भारत के सबसे अग्रणी राज्य बिहार में ही देश की कुल लीची का लगभग 45 प्रतिशत क्षेत्रफल है और यहाँ की औसत उत्पादकता 12 मैट्रिक टन/हैक्टर है। उत्तराखण्ड की 7 मैट्रिक टन/हैक्टर एवं झारखण्ड की 6–5 मैट्रिक टन/हैक्टर है। हमारे देश में अच्छी तरह से बाग प्रबन्धन करके 20–25 मैट्रिक टन/हैक्टर लीची की उत्पादकता प्राप्त की जा सकती है।

भारत में लीची का उत्पादन एवं उत्पादकता

वर्ष	क्षेत्रफल (000 हैक्टर में)	उत्पादन (000 मैट्रिक टन में)	उत्पादकता (मैट्रिक टन/हैक्टर)
1991–92	49.3	243.8	4.9
2001–02	58.1	355.9	6.1
2002–03	54.1	476.4	8.8
2003–04	53.7	478.5	8.9
2004–05	60.0	368.6	6.1
2005–06	63.2	392.1	6.2
2006–07	65.0	403.0	6.2
2007–08	69.0	418.0	6.1
2008–09	72.0	423.0	5.9
2009–10	74.4	483.3	6.5
2010–11	78.0	497.0	6.4
2011–12	80.4	538.1	6.7
2012–13	82.7	580.1	7.0

लीची में उत्पादन के रूझान

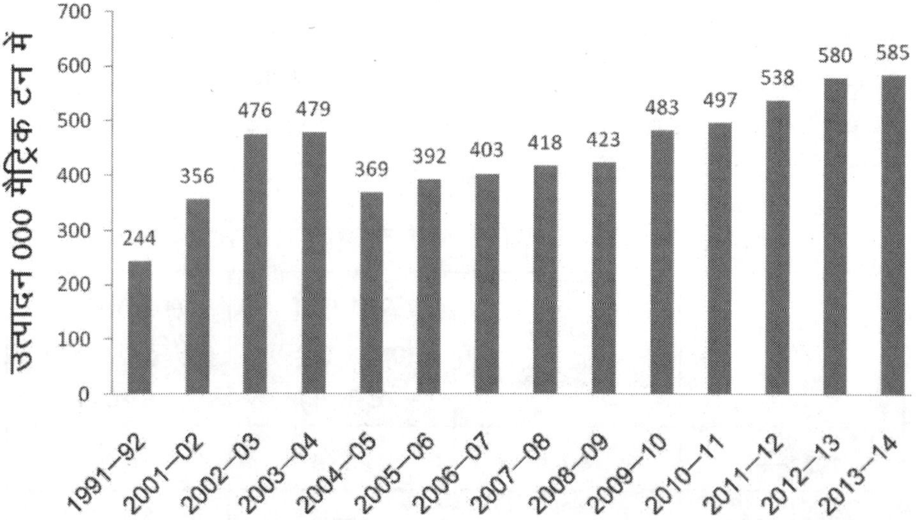

राज्यवार क्षेत्र में लीची का उत्पादन एवं उत्पादकता क्षेत्रफल 000 हैक्टर में, उत्पादन 000 मैट्रिक टन एवं उत्पादकता मैट्रिक टन/हैक्टर

राज्य	2011–12			2012–13			2013–14		
	क्षेत्रफल	उत्पादन	उत्पादकता	क्षेत्रफल	उत्पादन	उत्पादकता	क्षेत्रफल	उत्पादन	उत्पादकता
बिहार	31.1	236.4	7.6	31.28	256.43	8.2	31.48	234.20	7.4
पश्चिमी बंगाल	8.9	85.3	9.6	9.19	90.00	9.8	9.30	93.90	10.1
झारखण्ड	4.8	57.5	12.0	5.27	58.24	11.0	5.27	58.24	11.1
आसाम	5.3	41.5	7.8	5.63	49.64	8.8	5.38	48.08	8.9
छत्तीसगढ़	4.5	27.1	6.0	4.99	30.89	6.2	5.36	37.63	7.0
उत्तराखण्ड	9.5	19.0	2.0	9.49	19.16	2.0	9.44	30.71	3.3
पंजाब	1.7	24.5	14.4	1.75	26.52	15.2	1.85	28.00	15.1
उड़ीसा	4.5	20.1	4.5	4.46	20.26	4.5	4.47	20.32	4.5
त्रिपुरा	3.2	16.6	5.2	3.46	17.97	5.2	3.88	20.18	5.2
अन्य	6.9	10.1	1.5	7.23	10.98	1.5	7.74	14.04	1.8
कुल	80.4	538.1	6.7	82.7	580.1	7.0	84.17	585.30	7.0

लीची के प्रमुख उत्पादक राज्य (2013–14)

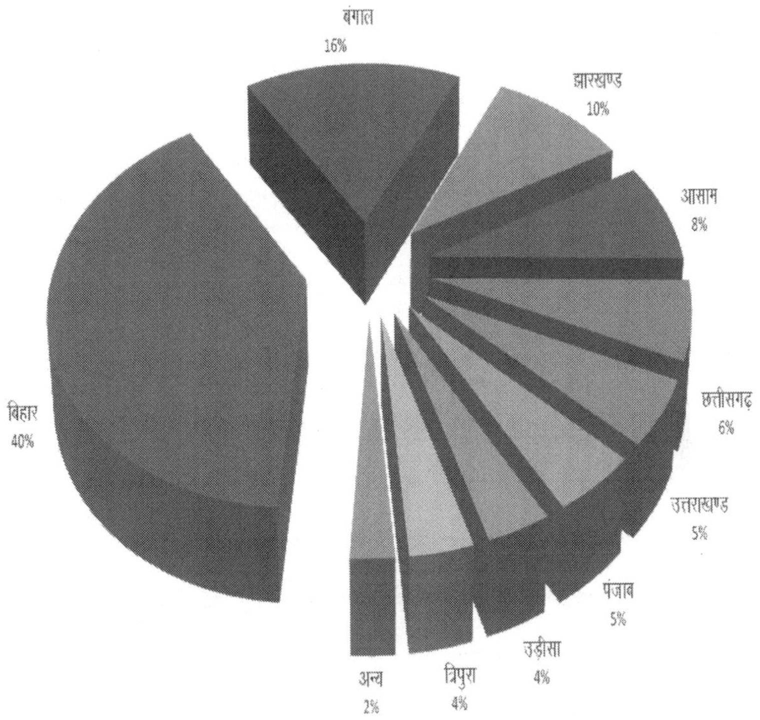

भारत से लीची का निर्यात
मूल्य लाख में एवं मात्रा मैट्रिक टन में

देश	2011–12		2012–13		2013–14	
	मात्रा	मूल्य	मात्रा	मूल्य	मात्रा	मूल्य
चीन	0	0	20	10	87	62
थाईलैण्ड	42	19	32	19	19	20
मौरिसिस	0	0	1	0	1	1
यूनाईटेड किंगडम	0	0	0	0	0	0
मलेसिया	0	0	0	0	0	0
दक्षिण अफ्रीका	0	0	1	1	0	0
यूनाईटेड अरब अमीरात	1	0	0	0	0	0
यूनाईटेड स्टेट	0	0	0	0	0	0
कुल	42	19	55	31	108	84

लीची की मासिक औसत थोक मूल्य और कुल आवक, जनवरी से दिसम्बर, 2014 की अवधि के दौरान

	जनवरी		फरवरी		मार्च		अप्रैल		मई		जून		जुलाई		अगस्त		सितम्बर		अक्टूबर		नवम्बर		दिसम्बर		वार्षिक	
	मूल्य	आवक	मूल्य	आवक	मूल्य	आवक	मूल्य	आवक	मूल्य	आवक	मूल्य	आवक	मूल्य	आवक	मूल्य	आवक	मूल्य	आवक	मूल्य	आवक	मूल्य	आवक	मूल्य	आवक	मूल्य	आवक
अमृतसर	0	0	0	0	0	0	0	0	0	0	4646	291	0	0	0	0	0	0	0	0	0	0	0	0	4646	291
भुवनेश्वर	0	0	0	0	0	0	0	0	10417	17	9722	21	0	0	0	0	0	0	0	0	0	0	0	0	10070	38
चण्डीगढ़	0	0	0	0	0	0	0	0	4605	165	4910	446	5131	203	0	0	0	0	0	0	0	0	0	0	4882	814
देहरादून	0	0	0	0	0	0	0	0	0	0	4956	265	6821	11	0	0	0	0	0	0	0	0	0	0	5889	276
दिल्ली	0	0	0	0	0	0	0	0	8542	1811	7475	5919	7748	1273	0	0	0	0	0	0	0	0	0	0	7922	9003
गंगटोक	0	0	0	0	0	0	0	0	0	0	7120	32	0	0	0	0	0	0	0	0	0	0	0	0	7120	32
गुवाहाटी	0	0	0	0	0	0	0	0	3160	259	5062	283	0	0	0	0	0	0	0	0	0	0	0	0	4111	542
जयपुर	0	0	0	0	0	0	0	0	7578	316	6241	376	0	0	0	0	0	0	0	0	0	0	0	0	6910	692
जम्मू	0	0	0	0	0	0	0	0	0	0	7967	206	6381	556	6000	7	0	0	0	0	0	0	0	0	6783	769
कोलकाता	0	0	0	0	0	0	0	0	5443	540	4411	762	0	0	0	0	0	0	0	0	0	0	0	0	4927	1302
लखनऊ	0	0	0	0	0	0	0	0	5739	302	4536	974	0	0	0	0	0	0	0	0	0	0	0	0	5138	1276
मुम्बई	0	0	0	0	0	0	0	0	0	0	0	0	0	0	0	0	0	0	0	0	1350	160	0	0	1350	160
पटना	0	0	0	0	0	0	0	0	3325	202	4112	1769	0	0	0	0	0	0	0	0	0	0	0	0	3719	1971
रायपुर	0	0	0	0	0	0	0	0	8400	271	7875	100	0	0	0	0	0	0	0	0	0	0	0	0	8138	371
राँची	0	0	0	0	0	0	0	0	4460	136	3925	235	0	0	0	0	0	0	0	0	0	0	0	0	4193	371
शिमला	0	0	0	0	0	0	0	0	0	0	6092	38	7275	45	0	0	0	0	0	0	0	0	0	0	6684	83

लीची : लीची (**लीची चाइनेन्सिस**), उपोष्ण कटिबन्धीय फल है यह सेपिन्डेसी कुल का सदस्य है तथा इसका मूल स्थान चीन है। इसका उत्पादन विश्व के लगभग सभी देशों में किया जाता है। इसका फल नट कहलाता है जिसमें खाने योग्य भाग को एरिल कहा जाता है। एरिल सफेद रंग का गूदेदार भाग है। एक फल का भार लगभग 20 ग्राम होता है। फल का बाहरी भाग गुलाबी लाल रंग के छिक्कल से घिरा रहता है। इसका उत्पादन मुख्यतया चीन में किया जाता है। भारत का लीची उत्पादन में द्वितीय स्थान है। भारत में मुख्यतया इसकी बागवानी बिहार में की जाती है।

पोषक तत्व : लीची मानव शरीर के लिए कितनी स्वास्थ्यवर्धक है इसकी कल्पना भी नहीं की जा सकती है क्योंकि 10 ग्राम लीची में 66 कैलोरी की मात्रा पायी जाती है तथा इसमें कोई भी सेचूरेटिड वसा व कोलेस्ट्रोल भी नहीं होता है बल्कि फाइबर व विटामिन और एन्टीआक्सीडेंट होते हैं। लीची खाने से खून का दौरान बढ़ता है, भार कम होता है और त्वचा को खतरनाक यू वी ठोस से बचाती है। लीची में विटामिन सी भी काफी मात्रा में होता है यह 100 ग्राम में लगभग 71.5 मिलीग्राम होता है। विटामिन बी काम्पलैक्स, प्रोटीन, वसा आदि मानव शरीर के मैटाबालिज्म में सहायता करता है क्योंकि बी काम्पलैक्स शरीर में लाल खून कोशिकाओं को बढ़ाता है। लीची में पोषक तत्व की मात्रा निम्नलिखित सारिणी में दी गयी है:–

लीची के अवयव (प्रति 100 ग्राम फल)

पोषक तत्व	**पोषक तत्व की मात्रा**	**तत्व का प्रतिशत**
ऊर्जा	66 किलो कैलोरी	3.3%
कार्बोहाइड्रेट	16.53 ग्राम	12.7%
प्रोटीन	0.83 ग्राम	1.5%
कुल वसा	0.44 ग्राम	2%
कोलेस्ट्रोल	0 मि0ग्राम	0%
खाने योग्य	1.3 ग्राम	3.5%
विटामिन		
फ्लोरेट्स	10 माइक्रोग्राम	3.5%
नियासिन	0.603 मि0ग्राम	3.5%
कोलाइन	7.1 मि0ग्राम	1%
पाइरिडोक्सीन	0.100 मि0ग्राम	9%

राइबोफ्लेविन	0.065 मि0ग्राम	5%
थियामिन	0.011 मि0ग्राम	1%
विटामिन ए	0 मि0ग्राम	0%
विटामिन सी	71.5 मि0ग्राम	119%
विटामिन इ	0.07 मि0ग्राम	0.5%
विटामिन के	0.4 माइक्रोग्राम	0.3%
इलेक्ट्रोलाइट		
सोडियम	1 मि0ग्राम	0.001%
पौटेशियम	171 मि0ग्राम	3.5%
खनिज लवण		
कैल्शियम	5 मि0ग्राम	0.5%
कॉपर	0.148 मि0ग्राम	16%
लोहा	0.31 मि0ग्राम	4%
मैग्निशियम	10 मि0ग्राम	2.5%
मैग्नीज	0.055 मि0ग्राम	2.5%
फॉस्फोरस	31 मि0ग्राम	4.5%
सेलिनियम	0.6 माइक्रोग्राम	1%
जस्ता	0.07 मि0ग्राम	0.5%

भारत में लीची का क्षेत्रफल, उत्पादन एवं उत्पादकता

वर्ष	क्षेत्र (000 हे0)	उत्पादन (000 मी0टन)	उत्पादकता (मी0टन/हे0)	प्रतिशत (कुल फलों के उत्पादन में)
2011–12	80	538	6.7	0.9%
2012–13	83	580	7.0	0.7%
2013–14	84	585	7.0	0.7%

प्रमुख लीची उत्पादक राज्यः बिहार, बंगाल, झारखण्ड, असम, पंजाब, चण्डीगढ़, उड़ीसा, उत्तर प्रदेश, उत्तराखण्ड।

भारत से लीची का निर्यात (मात्रा – मिलियन टन)

देश	2011–12	2012–13	2013–14
चीन	0	20	87
थाइलैण्ड	42	32	19
मॉरीसस	0	1	1
यूनाइटेड किंगडम	0	0	0
मलेसिया	0	0	0
दक्षिण अफ्रिका	0	1	0
संयुक्त अरब अमीरात	1	0	0
अमेरिका	0	0	0
कुल	43	54	107

2

भूमि एवं जलवायु

भूमि : ऐसी भूमि जिसका पी एच मान 6–7 तक हो, भूमि में जीवांश खाद की मात्रा अधिक हो तथा 20–25 प्रतिशत चूना एवं जल निकास अच्छा हो लीची के लिए लाभकारी होता है। इसके अलावा दोमट एवं चिकनी मिट्टी समेत अम्लीय कैलकेरियस मिट्टी में भी इसकी बागवानी की जाती है। परन्तु व्यवसायिक उत्पादन के लिए सामान्य पी एच मान वाली गहरी बलुई दोमट मिट्टी अत्यधिक उपयुक्त होती है। चीन के ग्वांगडाग प्रदेश में नदी के समीप वाली बलुई दोमट मिट्टी जिसमें कि जल निकास की अच्छी व्यवस्था हो अच्छी गुणवत्ता वाले लीची के फल पैदा किये जा रहे हैं। बिहार के गंगा के मैदानी क्षेत्र जहाँ की मिट्टी कैलकेरियस है तथा जल धारण क्षमता अच्छी है उच्च गुणवत्ता की लीची पैदा की जा रही है। लीची की बागवानी के लिए हल्की अम्लीय भूमि (5.8–6.5 पी एच) अच्छी मानी जाती है क्योंकि इसमें माइकोराइजा की वृद्धि के लिए अच्छी दशा होती है। अधिक जल धारण क्षमता और ह्यूमसयुक्त मृदा में पौधों की बढ़वार और फलोत्पादन अच्छा होता है। जल भराव वाले क्षेत्रों, भूमि के अन्दर परत वाले क्षेत्रों, कंकरीले एवं अधिक लौह तत्व वाले क्षेत्रों एवं सूखे क्षेत्रों में पौधों का विकास बाधित होता है। अतः ये लीची की बागवानी के लिए उपयुक्त नहीं होते हैं। ऐसे क्षेत्र जहां भूमि के अन्दर पत्थर के टुकड़े हैं परन्तु बलुई दोमट है जैसे जम्मू–कश्मीर और आस–पास का क्षेत्र, उत्तराखण्ड का रामनगर और आस–पास का क्षेत्र इत्यादि भी लीची की बागवानी के लिए उपयुक्त पाया गया है।

जलवायु : लीची की बागवानी के लिए उन क्षेत्रों को सर्वोत्तम माना जाता है जहाँ की जलवायु गर्मियों में गर्म एवं आर्द्र और शरद ऋतु में शुष्क एवं ठण्डी

होती है। जाड़े के दिनों में अत्यधिक पाला तथा गर्मी के दिनों में लू इसकी बागवानी के बाधक है। अतः इस तरह की विपरीत परिस्थितियों से बचाव के लिए उत्तरी–पश्चिमी बाग के किनारों पर वायुरोधक वृक्षों जैसे बीजू आम, बेल, शहतूत, कमरख आदि को पहले से ही लगाना चाहिए ताकि लीची की फसल को पाले एवं लू से बचाया जा सके। नम उपोष्ण जलवायु लीची के लिए हमेशा उपयुक्त होती है। फूल आने से चार महीने पूर्व यदि मौसम ठण्डा और सूखा रहे तो फल अच्छे आते हैं। तेज गर्म हवाओं से फल फटने लगते हैं। लीची की बागवानी के लिए 150 सेमी0 वार्षिक वर्षा, 35^0 सें. तक तापमान एवं 70 प्रतिशत से अधिक आपेक्षित आर्द्रता अच्छी रहती है। फल पकने के समय अधिक वर्षा, फल के रंग एवं भण्डारण क्षमता को बुरी तरह प्रभावित करती है। लीची में पुष्पन के लिए 20^0 सें. जबकि फल वृद्धि के लिए 30^0 सें. तापमान की आवश्यकता होती है। प्रायः देखा गया है कि जनवरी–फरवरी माह में आसमान साफ रहने, तापमान में वृद्धि एवं शुष्क जलवायु होने से लीची में अच्छा बौर आता है जिससे अधिक फूल एवं फल लगते हैं। मार्च–अप्रैल में गर्मी कम पड़ने से लीची के फलों का विकास अच्छा

चित्र–2: अच्छी भूमि एवं जलवायु में लीची का पेड़

होता है साथ ही अप्रैल–मई में वातावरण में सामान्य आर्द्रता रहने से फलों में गूदे का विकास एवं गुणवत्ता में सुधार होता है। सम आर्द्रता से फलों का फटना भी कम होता है फल पकते समय वर्षा होने से फलों का रंग एवं गुणवत्ता प्रभावित होती है। छोटे पौधों के विकास एवं बढ़वार में सूखा मौसम एवं अत्यधिक तापमान का प्रतिकूल प्रभाव पड़ता है। अतः सूखे एवं पाला पड़ने वाले क्षेत्रों में लीची की व्यवसायिक बागवानी नहीं की जा सकती है। इसके अलावा जिन क्षेत्रों में सामान्य तौर पर सर्दी नहीं पड़ती है लीची के पौधों में लगातार कल्ले आते रहते हैं और बौर नहीं बन पाते हैं। इसलिए लीची में अच्छे पुष्पन के लिए सर्दी का होना अति आवश्यक होता है।

3

किस्में

विश्व में लीची की लगभग 100 से अधिक किस्मों की बागवानी की जाती है जिन्हें अलग–अलग देशों में अलग–अलग नामों से पुकारा जाता है। भारतवर्ष में अभी तक लीची की सीमित किस्में ही उपलब्ध हैं। लीची की किस्मों को मुख्य रूप से उनके परिपक्वता के आधार पर ही वर्गीकृत किया गया है। कहीं–कहीं पर फलों की गुणवत्ता एवं बीज की मात्रा के आधार पर भी लीची की किस्मों का वर्गीकरण किया गया है। भारत में भिन्न–भिन्न नामों में लीची की कुल मिलाकर 50 किस्मों की बागवानी की जा रही है। जिसे अगेती, मध्य और पछेती किस्मों में बाँटा गया है।

परिपक्व वर्ग	किस्म	परिपक्व अवधि
अगेती पकने वाली किस्में	अर्ली बेदाना, अझौली, ग्रीन, देशी, शाही, त्रिकोलिया आदि	15–30 मई
मध्यम पकने वाली किस्में	रोजसेन्टेड, देहरा रोज, अर्ली बेदाना, स्वर्णरूपा	1–10 जून
पछेती पकने वाली किस्में	चाइना, पूर्वी, कस्बा, बम्बइया, चेस–2, लेट बेदाना	10–15 जून

भारत के अलग–अलग प्रदेशों में लीची की प्रमुख किस्में निम्न हैं:

(अ) **बिहार एवं झारखण्ड में उगाये जाने वाली प्रमुख किस्में**– अजौली, बेदाना, बम्बईया–1, बम्बईया–2, चैस–2, चाईना, देहरादून, देहरारोज, देशी, ग्रीन, कस्बा, लेट–बेदाना, पूरबी, रोज सेन्टेड, शाही, स्वर्णरूपा, ट्रिकोलिया।

(ब) **उत्तराखण्ड में उगाये जाने वाली प्रमुख किस्में**– रोजसेन्टेड, देहरादून, कलकतिया, चाइना, देहरारोज, बेदाना।

(स) **उत्तर प्रदेश में उगाये जाने वाली प्रमुख किस्में**– शाही, चाइना, पूर्वी, स्वर्णरूपा।

(द) **बंगाल में उगाये जाने वाली प्रमुख किस्में**– बेदाना, बम्बई, देशी, अगेती लार्ज रेड, कस्बा, इलाइची, मैकलीन, मुजफ्फरपुर, मुजफ्फरपुर अगेती, नफरपल, पूर्वी, रोजसेन्टेड।

(य) **पंजाब में उगाये जाने वाली प्रमुख किस्में**– बेदाना, मुजफ्फरपुर, लेट लार्ज रेड आदि।

लीची की प्रमुख किस्मों का विस्तृत विवरण नीचे दिया गया है।

रोजसेन्टेडः– उत्तराखण्ड के लिए लीची की रोजसेन्टेड किस्म व्यवसायिक तौर पर अत्यन्त सफल साबित हुई है क्योंकि इसमें नियमित रूप से प्रतिवर्ष फल आते हैं। इसके फल जून के दूसरे सप्ताह में पकते हैं। फल गोल, हृदयाकार लगभग 3.12 सेमी लम्बे और 3.05 सेमी चौडे होते हैं। एक फल का औसत भार 20–21 ग्राम होता है। छिलका पतला गहरे लाल तथा बैगनी रंग का मिश्रण होता है। गूदा मुलायम रंग में भूरा सफेद तथा प्रतिफल गूदे का औसत भार 13 ग्राम होता है। गूदे में शर्करा की मात्रा लगभग 13 प्रतिशत और अम्ल की मात्रा 0.33 प्रतिशत होती है। फल खाने में मीठा और गुलाब की तरह खुशबूयुक्त होता है। बीज आकार में बड़ा होता है। फल उत्पादन लगभग 80–90 किलोग्राम प्रतिवर्ष होती है।

राहीः– यह देश की एक व्यवसायिक एवं अगेती किस्म है जो दिन प्रतिदिन लोकप्रिय होती जा रही है। इस किस्म के फल गोल एवं गहरे लाल रंग वाले होते हैं जो 15–30 मई तक पकते हैं। फल में सुगन्धयुक्त गूदे की मात्रा अधिक होती है (14.34 ग्राम)। जो इस किस्म की प्रमुख विशेषता है। कुल चीनी 11.59 प्रतिशत और अम्ल की मात्रा 0.30 प्रतिशत होती है। फल विकास के समय उचित जल प्रबन्धन से पैदावार में अधिक वृद्धि होती है। इस किस्म के 15–20 वर्ष के पेड़ से लगभग 80–100 किलोग्राम फल उपज प्रतिवर्ष प्राप्त की जा सकती है।

अर्ली सीडलैस (अर्ली बेदाना):— इसके फल जून के प्रथम सप्ताह में पकते हैं। फल हृदयाकार से अण्डाकार होते हैं। प्रति फल औसत भार 21.67 ग्राम होता है। छिलका पतला गहरे लाल रंग का होता है। प्रति फल गूदे का भार लगभग 18 ग्राम, गूदा मुलायम, रंग सफेद क्रीमी तथा शर्करा 13–64 प्रतिशत व अम्ल 0.436 प्रतिशत होता है। मूल खाने में स्वादिष्ट एवं सुगन्धित होता है। बीज बहुत छोटा और फलत कम होती है। इसके फल अधिक फटते हैं।

लेट सीडलैस (लेट बेदाना):— इस किस्म को लेट बेदाना या लेट सीडलैस के नाम से जाना जाता है। इसके फलों को पकने का समय जून का अंत या जुलाई का प्रथम सप्ताह है। फल की लम्बाई 3.70 सेमी0 व चौड़ाई लगभग 3.55 सेमी0 होती है। प्रति फल औसत भार लगभग 25.4 ग्राम होता है। छिलका पतला व सिकुड़ा होता है। गूदा मुलायम, रसीला तथा क्रीमी रंग का होता है। गूदे में शर्करा लगभग 13.86 प्रतिशत और अम्लता 0.34 प्रतिशत होती है। फल खाने में सुगन्धित और मीठा परन्तु बीज के पास कुछ कड़ुवाहट लिए हुए होता है।

चाइना:— यह एक देर से पकने वाली लीची की किस्म है जिसके पौधे अपेक्षाकृत अन्य किस्मों से बौने होते हैं। इस किस्म के फल बड़े, शंक्वाकार तथा चटखन की समस्या से युक्त होते हैं। फलों का रंग गहरा लाल तथा गूदे की मात्रा अधिक होने के कारण इसकी अत्यधिक मांग रहती है परन्तु इस किस्म में एकान्तर फलन की समस्या देखी गई है। इसमें गुदे की मात्रा 10.87 ग्राम, शर्करा की मात्रा 14.92 प्रतिशत और अम्ल की मात्रा 0.46 प्रतिशत होती है। बीज की लम्बाई 2.88 सेमी, बीज की चौड़ाई 1.46 सेमी0, बीज का भार 3.79 ग्राम होता है। एक पूर्ण विकसित पेड़ से लगभग 100–125 किलोग्राम फल उपज प्राप्त की जा सकती है।

कलकतिया:— यह देर से पकने वाली किस्म है बिहार में इसे चाइना के नाम से भी पुकारा जाता है। इसके फल जुलाई के प्रथम सप्ताह में पकते हैं। फल आयताकार होते हैं। फल की लम्बाई 3.86 सेमी व चौड़ाई लगभग 3.40 सेमी होती है और फल का भार लगभग 23.85 ग्राम होता है। छिलका मध्यम मोटाई का तथा टाइरियन रोज के रंग का होता है। फल में औसत गूदे की मात्रा 16.32 ग्राम, शर्करा 10.99 प्रतिशत और अम्लता 0.443 प्रतिशत होती है। फल स्वाद में मीठा व बीज आकार में बड़ा होता है। इस किस्म में फलों के फटने की समस्या नाम मात्र की पायी जाती है।

स्वर्णरूपाः– यह किस्म केन्द्रीय बागवानी अनुसंधान केन्द्र, रांची द्वारा विकसित की गयी है। यह मध्यम समय में परिपक्व होने वाली एवं फल फटन अवरोधी किस्म है। यह किस्म छोटा नागपुर के पठारी क्षेत्र के साथ–साथ देश के अन्य क्षेत्रों के लिए भी उपयुक्त है। फल आकर्षक एवं गहरे गुलाबी रंग के होते हैं। जिनमें बीज का आकार छोटा, गूदा अधिक, स्वादिष्ट एवं मीठा होता है। इसके फलों में गूदा की मात्रा 10.74 ग्राम, शर्करा 12.31 प्रतिशत, अम्लता की मात्रा 0.29 प्रतिशत, बीज का भार 2.31 ग्राम, बीज की लम्बाई 1.80 सेमी एवं चौड़ाई 1.23 सेमी होती है। बीज का आकार अण्डाकार होता है।

लेट लार्ज रेडः– फल जून के तीसरे सप्ताह में पकते हैं। फल तिरछे हृदयाकार लगभग 5.53 सेमी लम्बे और 3.03 सेमी चौड़े होते हैं। एक फल का औसत भार 20.45 ग्राम होता है। छिलका पतला, गहरे रंग का, गूदा कड़ा एवं भूरा–सफेद, शर्करा 10.88 प्रतिशत, अम्लता 0.41 प्रतिशत, सुगन्ध अच्छी तथा स्वाद मीठा होता है। बीज आकार में बड़ा और फलत मध्यम होती है।

अर्ली लार्ज रेडः– लेट लार्ज रेड से पहले पकती है। फल का औसत भार 17.00 ग्राम, फल में गूदे की मात्रा 11.46 ग्राम, फल की लम्बाई 3.57 सेमी0, फल का व्यास 3.04 सेमी0, शर्करा 14.62 प्रतिशत एवं अम्लता 0.74 प्रतिशत होती है।

मुजफ्फरपुरः– इसको लेट लार्ज रेड भी कहते हैं। इसके फल जून के चौथे सप्ताह में पकते हैं। फल आयताकार नुकीले होते हैं। फल लगभग 3.75 सेमी0 लम्बे व 3.17 सेमी0 चौड़े होते हैं। फल का औसत भार 22.51 ग्राम होता है। गूदे की औसत मात्रा 16.56 ग्राम प्रतिफल, गूदे में शर्करा 10.17 प्रतिशत, अम्लता 0.54 प्रतिशत होती है। गूदा मुलायम, सुगन्धित एवं मीठा होता है। उपज प्रचुर मात्रा में होती है।

अझौलीः– यह एक अगेती किस्म है जो बागवानी एवं कृषि वानिकी शोध कार्यक्रम रांची से विकसित की गई है। यह शाही किस्म के साथ ही पककर तैयार होती है। इसके पौधे अधिक बढ़वार और उपज देने वाले होते हैं। इस किस्म के फलों के गूदे का भार 11.65 ग्राम प्रति फल एवं अम्लता 0.37 प्रतिशत होती है। बीज की लम्बाई 2.27 सेमी0, चौड़ाई 1.56 सेमी0 एवं बीज का औसत भार 3.42 ग्राम होता है। बीज की आकृति अण्डाकार होती है।

देहरादूनः– यह किस्म मुख्यतः उत्तर प्रदेश, उत्तराखण्ड तथा पंजाब में उगाई जाती है। बिहार में यह किस्म देहरारोज के नाम से जानी जाती है। यह देर से

पकने वाली किस्म है। फल जून के तीसरे सप्ताह से पकने प्रारम्भ होते हैं। फल की औसत उपज 80–90 किलोग्राम प्रति पेड़ है। पेड़ों की ऊँचाई 5 मीटर तथा फैलाब 7 मीटर होता है। फल मध्यम आकार के हृदयाकार से तिकोने आकार के होते हैं। पकने पर फल का रंग चमकीला गुलाबी–लाल होता है। गूदा स्लेटी सफेद मुलायम तथा रसदार होता है। गूदे में शर्करा की मात्रा 16.80 प्रतिशत होती है। इस किस्म के फल झुलसा तथा फल फटने के लिए संवेदनशील होते हैं।

कस्बाः– फल बड़े आकार के होते हैं। इस किस्म को कस्बा गांव से इसके आकर्षक फल आकार तथा रंग को लेकर चुना गया है। पेड़ बड़े तथा बड़ी पत्तियाँ होती हैं। फलों का भार 23–35 ग्राम होता है तथा अन्य फलों की तुलना में इसके फल अधिक भारी होते हैं लेकिन फलों की संख्या कम होती है। इस किस्म में मिट्टी से अधिक मात्रा में पोषक तत्व ग्रहण करते हैं। इसके फलों में गूदे की मात्रा 12.47 ग्राम, शर्करा 14.71 प्रतिशत एवं अम्लता 0.45 प्रतिशत होती है। फलों की लम्बाई 2.42 सेमी0, चौड़ाई 1.44 सेमी0, बीज का भार 3.13 ग्राम तथा बीज की आकृति गोलाकार होती है।

रामनगरः– यह कलकतिया किस्म का म्यूटेन्ट है। इसके फल जून के अन्तिम सप्ताह में पकते हैं। यह हर प्रकार से कलकतिया किस्म से उच्च श्रेणी की है। तराई क्षेत्र में काफी प्रचलित है। फलोत्पादन अच्छा है। स्थानीय भाषा में इसे कलमी कहते हैं।

गुलाबीः– यह उत्तर भारत में उगाई जाने वाली महत्वपूर्ण किस्म है। यह देर से पकने वाली किस्म है। यह किस्म जून के अन्तिम सप्ताह में पकती है। उपज अच्छी होती है तथा इसकी औसत उपज 90–100 किलोग्राम प्रति वृक्ष है। वृक्षों की ऊँचाई 6 मीटर एवं फैलाव 7 मीटर होता है। फल आकार में मध्यम, लम्बा, हृदयाकार तथा पकने पर छिलके का रंग लाल होता है। गूदा ग्रेईस सफेद, मुलायम तथा मीठा होता है। शर्करा की मात्रा 18.2 प्रतिशत होती है।

बम्बईः– यह बंगाल की प्रमुख किस्म है। इस किस्म के पेड़ों की ऊँचाई 6–7 मीटर तथा फैलाव 7–8 मीटर होता है। इसके फल मई माह के दूसरे सप्ताह में पकते हैं। फल आकार में बड़े होते हैं तथा भार 15–20 ग्राम होता है। पके फलों का रंग लाल तथा सतह हरी होती है। गूदे का रंग स्लेटी, सफेद, मुलायम, रसदार तथा मीठा होता है। शर्करा की मात्रा 14.93 प्रतिशत होती है। अम्लता 11 प्रतिशत होती है। यह किस्म चाइना के समान अन्य राज्यों में भी उगाई जाती

है। इसके फलों में गूदे की मात्रा 11.57 ग्राम, बीज का भार 3.64 ग्राम, फल की लम्बाई 3.74 सेमी0, फल का व्यास 3.70 सेमी0 तथा कुल घुलनशील ठोस पदार्थ 17.89^0 ब्रिक्स होता है।

लौंगियाः– यह किस्म उत्तरी बिहार से फैली है। यह पछेती किस्म है। पेड़ का आकार मध्यम, पत्तियाँ छोटी तथा हल्के रंग की होती हैं। फलों का आकार मध्यम होता है तथा गूदे में प्रचुर मात्रा में सुगन्ध होती है। उपज कम होने के कारण इस किस्म को कम पसन्द किया जाता है।

देशीः– इस किस्म के फल बहुत आकर्षक होते हैं। इसमें फूल आने का समय 22 दिन तक होता है फलों में गूदा की मात्रा 12.40 ग्राम प्रति फल, शर्करा 11.54 प्रतिशत, अम्लता 0.36 प्रतिशत होती है। गुठली पतली, गहरे भूरे रंग की जिसकी लम्बाई 2.39 सेमी0, चौड़ाई 1.53 सेमी0, गुठली का भार 3.07 ग्राम तथा गुठली का आकार अण्डाकार होता है।

ग्रीनः– इस किस्म के फलों का रंग हल्का हरा होता है। इसके फलों में गूदे की मात्रा 13.67 ग्राम, शर्करा की मात्रा 12.64 प्रतिशत एवं अम्ल की मात्रा 0.44 प्रतिशत होती है। फल के बीज का आकार अण्डाकार जिसकी लम्बाई 2.30 सेमी0, चौड़ाई 1.45 सेमी0 तथा भार 3.20 ग्राम होता है।

पूर्वीः– इसके फलों के गूदे में रेशा अधिक मात्रा में पाया जाता है। फलों में गूदे की मात्रा 10.16 ग्राम, शर्करा 13.89 प्रतिशत, कुल घुलनशील ठोस पदार्थ 13.89 प्रतिशत एवं अम्लता 0.41 प्रतिशत होती है। फलों में बीज थोड़ा पतला और गाढ़े भूरे रंग का होता है जिसकी लम्बाई 2.65 सेमी0, चौड़ाई 1.40 सेमी0 तथा भार 3.70 ग्राम होता है।

त्रिकोलियाः– इस किस्म के फलों में गूदे की मात्रा 8.12 ग्राम, शर्करा की मात्रा 12.43 प्रतिशत, अम्ल की मात्रा 0.33 प्रतिशत होती है। इसके फलों की गुठली की लम्बाई 2.48 सेमी0, चौड़ाई 1.54 सेमी0 एवं उसका भार 3.28 ग्राम होता है।

मैकलीनः– इस किस्म में फलों का भार 16.33 ग्राम, गूदे की मात्रा 9.88 ग्राम, शर्करा 13.9 प्रतिशत एवं अम्लता 0.76 प्रतिशत होती है। बीज का भार 3.46 ग्राम, लम्बाई 3.04 सेमी एवं व्यास 3.04 सेमी होता है।

लीची की प्रमुख किस्मों का संक्षिप्त विवरण

अजौली

फल आर्कषण – अच्छा
गुलिका की आकृति – नुकीली
गुलिका का घनत्व – सघन
बीजचोल का भार – 11.65 ग्राम
बीजचोल/फल का अनुपात – 0.66
बीजचोल – मध्यम
बीजचोल नस सारणी – मध्यम
अम्लत्व – 0.37 प्रतिशत

बेदाना

फल आर्कषण – कमजोर
गुलिका की आकृति – चपटी
गुलिका का घनत्व – विरल
बीजचोल का भार – 15.01 ग्राम
बीजचोल/फल का अनुपात – 0.77
बीजचोल की मोटाई – मोटा
बीजचोल नस सारणी – निम्न
बीजचोल संरचना – सौम्य
कुल शर्करा – 14.13 प्रतिशत
फल का कुल घुलनशील ठोस पदार्थ – 17.45^{0} ब्रि0
विटामिन सी – 12.94 मिग्रा0/100 ग्राम
अम्लता – 0.32 प्रतिशत

बम्बई – I

फल आर्कषण – अच्छा
गुलिका की आकृति – नोकदार स्थूल
गुलिका का घनत्व – मध्यम
बीजचोल का भार – 13.46 ग्राम
बीजचोल/फल का अनुपात – 0.66
बीजचोल की मोटाई – मध्यम
बीजचोल नस सारणी – मध्यम

बीजचोल संरचना – खुरदरा
कुल शर्करा – 14.18 प्रतिशत
फल का कुल घुलनशील ठोस पदार्थ – 18.07^{0} ब्रि0
विटामिन सी – 26.37 मिग्रा0/100 ग्राम
अम्लता – 0.34 प्रतिशत

बम्बई – II
फल आर्कषण – अच्छा
गुलिका की आकृति – नोकदार स्थूल
गुलिका का घनत्व – विरल
बीजचोल का भार – 12.35 ग्राम
बीजचोल/फल का अनुपात – 0.70
बीजचोल की मोटाई – मध्यम
बीजचोल नस सारणी – मध्यम
बीजचोल संरचना – खुरदरी
कुल शर्करा – 12.94 प्रतिशत
फल का कुल घुलनशील ठोस पदार्थ – 17.02^{0} ब्रि0
विटामिन सी – 26.34 मिग्रा0/100 ग्राम
अम्लता – 0.29 प्रतिशत

चेस – II
फल आर्कषण – अच्छा
गुलिका की आकृति – स्थूल
गुलिका का घनत्व – मध्यम
बीजचोल का भार – 10.72 ग्राम
बीजचोल/फल का अनुपात – 0.64
बीजचोल की मोटाई – बारीक
बीजचोल नस सारणी – मध्यम
बीजचोल संरचना – खुरदरी
कुल शर्करा – 10.63 प्रतिशत
फल का कुल घुलनशील ठोस पदार्थ – 17.27^{0} ब्रि0
विटामिन सी – 26.82 मिग्रा0/100 ग्राम
अम्लता – 0.28 प्रतिशत

चायना

फल आर्कषण – उत्तम
गुलिका की आकृति – स्थूल
गुलिका का घनत्व – सघन
बीजचोल का भार – 10.87 ग्राम
बीजचोल/फल का अनुपात – 0.61
बीजचोल की मोटाई – मध्यम
बीजचोल नस सारणी – मध्यम
बीजचोल संरचना – गला हुआ
कुल शर्करा – 14.92 प्रतिशत
फल का कुल घुलनशील ठोस पदार्थ – 17.82^0 ब्रि0
विटामिन सी – 37.95 मिग्रा0/100 ग्राम

देहरादून

फल आर्कषण – मध्यवर्ती
गुलिका की आकृति – मध्यवर्ती
गुलिका का घनत्व – विरल
बीजचोल का भार – 11.85 ग्राम
बीजचोल/फल का अनुपात – 0.69
बीजचोल की मोटाई – मध्यम
बीजचोल नस सारणी – मध्यम
बीजचोल संरचना – खुरदरी
कुल शर्करा – 11.59 प्रतिशत
फल का कुल घुलनशील ठोस पदार्थ – 17.25^0 ब्रि0
विटामिन सी – 71.47 मिग्रा0/100 ग्राम
अम्लता – 0.75 प्रतिशत

देहरारोज़

फल आर्कषण – उत्तम
गुलिका की आकृति – स्थूल
गुलिका का घनत्व – मध्यम
बीजचोल का भार – 11.67 ग्राम
बीजचोल/फल का अनुपात – 0.72

बीजचोल की मोटाई – मध्यम
बीजचोल नस सारणी – मध्यम
विटामिन सी – 26.34 मिग्रा0/100 ग्राम
बीजचोल संरचना – गला हुआ
कुल शर्करा – 16.80 प्रतिशत
फल का कुल घुलनशील ठोस पदार्थ – 18.90^0 ब्रि0

देशी

फल आर्कषण – अच्छा
गुलिका की आकृति – स्थूल
गुलिका का घनत्व – विरल
बीजचोल का भार – 12.40 ग्राम
बीजचोल/फल का अनुपात – 0.70
बीजचोल की मोटाई – सघन
बीजचोल नस सारणी – मध्यम
बीजचोल संरचना – ठोस
कुल शर्करा – 11.54 प्रतिशत
फल का कुल घुलनशील ठोस पदार्थ – 17.72^0 ब्रि0
विटामिन सी – 24.22 मिग्रा0/100 ग्राम
अम्लता – 0.36 प्रतिशत

हरा

फल आर्कषण – मध्यवर्ती
गुलिका की आकृति – स्थूल
गुलिका का घनत्व – मध्यम
बीजचोल का भार – 13.67 ग्राम
बीजचोल/फल का अनुपात – 0.73
बीजचोल की मोटाई – मध्यम
बीजचोल नस सारणी – मध्यम
बीजचोल संरचना – गला हुआ
कुल शर्करा – 12.64 प्रतिशत
फल का कुल घुलनशील ठोस पदार्थ – 17.75^0 ब्रि0
विटामिन सी – 27.26 मिग्रा0/100 ग्राम
अम्लता – 0.44 प्रतिशत

कसबा

फल आर्कषण – अच्छा
गुलिका की आकृति – नोकदार स्थूल
गुलिका का घनत्व – विरल
बीजचोल का भार – 12.47 ग्राम
बीजचोल/फल का अनुपात – 0.67
बीजचोल की मोटाई – मध्यम
बीजचोल नस सारणी – मध्यम
बीजचोल संरचना – खुरदरी
कुल शर्करा – 14.71 प्रतिशत
फल का कुल घुलनशील ठोस पदार्थ – 18.75^0 ब्रि0
विटामिन सी – 23.42 मिग्रा0/100 ग्राम
अम्लता – 0.45 प्रतिशत

लेट बेदाना

फल आर्कषण – मध्यवर्ती
गुलिका की आकृति – मध्यवर्ती
गुलिका का घनत्व – विरल
बीजचोल का भार – 12.45 ग्राम
बीजचोल/फल का अनुपात – 0.76
बीजचोल की मोटाई – सघन
बीजचोल नस सारणी – निम्न
बीजचोल संरचना – सौम्य
कुल शर्करा – 10.42 प्रतिशत
फल का कुल घुलनशील ठोस पदार्थ – 19.15^0 ब्रि0
विटामिन सी – 13.45 मिग्रा0/100 ग्राम
अम्लता – 0.37 प्रतिशत

पूरबी

फल आर्कषण – अच्छा
गुलिका की आकृति – नोकदार स्थूल
गुलिका का घनत्व – मध्यम
बीजचोल का भार – 10.16 ग्राम

बीजचोल/फल का अनुपात – 0.60
बीजचोल की मोटाई – पतला
बीजचोल नस सारणी – उच्च
बीजचोल संरचना – खुरदरी
कुल शर्करा – 13.89 प्रतिशत
फल का कुल घुलनशील ठोस पदार्थ – 13.89^0 ब्रि0
विटामिन सी – 31.27 मिग्रा0/100 ग्राम
अम्लता – 0.41 प्रतिशत

रोज़ सन्टेड

फल आर्कषण – उत्तम
गुलिका की आकृति – स्थूल
गुलिका का घनत्व – मध्यम
बीजचोल का भार – 12.89 ग्राम
बीजचोल/फल का अनुपात – 0.72
बीजचोल की मोटाई – मध्यम
बीजचोल नस सारणी – निम्न
बीजचोल संरचना – गला हुआ
कुल शर्करा – 13.58 प्रतिशत
फल का कुल घुलनशील ठोस पदार्थ – 18.45^0 ब्रि0
विटामिन सी – 26.02 मिग्रा0/100 ग्राम
अम्लता – 0.36 प्रतिशत

शाही

फल आर्कषण – अच्छा
गुलिका की आकृति – स्थूल
गुलिका का घनत्व – सघन
बीजचोल का भार – 14.34 ग्राम
बीजचोल/फल का अनुपात – 0.69
बीजचोल की मोटाई – मध्यम
बीजचोल नस सारणी – मध्यम
बीजचोल संरचना – गला हुआ
कुल शर्करा – 11.59 प्रतिशत

फल का कुल घुलनशील ठोस पदार्थ – 18.72° ब्रि0
विटामिन सी – 36.67 मिग्रा0/100 ग्राम
अम्लता – 0.30 प्रतिशत

स्वर्णारूपा
फल आर्कषण – अच्छा
गुलिका की आकृति – चपटी
गुलिका का घनत्व – विरल
बीजचोल का भार – 10.74 ग्राम
बीजचोल/फल का अनुपात – 0.62
बीजचोल की मोटाई – सघन
बीजचोल नस सारणी – निम्न
बीजचोल संरचना – सौम्य
कुल शर्करा – 12.31 प्रतिशत
फल का कुल घुलनशील ठोस पदार्थ – 17.70° ब्रि0
विटामिन सी – 38.30 मिग्रा0/100 ग्राम
अम्लता – 0.29 प्रतिशत

त्रिकोलिया
फल आकर्षण – अच्छा
गुलिका की आकृति – स्थूल
गुलिका का घनत्व – मध्यम
बीजचोल का भार – 8.12 ग्राम
बीजचोल/फल का अनुपात – 0.54
बीजचोल की मोटाई – पतला
बीजचोल नस सारणी – मध्यम
बीजचोल संरचना – गला हुआ
कुल शर्करा – 12.43 प्रतिशत
फल का कुल घुलनशील ठोस पदार्थ – 17.15° ब्रि0
विटामिन सी – 33.62 मिग्रा0/100 ग्राम
अम्लता – 0.33 प्रतिशत

बम्बई

फल भार – 18.31 ग्राम
गुदे का भार – 11.57 ग्राम
बीज का भार – 3.64 ग्राम
फल की लम्बाई – 3.74 सेमी0
फल का व्यास – 3.10 सेमी0
कुल घुलनशील ठोस पदार्थ – 17.89^{0} ब्रि0
कुल शर्करा – 14.93 प्रतिशत
घटती शर्करा – 11.17 प्रतिशत
खटाश – 0.39 प्रतिशत
उपज – 57.36 किग्रा0/पेड़

देशी

फल भार – 17.51 ग्राम
गूदे का भार – 10.71 ग्राम
बीज का भार – 4.14 ग्राम
फल की लम्बाई – 3.70 सेमी0
फल का व्यास – 3.05 सेमी0
कुल घुलनशील ठोस पदार्थ – 16.48^{0} ब्रि0
कुल शर्करा – 13.51 प्रतिशत
घटती शर्करा – 8.23 प्रतिशत
खटाश – 0.74 प्रतिशत
उपज – 30.43 किग्रा0/पेड़

अरली लार्ज रेड

फल भार – 17.00 ग्राम
गूदे का भार – 11.46 ग्राम
बीज का भार – 3.64 ग्राम
फल की लम्बाई – 3.57 सेमी0
फल का व्यास – 3.04 सेमी0
कुल घुलनशील ठोस पदार्थ – 15.76^{0} ब्रि0
कुल शर्करा – 14.62 प्रतिशत
घटती शर्करा – 10.17 प्रतिशत

खटाश – 0.74 प्रतिशत
उपज – 28.56 किग्रा0/पेड़

इलायची

फल भार – 16.42 ग्राम
गूदे का भार – 11.26 ग्राम
बीज का भार – 2.67 ग्राम
फल की लम्बाई – 4.15 सेमी0
फल का व्यास – 3.45 सेमी0
कुल घुलनशील ठोस पदार्थ – 15.68^0 ब्रि0
कुल शर्करा – 13.79 प्रतिशत
घटती शर्करा – 10322 प्रतिशत
खटाश – 0.67 प्रतिशत
उपज – 25.19 किग्रा0/पेड़

कसबा

फल भार – 16.55 ग्राम
गूदे का भार – 10.44 ग्राम
बीज का भार – 3.47 ग्राम
फल की लम्बाई – 4.14 सेमी0
फल का व्यास – 3.13 सेमी0
कुल घुलनशील ठोस पदार्थ – 15.90^0 ब्रि0
कुल शर्करा – 13.44 प्रतिशत
घटती शर्करा – 9.06 प्रतिशत
खटाश – 0.52 प्रतिशत
उपज – 27.51 किग्रा0/पेड़

मैक्लीन

फल भार – 16.33 ग्राम
गूदे का भार – 9.88 ग्राम
बीज का भार – 3.46 ग्राम
फल की लम्बाई – 3.65 सेमी0
फल का व्यास – 3.04 सेमी0

कुल घुलनशील ठोस पदार्थ – 17.12^0 ब्रि0
कुल शर्करा – 13.9 प्रतिशत
घटती शर्करा – 9.00 प्रतिशत
खटाश – 0.73 प्रतिशत
उपज – 22.59 किग्रा0/पेड़

मुजफ्फरपुर अर्ली

फल भार – 17.05 ग्राम
गूदे का भार – 10.93 ग्राम
बीज का भार – 3.47 ग्राम
फल की लम्बाई – 3.57 सेमी0
फल का व्यास – 3.03 सेमी0
कुल घुलनशील ठोस पदार्थ – 16.58^0 ब्रि0
कुल शर्करा – 13.52 प्रतिशत
घटती शर्करा – 9.54 प्रतिशत
खटाश – 0.71 प्रतिशत
उपज – 42.15 किग्रा0/पेड़

नफरपाल

फल भार – 16.33 ग्राम
गूदे का भार – 10.66 ग्राम
बीज का भार – 3.41 ग्राम
फल की लम्बाई – 3.65 सेमी0
फल का व्यास – 3.03 सेमी0
कुल घुलनशील ठोस पदार्थ – 17.13^0 ब्रि0
कुल शर्करा – 13.84 प्रतिशत
घटती शर्करा – 9.23 प्रतिशत
खटाश – 0.59 प्रतिशत
उपज – 24.03 किग्रा0/पेड़

पूरबी

फल भार – 17.20 ग्राम
गूदे का भार – 10.48 ग्राम
बीज का भार – 4.22 ग्राम

फल की लम्बाई – 3.63 सेमी0
फल का व्यास – 3.07 सेमी0
कुल घुलनशील ठोस पदार्थ – 16.82^0 ब्रि0
कुल शर्करा – 13.63 प्रतिशत
घटती शर्करा – 9.44 प्रतिशत
खटाश – 0.61 प्रतिशत
उपज – 36.31 किग्रा0/पेड़

रोज सेन्टेड
फल भार – 16.94 ग्राम
गूदे का भार – 10.29 ग्राम
बीज का भार – 4.20 ग्राम
फल की लम्बाई – 3.79 सेमी0
फल का व्यास – 3.04 सेमी0
कुल घुलनशील ठोस पदार्थ – 15.42^0 ब्रि0
कुल शर्करा – 12.62 प्रतिशत
घटती शर्करा – 9.19 प्रतिशत
खटाश – 0.70 प्रतिशत
उपज – 43.39 किग्रा0/पेड़

चित्र–3: लीची की किस्मों के फल

4

प्रवर्धन

व्यवसायिक स्तर पर लीची के प्रवर्धन हेतु मातृ वृक्षों के प्रखण्ड की स्थापना की जानी चाहिए जहाँ 5 × 5 मीटर की दूरी पर पौधों को लगाया गया हो। महत्वपूर्ण बात यह है कि जिन पौधों को कायिक प्रवर्धन के लिए मातृ पौधे के रूप में चुना गया हो, उनसे फल न ली जायें। तभी गुणवत्ता बढ़ाई जा सकती है। शाखाओं की आवश्यकतानुसार हल्की या गहरी कटाई–छँटाई करते रहना चाहिए। इससे ओजस्वी शाखायें नियमित रूप से गूंटी हेतु उपलब्ध होती रहेंगी।

लीची का प्रवर्धन निम्न प्रकार से किया है:–

1. बीज द्वारा
2. गूटी विधि द्वारा
3. ग्राफ्टिंग द्वारा

बीज द्वारा:– बीज द्वारा पौधे तैयार करने में अधिक समय लगता है और फल भी लगभग 6–7 वर्ष में आता है कभी–कभी तो 12 वर्ष तक भी लग जाते हैं इसके अलावा बीजू पौधों की गुणवत्ता का कोई भरोसा भी नहीं होता है। इसलिए गूटी विधि द्वारा पौधे तैयार करना अधिक अच्छा एवं सुगम है। लीची के पौधे बीज एवं गूटी से तैयार करने की विधियों का विवरण निम्न प्रकार है:–

बीज द्वारा पौधे तैयार करना:– लीची के बीजों के अंकुरण की क्षमता कुछ समय तक रहती है अतः अच्छे जमाव के लिए बीज को फल से निकालने के तुरन्त बाद पौधशाला की क्यारियों अथवा पालीथीन की थैलियों, जिसमें मिट्टी :

बालू : गोबर की सड़ी खाद 1 : 1 : 1 अनुपात में भरा हो बो देना चाहिए। पौध तैयार करने के लिए गहरे भूरे रंग के पूर्ण विकसित/परिपक्व बीजों की ही बुवाई करनी चाहिए। जिन बीजों का पूर्ण विकास न हुआ हो और बीज अपरिपक्व हों ऐसे बीजों की बुवाई कदापि नहीं करनी चाहिए। बीज मिट्टी में 1 से 1.25 सेमी की गहराई में बोना चाहिए। अच्छे बढ़वार और विकास के लिए पालीथीन में भरे जाने वाले मिश्रण में लीची के पुराने पेड़ के नीचे की मिट्टी को थोड़ी मात्रा में अवश्य मिलाना चाहिए। इसमें उपस्थित माइक्रोराइजा नवोदित पौधों की जड़ों में इकट्ठा होकर पोषण की उपलब्धता बनाये रखने में सहायक होते हैं। बीज जमाव में 5–6 दिनों का समय लगता है। व्यवसायिक पौधशाला में बीजू पौधे तैयार करने के लिए बीजों को ट्रे या छोटी जगह बुवाई करके उन्हें एक बार उगा लिया जाता है। तत्पश्चात् 15–20 दिन पुराने पौधों को मुख्य रूप से विविधता पैदा करने या अच्छी किस्मों की ग्राफ्टिंग करने हेतु मूलवृन्त के लिए तैयार किया जाता है। बीज द्वारा तैयार पौधे अधिक सहिष्णु एवं दीर्घ आयु जीवी होते हैं परन्तु उनमें फलत काफी वर्षों बाद आती है। ये पौधे मातृवृक्ष से भी काफी भिन्न होते हैं।

गूटी द्वारा पौधे तैयार करनाः– गुणवत्तायुक्त उत्पादन शीघ्र फलत प्राप्त करने के लिए कायिक प्रवर्धन ही सर्वोत्तम विधि है। लीची के पौधों को व्यवसायिक स्तर पर वानस्पतिक विधि से तैयार किया जाता है जिसमें लीची के पौधे तैयार करने की गूंटी सरल एवं आसान विधि है। लीची की गूटी तैयार करने के लिए मई–जून के महीने में स्वस्थ एवं सीधी शाखा चुनकर शाखा के शीर्ष से 40–50 सेमी0 नीचे किसी गांठ के पास गोलाई में 2 सेमी0 या 3 सेमी0 छल्ला बना लेते हैं। छल्ले के ऊपरी सिरे पर आई0बी0ए0 के 1000 पी0पी0एम0 के लेप लगाकर छल्ले को नम मास घास से ढककर 400 गेज की सफेद पालीथीन का टुकड़ा लपेटकर दोनों सिरों को सुतली से कसकर बांध दिया जाता है। गूटी बांधने के लगभग 2 माह के अन्दर जड़ें पूर्णरूप से विकसित हो जाती हैं तथा लीची का नया पौधा लीची के पेड़ पर तैयार हो जाता है।

ग्राफ्टिंग द्वाराः– लीची के पौधे ग्राफ्टिंग से भी तैयार किये जा सकते हैं परन्तु ग्राफ्टिंग में वांछित सफलता नहीं मिल पाती है क्योंकि लीची में बीजू पौधे का विकास बहुत धीमी गति से होता है और जब मूलवृन्त ग्राफ्टिंग के लिए आवश्यक मोटाई प्राप्त करता है तब तक मूलवृन्त अधिक कड़ा हो जाता है। जिससे ग्राफ्टिंग सफल नहीं हो पाती है। गूटी के अलावा अन्य विधियों की कठिनाई एवं अवांछित

चित्र–4ः गूटी द्वारा पौधे तैयार करना

है। वर्तमान में रूट ट्रेनरों का उपयोग किया जा रहा है। रूट ट्रेनरों में न केवल जड़ों का विकास अच्छा होता है बल्कि कम स्थान में अधिक पौधे तैयार किये जा सकते हैं। साथ ही इन पौधों की मृत्युदर भी कम हो जाती है। 300 सी0सी0 के रूट ट्रेनर उपयुक्त होते हैं। लगभग 40–45 दिन बाद पौधों को रूट ट्रेनर से निकालकर पालीथीन की थैलियों में लगाया जाता है। रूट ट्रेनर से निकाले गये पौधों को पालीथीन में लगाकर प्लास्टिक घरों में रखा जा सकता है। प्लास्टिक घरों में पौधों का विकास अच्छा होता है और 4–6 महीने में ही ये पौधे बाग में रोपित करने के लिए तैयार हो जाते हैं। प्लास्टिक घर में तैयार पौधे बहुत कोमल होते हैं, अतः इन्हें हार्डनिंग के लिए 15 दिनों तक नेट हाउस में रखने के बाद ही बाग लगाना चाहिए।

रूटिंग मीडियाः– रूट ट्रेनरों, पालीथीन बैग, गमलों अथवा क्यारियों में गूटी लगाने के लिए रूटिंग मीडिया का विशेष रूप पर ध्यान देना आवश्यक है क्योंकि

चित्र–5ः गूटी का रूट ट्रेनर एवं पोलीबैंग में रोपण

लीची की गूटी में यदि रूटिंग मीडिया का ध्यान नहीं रखा गया तो तैयार गूटी सूख सकती है अतः निम्नलिखित रूटिंग मीडिया उक्त रूट ट्रेनरों, पालीथीन बैग, गमलों अथवा क्यारियों में उपयोग किया जाता है:–

पुराने लीची के वृक्षों के नीचे की मिट्टी	– 25 प्रतिशत
सड़ी गोबर की खाद	– 20 प्रतिशत
रेत अथवा बालू	– 50 प्रतिशत
वर्मीकम्पोस्ट	– 5 प्रतिशत

इस मिश्रण को अच्छी तरह से मिलाकर रूट ट्रेनरों अथवा पॉली बैग में गूटी लगाई जाती है जिससे गूटी की बढ़वार अच्छी प्रकार से हो जाती है और पौधे स्वस्थ रहते हैं।

5

बाग लगाने की विधियाँ

बाग लगाने के समय महत्वपूर्ण बिन्दुः– लीची के बाग लगाने के लिए कुछ आवश्यक बिन्दुओं जैसे– बाग लगाने से पहले इसकी वृक्षारोपण योजना पर पूर्णरूप से विचार कर लेना चाहिए क्योंकि लीची के फल वृक्ष दीर्घजीवी होते हैं, यदि शुरू में ही गलती हो गई तो आगे चलकर गलती को सुधारना मुश्किल ही नहीं नामुमकिन होता है। नये बाग की सफलता मुख्यतः 3–4 बातों पर निर्भर करती है।

स्थितिः– चूंकि लीची के फल पेड़ पर ही पकते हैं तथा तुड़ाई के उपरान्त शीघ्र खराब भी होने लगते हैं। अतः लीची के नये बाग की स्थापना ऐसे स्थान पर करनी चाहिए जहाँ पर यातायात की अच्छी सुविधा हो तथा किसी शहर व बाजार के पास हों ताकि उत्पाद को शीघ्रता से बाजार तक पहुँचाया जा सकता है।

स्थान का चुनावः– लीची के लिए अधिक ऊँची–नीची भूमि का चुनाव नहीं करना चाहिए क्योंकि ऐसी भूमि में जल द्वारा मृदा कटाव अधिक होता है तथा खाद्य पदार्थ मिट्टी के साथ बहकर नीचे चले जाते हैं। इसी तरह से अधिक निचली भूमि में जल भराव की समस्या हो जाती है और पौधे की जड़ें सड़ने लगती हैं यदि जल भराव की स्थिति अधिक दिनों तक रहे तो पौधे मर भी सकते हैं अतः इसके लिए लगभग समतल भूमि जिसका ढलान एक तरफ हो अच्छी मानी जाती है।

जलवायुः– उन क्षेत्रों को लीची की बागवानी के लिए सर्वोत्तम माना जाता है जहाँ की जलवायु गर्मियों में गर्म एवं आर्द्र और शरद ऋतु में शुष्क एवं ठंडी होती

है, जाड़े के दिनों में अत्याअधिक पाला एवं गर्मी के दिनों में लू इसकी बागवानी में बाधक हों।

भूमिः— ऐसी भूमि जिसका पी0एच0 मान 6–7 तक हो, भूमि में जीवांश खाद की मात्रा अधिक हो तथा 20–25 प्रतिशत चूना एवं जल निकास अच्छा हो लीची के बाग लगाने के लिए इस प्रकार की भूमि का चुनाव करना चाहिए।

किस्मों का चुनावः— लीची के बाग लगाते समय लीची की किस्मों का चुनाव एक महत्वपूर्ण विषय है। लीची के लिए सामान्यतः रोजसेन्टेड, बेदाना, कलकतिया, शाही आदि किस्में ही संस्तुत की जाती हैं।

बाग लगाने की विधिः— लीची को औसतन 10×10 मीटर की दूरी पर लगाना चाहिए। लीची के पौधों की रोपाई से पहले खेत में रेखांकन करके पौधा लगाने का स्थान सुनिश्चित कर लेते हैं। इसके लिए सर्वप्रथम चुने गये खेत के टेढ़े व त्रिकोण हिस्सों को छोड़कर शेष खेत को चौकोर रेखांकित कर लें। फिर खेत के दोनों किनारों के समानान्तर निर्धारित दूरी की आधी नाप के बराबर की दूरी पर। अभिप्राय यह है कि 5 मीटर की दूरी पर दोनों तरफ चिन्ह लगाकर डोरी की सहायता से दोनों चिन्हों को मिलाती हुई गहरी रेखा खींच लें। इसके बाद बीच की सारी रेखायें इन्हीं दो रेखाओं के समानान्तर 10 मीटर की दूरी पर खींच लें। इसके बाद इन समानान्तर रेखाओं के लम्बवत् 90^0 का कोण बनाते हुए दोनों किनारों पर मेंड से 5 मीटर की दूरी पर सीधी रेखा खींचते हैं तथा अन्य बीच की लम्बवत् रेखाओं की दूरी 10 मीटर रखते हैं। इस तरह से ये रेखायें जिन–जिन स्थानों पर काटती हैं, फावड़े की सहायता से चिन्ह लगा लें। तत्पश्चात् चिन्हित स्थान पर बाग लगाने से एक माह पूर्व 1×1×1 मीटर आकार के गड्ढे खोदकर ऊपर की आधी मिट्टी को एक तरफ तथा नीचे की आधी मिट्टी को दूसरी तरफ रख देते हैं एवं गड्ढों को 15 दिनों के लिए खुला छोड़ देते हैं। इसके बाद इन गड्ढों को निम्नलिखित मिश्रण से भर दिया जाता हैः–

गड्ढों से खोदी गई मिट्टी	– 2 भाग
पुराने लीची के वृक्षों की नीचे की मिट्टी	– 1 भाग
सड़ी गोबर की खाद प्रति गड्ढा	– 5 किलोग्राम
वर्मी कम्पोस्ट प्रति गड्ढा	– 200 ग्राम
सिंगल सुपर फास्फेट	– 1 किलोग्राम
पोटेशियम सल्फेट या म्यूरिट आफ पोटास	– 200 ग्राम

चूना (केवल अम्लीय भूमि में)	– 500 ग्राम
फालीडाल धूल/कलोरपोइरीफास	– 200 ग्राम/3 मिली0/ली0

गड्ढों को इस तरह से भरना चाहिए ताकि खेत की सतह से 8–10 सेमी. ऊपर रहे। इसके बाद यदि वर्षा न हो तो खेत की सिंचाई कर देनी चाहिए ताकि गड्ढों की मिट्टी अच्छी तरह बैठ जाये। पौधों की रोपाई के लिए गड्ढों के बीचोंबीच पौधे के पिण्डी के आधार की जगह बनाकर उसको लगा देना चाहिए। पौधा लगाने के बाद उसके पास की मिट्टी को ठीक से दबा दें एवं पौधे के चारो तरफ एक थाला बनाकर 2–3 बाल्टी पानी डाल देना चाहिए। तत्पश्चात् वर्षा न होने पर पौधों की पूर्ण स्थापना तक आवश्यकतानुसार पानी देते रहना चाहिए। सामान्यतः लीची को जून से सितम्बर के बीच में लगाते हैं। लेकिन जिन स्थानों पर सिंचाई की सुविधा हो लीची के पौधों को फरवरी–मार्च में भी लगाया जा सकता है।

वर्गाकार पद्धति

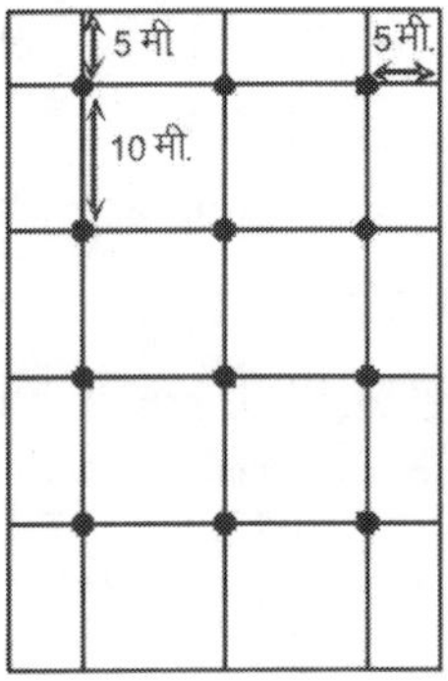

दोहरी पंक्ति विधि

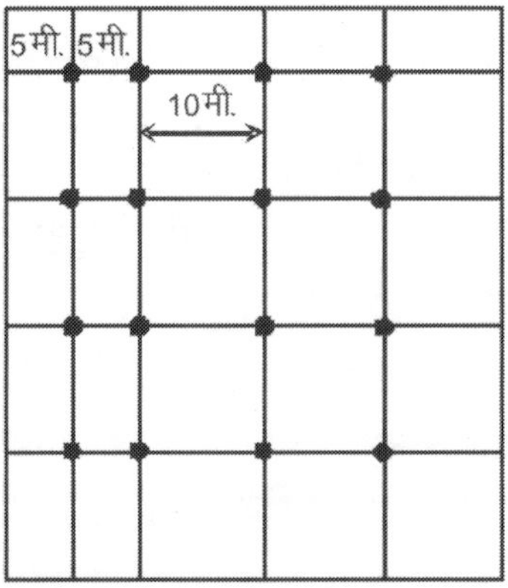

पंतनगर में किये गये प्रयोगों से ज्ञात हुआ है कि बाग का रेखांकन दोहरी पंक्ति विधि से करके अधिक उत्पादन प्राप्त किया जा सकता है। जहाँ दोहरी कतार विधि में 20 वर्ष के वृक्षों से 116 कुन्तल प्रति हैक्टर उपज प्राप्त हुई वहीं दूसरी तरफ वर्गाकार विधि से 10 मीटर की दूरी पर लगाये गये उसी उम्र के पेड़ो से 63 कुन्तल प्रति हैक्टर उपज प्राप्त की गई। दोहरी पंक्ति विधि से बाग का रेखांकन करने के लिए दो लाइनों तथा पौधों के बीच की दूरी 5 मीटर रखी जाती है। इसके बाद की दो लाइने प्रथम दो लाइनों से 10 मीटर की दूरी पर रखी जाती हैं। दोहरी कतार विधि को उक्त चित्र से समझा जा सकता है।

बाग में लीची के पौधों का रोपण करते समय मृत्यु दर कम करने के लिए सावधानियाँ:– पौधा लगाते समय पौधे सूखे नहीं इसके लिए निम्नलिखित सावधानियाँ बरती जानी चाहियें।

1. बाग में केवल वही पौधे लगायें जो पेड़ से गूटी काटने के बाद कम से कम 6 से 8 माह तक गमलों, पालीथीन की थैलियों अथवा रूट ट्रेनरों में लगाये गये हों क्योंकि लीची की गूटी पेड़ से अलग होने के पश्चात् बहुत कम जीवित रह पाती है और कभी–कभी 70 प्रतिशत तक मर जाती हैं। इसी प्रकार पुराने पेड़ों से बाग लगाने के बाद शत प्रतिशत जीवति नहीं रह पाते हैं।
2. रोपाई के समय पौधों को गड्ढे में रखकर उसके चारो ओर खाली जगह में बारीक मिट्टी डालकर इतना पानी डाल देना चाहिए कि गड्ढा पानी से भर जाये। मिट्टी नीचे बैठ जाये और खाली हुए गड्ढे में पुनः बारीक मिट्टी डालकर गड्ढे को भूमि की सतह तक भर देना चाहिए।
3. पेड़ के चारो ओर मिट्टी डालकर मिट्टी को हाथ से बहुत हल्का सा ही दबाना चाहिए। क्योंकि जोर से दबाने से प्रायः पौधे की मिट्टी की पिन्डी टूट जाती है जिससे पौधे की जड़ें टूट जाती हैं और पौधा मर जाता है। इसलिए मिट्टी को पानी द्वारा उपरोक्त विधि से ही सेट करना चाहिए। पौधे का केवल उतना ही हिस्सा गड्ढे की मिट्टी में दबाया जाये जितना कि रूट ट्रेनर अथवा पालीबैग की मिट्टी के अन्दर था।
4. लीची का नया बाग लगाते समय गड्ढों को मिट्टी से भरते समय मिट्टी खाद आदि का मिश्रण बनाया जाता है उसमें पुराने बाग अर्थात् लीची के बागों की पेड़ की मिट्टी को अवश्य मिलाया जाना चाहिए क्योंकि लीची की

जड़ों में एक प्रकार की कवक जिसे माइकोराइझा कहते हैं, पाई जाती है। इस कवक से पौधे अच्छे पनपते हैं।

5. सर्दियों में पौधों को पाले से बचाना चाहिए। जिसके लिए प्रति 10 दिन के अन्तराल पर सिंचाई करते रहना चाहिए।
6. गर्मियों में लू से बचाने के लिए 4–5 दिन में एक बार सिंचाई करनी चाहिए।
7. प्रारम्भिक अवस्था में पौधों को पाले व लू से बचाने के लिए पौधों को पूरब की ओर से खुला छोड़कर शेष तीनों दिशाओं में पुवाल, गन्ने की पत्ती आदि से ढक देना चाहिए।
8. सूर्य की तेज धूप से बचाने के लिए तनों को जिंक सल्फेट (1 प्रतिशत) तथा चूने के घोल से पोत देना चाहिए।
9. उत्तर पश्चिम दिशा में जामुन या शीशम आदि का सघन वृक्षारोपण वायु अवरोधक के रूप में किया जा सकता है।
10. फलत वाले पेड़ों में गर्मियों में फल बनने के पश्चात् लगातार आर्द्रता बनाये रखने के लिए कम अन्तराल पर निरन्तर सिंचाई करते रहना चाहिए। इस समय पानी की कमी नहीं होनी चाहिए अन्यथा फल फटने व झड़ने का भय रहता है।
11. लीची का पौधा एक धीमीगति से बढ़ने वाला पौधा है जिससे प्रारम्भ से ही बहुशाखायुक्त हो जाने की प्रवृति होती है। इसलिए पौधा रोपण के साथ ही 1–1) मीटर ऊँचाई तक मुख्य तने को ऊपर बढ़ने दिया जाये तथा जो शाखा आये उसे उक्त ऊँचाई तक काटकर हटा देना चाहिए।
12. टेढ़े पौधों को बाँस अथवा लकड़ी गाड़कर उसके मुख्य तने को सीधा करना चाहिए।

6

खाद एवं उर्वरक

जलवायु तथा मौसम के प्रति संवेदनशील होने के अतिरिक्त लीची, पोषण प्रबन्धन के प्रति भी अत्यन्त संवेदनशील फल है। लीची के पेड़ों की अच्छी बढ़वार एवं अच्छी उपज प्राप्त करने के लिए खाद एवं उर्वरकों की उचित मात्रा देना अत्यन्त आवश्यक है। खाद एवं उर्वरक देने से पूर्व बाग की मिट्टी में उपस्थित पोषक तत्वों की जाँच कराने के पश्चात् ही उर्वरक एवं सूक्ष्म तत्वों की मात्रा पेड़ों में देनी चाहिए। लीची के पेड़ो में उम्र के अनुसार खाद देना चाहिए।

आयु (वर्ष में)	गोबर की सड़ी खाद (किग्रा0) प्रति पेड़	नाइट्रोजन (ग्राम) प्रति पेड़	फास्फोरस (ग्राम) प्रति पेड़	पोटाश (ग्राम) प्रति पेड़
1	10	120	50	60
2	20	250	100	120
3	30	350	150	180
4	40	450	200	240
5	50	600	250	300
6	60	700	300	350
7	70	850	350	420
8	80	950	400	480
9	90	1050	450	550
10	100	1200	500	600

दस वर्ष के पश्चात् पेड़ों में पोषक तत्वों की मात्रा गोबर की सड़ी खाद 60 किलो0 प्रति पेड़, नाइट्रोजन 1200 ग्राम/पेड़, फास्फोरस 600 ग्राम/पेड़ एवं पोटाश 600 ग्राम/पेड़ देना चाहिए और इसके पश्चात् पोषक तत्वों की मात्रा नहीं बढ़ानी चाहिए। इन उर्वरकों के साथ–साथ करंज की खली एवं वर्मी कम्पोस्ट के प्रयोग से लीची के फल की गुणवत्ता एवं पैदावार में वृद्धि होती है। लीची के पेड़ में तोड़ाई के बाद नए कल्ले आते हैं उन पर अगले वर्ष फल आते हैं अतः अधिक ओजपूर्व एवं स्वस्थ कल्लों के विकास के लिए खाद, फास्फोरस एवं पोटाश की सम्पूर्ण एवं नाइट्रोजन की दो तिहाई मात्रा जून–जुलाई में फल की तोड़ाई एवं पेड़ के काट–छाँट के साथ–साथ देते हैं। परीक्षण में यह देखा गया है कि पूर्ण विकसित पौधों के तने से 150–200 सेमी की दूसरी पर गोलाई में 60 सेमी0 गहरी मिट्टी खोदकर खाई बना लें। खाई को 5–7 दिनों तक खुला छोड़ने के बाद खाद एवं मिट्टी के मिश्रण से भर दें। इस प्रक्रिया से पौधों में नई शोषक जड़ों (फीडर रूट) का अधिक विकास होता है। खाद एवं उर्वरक का पूर्ण उपयोग होता है। अध्ययन से यह भी पता चला है कि बायो–फर्टिलाइजर जैसे एजोस्पायरिलम, ट्राईकोडरमा इत्यादि को गोबर की खाद के साथ मिलाकर देने तथा सूक्ष्म पोषक तत्व जैसे जिंक सल्फेट तथा बोरान का प्रयोग खाद देते समय करने से लीची की उत्पादकता एवं गुणवत्ता में सुधार होता है। यह प्रक्रिया आर्गेनिक लीची उत्पादन में भी लाभकारी सिद्ध हुई है। खाद देने के पश्चात् यदि वर्षा नहीं होती है तो सिंचाई करना आवश्यक है। लीची के फलों की तुड़ाई के तुरन्त बाद खाद देने से पौधों में कल्लों का विकास अच्छा होता है एवं फलत अच्छी आती है। शेष नाइट्रोजन की एक तिहाई मात्रा फल विकास के समय जब फल मटर के दाने के आकार के हो जाये तब सिंचाई के साथ देना चाहिए। अधिक अम्लीय मृदा में 10–15 किलोग्राम चूना प्रति वृक्ष 3 वर्ष के अन्तराल पर देने से उपज में वृद्धि देखी गई है। जिन बगीचों में जिंक की कमी के लक्षण दिखाई दें उनमें 150–200 ग्राम जिंक सल्फेट प्रति वृक्ष की दर से सितम्बर माह में अन्य उर्वरकों के साथ देना लाभकारी रहता है तथा पैदावार अच्छी एवं गुणवत्ता प्राप्त करने के लिये बायोजाइम ग्रेन्यूल्स 500–1000 ग्राम प्रति पेड़ को गोबर की खाद के साथ मिलाकर थालों में दें एवं बायोजाइम फ्रूट प्लस तरल 1.5 मिली0/लीटर पानी को संस्तुत कीटनाशक/कवकनाशक के साथ मिलाकर बौर खिलने से पहले पहला छिड़काव, फल लगने की अवस्था पर, दूसरा व 20–25 दिन के अन्तराल पर, तीसरा छिड़काव करें। एक पूर्ण वृक्ष जिसकी आयु दस वर्ष या इससे अधिक हो उसके लिए कॉपर सल्फेट, जिंक सल्फेट व बोरेक्स प्रत्येक की 250

ग्राम मात्रा आवश्यक होती है। बोरेक्स जिसे पांचवे वर्ष प्रारम्भ करते हैं उसकी मात्रा 25×5=125 ग्राम प्रति पेड़ से प्रारम्भ करते हुए आयु के अनुसार दस वर्ष तक इसी दर से बढ़ाते हैं।

चित्र–6: लीची के पेड़ों में खाद एवं उर्वरक देने की विधि

पालीफीड तथा "मल्टी के" नामक पानी में घुलनशील उर्वरक पदार्थों के 1 प्रतिशत घोल के 3–4 छिड़काव करने से पेड़ों के स्वास्थ्य, वृद्धि, पुष्पन तथा फलत पर अच्छा प्रभाव होते हुए पाया गया है। पुष्पन प्रारम्भ होने से लगभग एक माह पूर्व फरवरी से वृक्षों पर 0.2 प्रतिशत से 0.4 प्रतिशत जिंक सल्फेट (आधी मात्रा में बुझा हुआ चूना मिलाकर) के पानी के घोल का 15 दिनों के अन्तराल पर दो छिड़काव करने से अच्छा पुष्पन होता है। फल लग जाने के बाद मार्च माह के प्रारम्भ में वृक्षों पर 1.0 प्रतिशत बोरेक्स के पानी में घोल का 15 दिन के अन्तराल पर दो से तीन छिड़काव करने से फलों के रंग तथा मिठास में वृद्धि होने के साथ फलों के फटने में कमी आती है। ध्यान देने योग्य बात यह है कि पत्तियों पर छिड़काव करते समय, घोल में स्टीकर सैन्डोविट/टीपाल/टवीन 20 (0.1 प्रतिशत) अवश्य मिलाना चाहिए। एस्पा 80 नामक स्टीकर का प्रयोग करने से बेहतर प्रभाव देखे गये हैं।

सूक्ष्म पोषक तत्वों का प्रयोग एवं पर्णनीय छिड़कावः– लीची के पेड़ो को आवश्यक पोषक तत्वों का देना अच्छी पौध वृद्धि व फल उत्पादन के लिए आवश्यक है। सूक्ष्म पोषक तत्वों का महत्व लीची के पेड़ों के साथ–साथ गुणवत्तायुक्त फल उत्पादन में भी होता है। यद्यपि इन पोषक तत्वों की कम मात्रा में ही आवश्यकता होती है लेकिन अधिकतर बागवान नाइट्रोजन, फास्फोरस, पोटास का ही प्रयोग करते हैं और निरन्तर सूक्ष्म तत्वों का प्रयोग न करने से भूमि में इनकी कमी हो जाती है जिसका विपरीत प्रभाव पेड़ों की वृद्धि, फल उत्पादन तथा फलों की गुणवत्ता पर पड़ता है। प्रमुख रूप से लीची के बागों में लोहा, बोरॉन, तांबा, जिंक, मैगनीज, मालिब्डेनम तथा क्लोरीन आदि सूक्ष्म तत्वों की कमी देखी गई है।

सूक्ष्म तत्वों की कमी के लक्षणः–

1. जिंक– इसकी कमी से लीची के पेड़ों की पत्तियाँ छोटी व तांबे के रंग की हो जाती हैं साथ ही साथ फल अधिक गिरते हैं और छोटे आकार के हो जाते हैं। फलों की गुणवत्ता में भी कमी हो जाती है।

2. ताम्बा– टहनियाँ शीर्ष की तरफ से सूखना प्रारम्भ करती हैं तथा टहनियों का आकार भी बेडोल व एस आकार का हो जाता है। फल छोटे आकार के होते हैं। साथ ही साथ फलों में गूदे की मात्रा कम हो जाती है।

3. बोरॉन– बोरान की कमी से फल छोटे आकार के व टेढ़े–मेढ़े हो जाते हैं। फल अधिक संख्या में गिरते हैं। फलों पर भूरे रंग के धब्बे बनते हैं एवं फल फटने में वृद्धि होती है। फल पर रंग का विकास कम होता है। आमतौर पर इसकी कमी से शीर्षस्थ कलिकायें मृत हो जाती हैं तथा पत्तियों में कड़ापन, मुरझापन एवं सुखेपन जैसे लक्षण दिखाई देते हैं तथा पेड़ों से कुछ पत्तियाँ भी झड़नी शुरू हो जाती हैं।

4. लोहा– लोहे की कमी से नई पत्तियाँ पीले रंग की हो जाती हैं तथा टहनियाँ शीर्ष की ओर से सूखना प्रारम्भ हो जाती हैं।

5. मैगनीज– मैगनीज की कमी से पत्ती की शिराओं के बीच का भाग पीला हो जाता है और बाद में पूरी पत्ती पीली हो जाती हैं तथा ऊतकक्षय हो जाता है। टहनी के अग्रभाग की वृद्धि कम हो जाती है।

6. मालिब्डेनम– पत्ती पर पीले धब्बे बनते हैं और बीच में पत्ती पर गीले क्षेत्र बन जाते हैं। पत्ती के नीचे की तरफ गौंद सा निकलता है। अधिक प्रभावित पत्ती गिर जाती है।

7. क्लोरीन– छोटे पौधे सूखना प्रारम्भ कर देते हैं। पत्ती पीली, सूखे धब्बे और तांबे की रंग की हो जाती हैं। पेड़ों की वृद्धि रुक जाती है।

भूमि में सूक्ष्म तत्वों की कमी को उपरोक्त लक्षणों द्वारा पहचाना जा सकता है। एक स्वस्थ पेड़ की पत्ती में इन तत्वों की एक निश्चित मात्रा का होना आवश्यक होता है। अगर पेड़ में इनमें से किसी सूक्ष्म तत्व की कमी नहीं है तो पेड़ की अच्छी वृद्धि के साथ–साथ गुणवत्ता वाले भरपूर फल प्राप्त होते हैं। पत्ती में इन पोषक तत्वों की कितनी मात्रा होनी चाहिए इसके लिए मानक निर्धारित किये गये हैं जो निम्न प्रकार हैः–

क्र0सं0	सूक्ष्म पोषक तत्व	उचित मात्रा
1	लोहा	50–200 पीपीएम
2	मैगनीज	20–100 पीपीएम
3	जस्ता	15–150 पीपीएम
4	तांबा	10–25 पीपीएम
5	बोरॉन	15–50 पीपीएम
6	सोडियम	0–200 पीपीएम
7	क्लोरीन (प्रतिशत)	0–.25 प्रतिशत
8	मालिब्डेनम (प्रतिशत)	0.1–0.4 पीपीएम
9	मैगनीशियम (प्रतिशत)	0.3–0.5 प्रतिशत
10	नाइट्रोजन (प्रतिशत)	1.5–1.7 प्रतिशत
11	फास्फोरस (प्रतिशत)	0.15–0.20 प्रतिशत
12	पोटाश (प्रतिशत)	0.8–1.1 प्रतिशत

सूक्ष्म तत्वों के प्रयोग की विधिः– सूक्ष्म तत्व अन्य उर्वरकों के साथ मिलाकर पेड़ के चारो तरफ समान रूप में मिट्टी में मिला देते हैं। इनका प्रयोग जून–जुलाई या सितम्बर–अक्टूबर के महीने में करना उचित रहता है लेकिन इस विधि में सूक्ष्म तत्वों की अधिक मात्रा की आवश्यकता होती है। सूक्ष्म तत्वों के प्रयोग की सर्वोत्तम विधि पर्णीय छिड़काव विधि है। इसमें सूक्ष्म तत्व के घोल को पेड़ पर छिड़काव मशीन से वर्ष में 3–4 बार क्रमशः सितम्बर–अक्टूबर, फरवरी–मार्च एवं

फल बनने के बाद अप्रैल–मई में छिड़काव करना चाहिए। लीची के बागों में मुख्य रूप से जस्ता, बोरॉन व तांबे की कमी ही अधिक देखी जाती है इनकी कमी को निम्नलिखित छिड़कावों से दूर किया जा सकता है।

- जिंक सल्फेट का 0.5 प्रतिशत घोल पर्णीय छिड़काव 15 दिन के अन्तराल पर दो बार फूल खिलने से पहले कर देना चाहिए। इस घोल के साथ एक प्रतिशत यूरिया का घोल भी मिलाना आवश्यक होता है जिससे जिंक सल्फेट का घोल उदासीन हो जाये।
- एक प्रतिशत बोरेक्स के घोल के तीन छिड़काव 15 दिन के अन्तराल पर 15 अप्रैल से प्रारम्भ करने से फलों का गिरना एवं फटना कम हो जाता है। कॉपर की कमी दूर करने के लिए प्रतिवर्ष 2–3 छिड़काव 0.05 प्रतिशत कॉपर सल्फेट के करके तांबे की कमी को दूर किया जा सकता है। सूक्ष्म तत्वों की सान्द्रता निर्धारित सान्द्रता से अधिक नहीं होनी चाहिए। बाजार में कुछ सूक्ष्म तत्वों के तैयार फार्मूलेसन मिलते हैं जैसे एग्रोमिन, मल्टीप्लैक्स, हुमर, चमक आदि। इनका प्रयोग वर्षभर में दो से तीन बार करना चाहिए।

सूक्ष्म तत्वों के स्रोतः–

मैगनीज –	मैगनीज सल्फेट
तांबा	– कॉपर सल्फेट
बोरान	– बोरेक्स, बोरिक ऐसिड
जिंक	– जिंक सल्फेट
लोहा	– फेरस सल्फेट, फेरस क्लोराइड, फेरस आक्साइड आदि
मालिब्डेनम	– सोडियम मालिब्डेट, अमोनियम मालिब्डेट

लीची के बाग लगाने के पश्चात् पेड़ो में फल लगभग 5 वर्ष बाद आने प्रारम्भ होते हैं इसलिए भूमि खाली न रहे इसके लिए लीची के बागों में कुछ वर्षों तक अंतः सस्यन की जा सकती है। अंतः सस्यन के रूप में अमरूद, आडू की फसल लेना लाभदायक होता है। इसके अलावा पुराने बागों में जब भूमि पर धूप कम आने लगे तब हल्दी, अदरक की बागवानी करना लाभदायक होता है। अनाज वाली फसलें जैसे धान, गेहूँ, मक्का की खेती लीची के बागों में कदापि नहीं करनी चाहिए। इससे पेड़ों को हानि होती है।

7

सिंचाई एवं जल प्रबन्धन

लीची के छोटे पौधों में स्थापना के समय नियमित सिंचाई करनी चाहिए। जिसके लिये सर्दियों में 5–6 दिनों तथा गर्मी में 3–4 दिनों के अन्तराल पर थाला विधि से सिंचाई करनी चाहिए। लीची के पूर्ण विकसित पेड़ जिसमें फल लगना प्रारम्भ हो गया हो उसमें फूल आने के 3–4 माह पूर्व (नवम्बर से फरवरी) पानी नहीं देना चाहिए। लीची के पेड़ों में फल पकने के छः सप्ताह पूर्व (अप्रैल के प्रारम्भ) से ही फलों का विकास तेजी से होने लगता है। अतः जिन पेड़ों में फलन प्रारम्भ हो गया है उनमें इस समय उचित जल प्रबन्ध एवं सिंचाई की आवश्यकता होती है। पानी की कमी से फल का विकास रुक जाता है एवं फल चटखने लगते हैं। अतः उचित जल प्रबन्ध से गूदे का समुचित विकास होता है तथा फल फटने की समस्या कम हो जाती है। विकसित पेड़ो में छत्रक के नीचे छोटे–छोटे फव्वारे लगाकर नमी बनाए रखी जा सकती है। शाम के समय बगीचे की सिंचाई करने से पेड़ द्वारा जल का पूर्ण उपयोग होता है। बूंद–बूंद सिंचाई विधि द्वारा प्रतिदिन सुबह एवं शाम चार घण्टा पानी (40–50 लीटर) देने से लीची के फलों का अच्छा विकास होता है। लीची के सफल उत्पादन के लिए मिट्टी में लगातार उपयुक्त नमी का रहना अति आवश्यक है जिसके लिए सिंचाई के साथ–साथ पलवार द्वारा जल संरक्षण करना लाभदायक पाया गया है। पेड़ों के मुख्य तने के चारो तरफ सूखे खरपतवार या पुवाल की अवरोध परत बिछाकर मृदा जल को संरक्षित किया जा सकता है। इससे मृदा के भौतिक दशा में सुधार, खरपतवार नियंत्रण एवं उपज अच्छी होती है। स्व–स्थाने जल संचयन एवं संरक्षण से लीची के पेड़ों की उपज,

गुणवत्ता में सुधार तथा फल फटने की समस्या से निजात मिलती है। इस प्रक्रिया में धान का पुवाल या सूखी घास अधिक उपयोगी सिद्ध हुई है।

सूक्ष्म सिंचाई विधिः– इस नवीन पद्धति द्वारा पेड़ों की किस्म, आयु, क्षेत्रफल तथा स्थान विशेष की भूमि एवं जलवायु सम्बन्धी आवश्यकताओं को ध्यान में रखते हुए पौधों की वास्तविक जल मांग के अनुरूप उपयुक्त डिजाइन के द्वारा जल की सही मात्रा, सही स्थान यानी पौधों के प्रभाव जड़ क्षेत्र में देते हैं। जरूरत पड़ने पर पानी में घुलनशील पोषक तत्व और रसायनिक खाद भी पानी में घोलकर पौधों की जड़ों तक पहुँचाये जाते हैं। इसी पद्धति में पानी प्लास्टिक पाइपों के द्वारा जलस्रोत से पेड़ों की जड़ों तक विशेष प्रकार की उत्सर्जक युक्ति (ड्रिपर्स माइक्रोस्प्रिंकलर, माइक्रोस्प्रेयर) द्वारा पहुँचाया एवं नियंत्रित किया जाता है। भूमि, स्थान विशेष एवं फसलों की आवश्यकता के अनुरूप प्रायः ड्रिपर्स, माइक्रोस्प्रिंकलर, माइक्रोस्प्रेयर बबलर, बाई–वाल तथा अन्य प्रकार की उत्सर्जक युक्ति (इमीशन डिवाइस) का प्रयोग किया जाता है। लीची के पेड़ एवं नये बागों के लिए सूक्ष्म सिंचाई पद्धति में उपयुक्त होने वाले उत्सर्जकों की आवश्यकता अलग–अलग होती है। बड़े बागों के लिए अधिक प्रवाह दर वाले उत्सर्जकों का उपयोग तथा छोटे नये बागों के लिए कम प्रवाह दर वाले उत्सर्जक उपयुक्त होते हैं।

लीची के बड़े पेड़ 10–40 वर्ष की आयु के लिए फल बनने एवं फल बढ़वार के समय पानी की आवश्यकता 300 लीटर प्रतिदिन तक हो जाती है। इस दशा में सूक्ष्म सिंचाई पद्धति में अधिक प्रवाह वाले उत्सर्जकों (बबलर) का चुनाव आर्थिक दृष्टिकोण से उचित होता है। लीची के फलों को फटने से बचाने के लिए पेड़ों के कनापी के ऊपर सूक्ष्म फब्बारा विधि अपनाकर अच्छी गुणवत्ता वाले फल पैदा किये जा सकते हैं। इसी प्रकार फल वृक्षों के छोटे पेड़ों (10 वर्ष की आयु)

चित्र–7ः लीची की सूक्ष्म सिचाई विधिः ड्रिप विधि

के लिए 4–8 लीटर व 1 से 4 संख्या में उत्सर्जकों का प्रयोग करना उचित रहता है।

सारणी 7.1:— स्व–स्थाने जल संचय और नमी संरक्षण का शाही किस्म के उत्पादन एवं गुणवत्ता पर प्रभाव

क्र0 सं0	उपचार	फल का भार (ग्राम)	गुदा (ग्राम)	कुल घुलनशील पदार्थ (%)	अम्लता (%)	फल फटाव (%)	उत्पादन (किग्रा0 / वृक्ष)
1.	पुवाल+अर्द्ध चन्द्राकार टेरस	19.1	13.3	17.7	0.33	3.9	49.2
2.	पुवाल+फूल चन्द्राकार टेरस	18.6	12.7	19.0	0.27	5.4	53.9
3.	पुवाल+टेरस रहित	19.4	13.2	18.9	0.24	6.1	55.9
4.	काली पोलीथीन सीट+ अर्धचन्द्राकार टेरस	19.6	13.3	19.1	0.29	5.4	46.2
5.	काली पोलीथीन सीट+ पूर्ण चन्द्राकार टेरस	19.9	13.6	17.9	0.34	4.3	46.7
6.	काली पोलीथीन+टेरस रहित	18.8	12.9	9.2	0.33	6.3	50.0
7.	क्षेत्रीय खरपतवार+ अर्धचन्द्राकार टेरस	18.5	12.8	17.7	0.41	4.1	41.2
8.	क्षेत्रीय खरपतवार+ पूर्ण चन्द्राकार टेरस	18.9	13.2	19.2	0.23	5.9	53.0
9.	क्षेत्रीय खरपतवार+टेरस रहित	19.1	13.7	19.4	0.35	6.3	44.4
10.	अर्धचन्द्राकार टेरस+पुवाल रहित	18.6	12.6	19.3	0.28	7.1	40.7
11.	पूर्णचन्द्राकार टेरस+पुवाल रहित	18.9	12.8	19.4	0.31	6.9	39.0
12.	टेरस+पुवाल रहित	17.2	11.8	19.4	0.34	8.5	28.2

8

निराई एवं गुड़ाई

लीची के बागों को खरपतवारयुक्त रखना बहुत ही आवश्यक होता है क्योंकि यदि बाग में खरपतवार अधिक है तो पेड़ों की बढ़वार रुक जाती है तथा वृक्षों में कीड़े एवं रोग का प्रकोप अत्यधिक बढ़ जाता है। प्रकोप इसलिए बढ़ता है क्योंकि कीट, गर्मी एवं सर्दी से बचने के लिए खरपतवारों में घुस जाते हैं और अपना प्रजनन बढ़ाते रहते हैं। दूसरी तरफ जब बाग में खरपतवार अधिक होंगे तो पेड़ों के नीचे की तरफ सूर्य का प्रकाश कम जायेगा जिस कारण से वहाँ पर कवक जनित रोग पनपते रहते हैं। इसलिए खरपतवारों का नियंत्रण करना लीची के बागों के लिए एक बहुत ही महत्वपूर्ण क्रिया है जिसे हर कीमत पर करना अति आवश्यक है।

चित्र–8: लीची में निराई–गुड़ाई करते हुए श्रमिक

इसके नियंत्रण के लिए वर्षा के बाद सितम्बर–अक्टूबर के महीने में बाग की हल्की जुताई कर देनी चाहिए। इसी जुताई के पश्चात् यदि जून–जुलाई में बाग में खाद नहीं डाली हो तो सितम्बर माह में खाद भी डाल देनी चाहिए। गर्मियों के दिनों में चूंकि बार–बार सिंचाई करनी पड़ती है इसलिए उन दिनों फलों और पेड़ों को कीट और रोगों से बचाने के लिए एक या दो बार हैरो से हल्की जुताई करनी चाहिए एवं पेड़ों के नीचे जहाँ पर ट्रेक्टर से जुताई नहीं हो पाती है वहाँ पर तलवार या फावड़े से खरपतवारों को निकाल देना चाहिए। इस प्रकार से लीची के बागों को खरपतवारों से मुक्त रखा जा सकता है तथा रोगों से भी बचाया जा सकता है।

9

पेड़ों की काट-छाँट

लीची के पेड़ लगाने के पश्चात् प्रारम्भ से ही 3–4 वर्षों तक समुचित देखरेख करने की आवश्यकता होती है। विशेषतौर से गर्मी में तेज गर्म हवा एवं सर्दियों में पाले से बचाव के लिए कारगर प्रबन्ध करना आवश्यक है। प्रारम्भ के 3–5 वर्षों में पेड़ों की अवांछित शाखाओं को निकाल देना चाहिए जिससे मुख्य तने का उचित विकास हो सके। तत्पश्चात् चारों दिशाओं में 3–4 मुख्य शाखाओं को विकसित होने देना चाहिए जिससे पेड़ का आकार सडौल, ढाँचा मजबूत एवं फल अच्छे आते हैं इस क्रिया को छत्र प्रबन्धन भी कहते हैं। अधिकतर लीची उगाने वाले यह भी मानते हैं कि लीची के वृक्षों की काट–छाँट नहीं करनी चाहिए क्योंकि यह एक सदाबहार पेड़ है किन्तु अनुसंधान से यह स्पष्ट हो गया है कि लीची के वृक्षों की काट–छाँट फल लेने के उपरान्त अवश्य करनी चाहिए। फलों की तुड़ाई के समय ही या ठीक उसके बाद जून–जुलाई में काट–छाँट प्रत्येक वर्ष करनी चाहिए। पुष्पन तथा फलत होने की विशेषता के आधार पर ही काट–छाँट करने का सिद्धान्त निर्धारित किया गया है। लीची में पुष्पन एवं फलत 6 से 9 माह पुरानी शाखाओं पर ही होता है। इससे कम या अधिक आयु की शाखाओं पर अपेक्षाकृत कम ही पुष्पन तथा फलत होता है। दूसरी तरफ यह भी है कि काट–छाँट की विधि को प्रभावित करता है। लीची में नई वृद्धि, वर्ष में 3–5 बार तक जलवायु तथा उस वर्ष विशेष मौसम की परिस्थितियों पर निर्भर करता है तीसरा तथ्य यह है कि पुष्पन तथा फलत वृक्ष में उन्हीं शाखाओं पर होती है जिन्हें प्रचुर मात्रा में सूर्य का प्रकाश तथा वायु का संचार प्राप्त होता है। सही काट–छाँट का उद्‌देश्य यह है कि वृक्ष पर से समस्त सूखी, रोग तथा कीटग्रस्त शाखाओं के साथ–साथ

उन सभी शाखाओं/टहनियों को काटकर अलग कर दिया जाये जो कि वृक्ष में सूर्य के प्रकाश तथा वायु के समुचित संचार को रोकती हैं।

पेड़ों को अत्यधिक पत्तीयुक्त शाखाओं से मुक्त करें, उसके फैलाव को सीमित करके पेड़ को उपयुक्त प्रबन्ध योग्य सीमा में रखना जिससे कि उन पर सुगमतापूर्वक छिड़काव, फलों की तुड़ाई आदि सभी कार्य आसानी से किये जा सकें। सही विधि से कटाई–छँटाई करने से पेड़ों में नियमित रूप से प्रत्येक वर्ष उच्च गुणवत्तायुक्त फलों का उत्पादन अधिक सीमा तक सुनिश्चित किया जा सकता है। लीची के फल देने वाले पेड़ों में प्रतिवर्ष अच्छी उपज के लिए फल तुड़ाई के समय 15–20 सेमी0 से लेकर 40–50 सेमी0 तक डाली सहित तोड़ने से अगले वर्ष अच्छे कल्ले निकलते हैं तथा उपज में वृद्धि होती है। पूर्ण विकसित पेड़ में शाखाओं के घने होने के कारण पेड़ों के आन्तरिक भाग में सूर्य का प्रकाश नहीं पहुँचता है जिससे अनेक कीट एवं रोगों का प्रकोप होता है। अध्ययन से यह भी पता चला है कि लीची के पेड़ों में अधिकतम फलत नीचे के एक तिहाई छत्रक से होती है तथा वृक्ष के ऊपरी दो तिहाई भाग से अपेक्षाकृत कम उपज प्राप्त होती है अतः पूर्ण विकसित पेड़ों के बीच की शाखाएँ जिनका विकास सीधा ऊपर की तरफ हो रहा है, को काट देने से उपज में बिना किसी क्षति के पेड़ों के अन्दर धूप एवं प्रकाश का आवागमन बढ़ाया जा सकता है। ऐसा करने से तना भेदक कीट का प्रकोप कम होता है तथा पेड़ों के अन्दर की तरफ भी फलत होता है।

सधाई:– लीची का बाग लगाने के पश्चात् 3–4 वर्षों तक पौधों की काट–छाँट की जाती है जिससे तने का उचित विकास हो सके। मुख्य तने पर 50–60 सेमी0 की ऊँचाई पर 3–4 शाखाओं को चारो तरफ विकसित होने देना चाहिए। जिससे वृक्ष का ढाँचा मजबूत एवं फलत अच्छी मिलती है। पंतनगर में किये गये प्रयोगों से ज्ञात हुआ है कि वृक्ष की सधाई मॉडीफाइड लीडर विधि द्वारा करने पर पेड़ का उचित विकास होता है तथा अधिक फलत प्राप्त होती है। बाग लगाने के बाद वृक्ष का ढाँचा तैयार करने के लिए प्रथम के वर्षों में पेड़ों की सधाई करना बहुत ही आवश्यक है और वृक्ष का उचित विकास हो सके तथा बाग से उच्च गुणवत्तायुक्त फल उत्पादन प्राप्त हो सके।

पेड़ों का जाला निकालना:– लीची के बागों में जब पेड़ अधिक उम्र के हो जाते हैं तो उनमें फलत धीरे–धीरे कम होने लगती है इसका एक मुख्य कारण जड़ों की वृद्धि का रुक जाना है क्योंकि लीची के पेड़ के नीचे जड़ों में जाल बन जाता है इस कारण से पेड़ों को पानी एवं पोषक तत्वों की आपूर्ति कम हो जाती है। परिणामस्वरूप पेड़ों पर फल कम आने लगते हैं। इसलिए पेड़ों के नीचे

बने जड़ों के जाल को निकालना अति आवश्यक हो जाता है जिसे हम जड़ों की कटाई–छँटाई कहते हैं। अतः लीची के पेड़ों का जाला निकालने के लिए मुख्य तने से 100 सेमी0 की दूरी से 200 सेमी0 की दूरी पर 50 सेमी0 चौड़ी नाली की खुदाई कर देते हैं इस नाली की गहराई 25–30 सेमी0 होनी चाहिए। लेकिन ध्यान रखने वाली बात यहाँ पर यह है कि जाला निकालने की प्रक्रिया फल तोड़ने के उपरान्त जून के आखिरी सप्ताह या जुलाई के माह में ही करनी चाहिए, लेकिन यदि किसी कारणवश यह कार्य उक्त माहों में न किया जा सका हो तो सितम्बर माह में भी यह जाला निकालने की प्रक्रिया की जा सकती है। अब लीची के पेड़ के नीचे खोदी गई नाली को लगभग 12–15 दिनों तक खुला छोड़ देते हैं जिससे उस नाली में अच्छी प्रकार से धूप लग जाये तथा अन्दर नाली की मिट्टी सूख जाये। 12 से 15 दिनों के बाद इस नाली से निकाली गई मिट्टी में खाद एवं उर्वरकों को संस्तुत मात्रा को मिलाकर नाली में मिट्टी, खाद, उर्वरक भर देते हैं। यह कार्य प्रत्येक वर्ष न करके तीन वर्ष में एक बार किया जाता है। इस प्रकार बागों में जड़ों की छँटाई करने से पुरानी जड़ें (जाला) कट जाता है और पुनः नई जड़ों का विकास प्रारम्भ हो जाता है जिससे बाग में पुनः वृद्धि एवं फल उत्पादन प्रारम्भ हो जाता है साथ ही गुणवत्ता पर भी इसका बहुत अच्छा प्रभाव पड़ता है।

लीची में पूरक पेड़ों की बागवानीः– लीची के बाग की यदि सघन बागवानी न करके लीची की बागवानी 10×10 मीटर पर की जाती है तो बाग में 15 वर्षों तक अधिक स्थान खाली रह जाता है क्योंकि लीची का पेड़ पूर्ण विकसित होने में 14–15 वर्ष का समय लेता है। अतः प्रारम्भिक अवस्था में लीची के पेड़ों के बीच रिक्त पड़ी भूमि का सदुपयोग अन्य फलदार पेड़ों को लगाकर किया जा सकता हे। अनुसंधान से ज्ञात हुआ है कि लीची के बागों में यदि पूरक पेड़ों के रूप में अमरूद, शरीफा एवं पपीता आदि जैसे फलदार वृक्ष लगाये जा सकते हैं। इन पेड़ों को लीची के दो पेड़ों के बीच में रेखांकित करके 5×5 मीटर की दूरी पर लगाया जाता है। इस प्रकार एक हैक्टर भूमि में लीची के 100 पेड़ तथा 300 पूरक पेड़ लगाये जा सकते हैं तथा इस प्रकार लीची के बागों के पूरक पेड़ लगाने से अच्छा लाभ भी कमाया जा सकता है।

लीची में अन्तरशस्यनः– लीची के बागों में जैसे अमरूद, पपीता के पेड़ों को पूरक पेड़ों के रूप में लगाया जा सकता है उसी प्रकार लीची के बागों में 14–15 वर्षों तक अन्य फसलें भी लगाई जा सकती है। अर्न्तफसल के रूप में फूल, सब्जी भी लगाई जा सकती है इसके अलावा दलहनी फसलें जैसे सोयाबीन,

राज़मा, मूँग, लोबिया, मटर आदि अर्न्तफसल के रूप में ली जाए तो ये भूमि की उर्वराशक्ति को बढ़ा देती है। बागवान को अतिरिक्त आय प्राप्त हो जाती है। अर्न्तफसल लीची के नए पेड़ों को बचाती है। भूमि की उर्वराशक्ति को बढ़ाती है एवं खरपतवारों के नियंत्रण में भी सहायक होती है। अर्न्तफसल का चुनाव, जलवायु, मृदा तथा बाजार की उपलब्धता को ध्यान में रखकर करना चाहिए।

पुष्पन एवं फलनः– गूटी से तैयार किये गये पेड़ों का बाग लगाने वाले बागों में 4–5 वर्ष के पश्चात् फूल एवं फल आना प्रारम्भ हो जाता है। फूल आने के संभावित समय से लगभग तीन माह पहले पेड़ों में सिंचाई बन्द करने से मंजरी बहुत अच्छी आती है। लीची के पेड़ों में तीन प्रकार के फूल आते हैं शुद्ध नर फूल सबसे पहले आते हैं जो मादा फूल आने के पहले ही झड़ जाते हैं अतः इनका उपयोग परागण कार्य में नहीं हो पाता है। कार्यकारी नर फूल जिनमें पुंकेसर भाग अधिक विकसित तथा अंडाशय भाग विकसित नहीं होता है। मादा फूल के साथ ही आते हैं। इन्हीं नर पुष्पों से मधुमक्खियों द्वारा परागण होता है। लीची में उपयलिंगी मादा फूलों मे ही फल का विकास होता है। इन फूलों में पुंकेसर अंडाशय के नीचे होता है अतः स्वयं परागण न होकर कीटों द्वारा परागण की आवश्यकता होती है इसलिए अधिक फलत के लिए मादा फलों का समुचित परागण होना चाहिए और परागण के समय कीटनाशी दवाओं का छिड़काव नहीं करना चाहिए अन्यथा फलत प्रभावित होती है।

सम्भवतः अच्छे परागण के लिए मधुमक्खियों से अच्छा परागण कराया जा सकता है इसके लिए लीची में फूल आते समय बाग में मौन बक्सों को रख दें क्योंकि मधुमक्खियों और फूलों का सम्बन्ध प्रकृति में हमेशा से रहा है जिससे दोनों जीव एक दूसरे से लाभान्वित होते हैं। मधुमक्खियाँ फूलों से पराग एकत्रित करके अपने भोजन की पूर्ति करती हैं और फूल मधुमक्खियों की परागण क्रिया से लाभान्वित होकर गुणवत्तायुक्त फलोत्पादन करते हैं। लीची एक ऐसा ही सुन्दर पुष्प है जिसके फूलों में प्रचुर मात्रा में रस होता है जिसे मधुमक्खियाँ एकत्रित करके शहद बनाती हैं। इस प्रकार लीची में परागण प्रक्रिया सम्पन्न होती है जिसके परिणामस्वरूप अधिक मात्रा में गुणवत्तायुक्त फलों का उत्पादन होता है। लीची के फूलों को परागण वाले कीटों से वंचित किया जाये तो 0.98 प्रतिशत ही फल बनते हैं। एक अन्य प्रयोग में मधुमक्खियों के कारण लीची की पैदावार में 148.12 प्रतिशत तक वृद्धि पायी गयी है। लीची के बगीचों में मौन बक्सों के रखने से फल उत्पादन तो बढ़ता ही है साथ ही साथ शहद बेचकर बागवानों को अतिरिक्त आमदनी भी प्राप्त होती है। इस प्रकार लीची के बागों में मौन बक्से रखने से बागवानों को दोहरा लाभ होता है।

10

परागण हेतु मौन प्रबन्धन

1. मौन वंशों की भोजन संग्रह करने की शक्तिः– जिन मौन वंशों का परागण के लिए प्रयोग करना हो कम से कम 8–9 फ्रेम के होने चाहिए। प्रायः 8–9 फ्रेम वाले वंश 12–15 फ्रेम वाले वंशों की तुलना में परागण के लिए अधिक उपयुक्त होते हैं।

2. अनिवार्य वंशों का केन्द्रीकरणः– लीची के बाग में परागण के लिए अनिवार्य मौन वंशों की संख्या मुख्यतः बागवान के अनुभव तथा अनुमान पर निर्भर करती है।

- लीची में साधारतयः 3–5 मौन वंश प्रति हैक्टर की आवश्यकता होती है।
- यह संख्या पेड़ों की आयु, सघनता, प्रतियोगी कीटों की संख्या तथा स्थान के अनुसार निर्धारित की जानी चाहिए।
- मौन वंशों की संख्या धीरे–धीरे बढ़ाई जानी चाहिए।

3. मौन वंशों का वितरणः– मौन वंशों को एक जगह केन्द्रित न करके फैलाकर रखना चाहिए। साधारतयः मधुमक्खियाँ अपने गृह के 500 मीटर के दायरे में भोजन एकत्रित करती हैं।

4. मौन वंशों को फसलों में ले जानाः– जिस समय बाग में परागण की आवश्यकता हो उसमें मौन वंश उस समय तक न लेकर जाएँ जब तक पर्याप्त मात्रा में पुष्प न खिले हों तथा क्षेत्र में यह फसल प्रमुख फल फसल न हो। 7–10

दिन के अन्तर से वंशों की उन लीची से अदला बदली कर लेनी चाहिए जो कुछ किलोमीटर की दूरी पर हो।

अच्छी फलत एवं गुणवत्ता के लिए कुछ सुझावः– लीची के बगीचे में अच्छी फलत एवं उत्तम गुणवत्ता के लिए निम्नलिखित बिन्दुओं पर विशेष ध्यान देना चाहिएः–

1. मंजरी आने के सम्भावित समय से तीन माह पहले पेड़ों में सिंचाई न करें तथा अन्तरशस्य फसल न लगायें।
2. मंजरी आने के 30 दिन पहले पेड़ों पर जिंक सल्फेट (2 ग्राम / लीटर) के घोल का पहला एवं 15 दिन बाद दूसरा छिड़काव करने से मंजरी एवं फूल अच्छे आते हैं।
3. फूल आते समय पेड़ों पर कीटनाशी दवा का छिड़काव न करें तथा बगीचों में पर्याप्त संख्या में मधुमक्खी के छत्ते रखें।
4. फल लगने के एक सप्ताह बाद प्लैनोफिक्स (2 मिलीलीटर / 5 लीटर) या एन0ए0ए0 (20 मिलीग्राम / लीटर) का एक छिड़काव करके फलों को झड़ने से बचाया जा सकता है।
5. फल लगने के 15 दिन बाद से बोरिक अम्ल (4 ग्राम / लीटर) या बोरेक्स (5 ग्राम / लीटर) के घोल का 15 दिनों के अन्तराल पर तीन छिड़काव करने से फलों का झड़ना कम हो जाता है मिठास में वृद्धि होती है तथा फल के आकार एवं रंग में सुधार होने के साथ–साथ फल फटने की समस्या भी कम हो जाती है।

चित्र–9: परागण हेतु मौन

11

पुराने बागों का जीर्णोद्धार

लीची के बागों में जब लीची के पेड़ अधिक पुराने हो जाते हैं तथा उनका फैलाव इतना अधिक हो जाता है कि पेड़ों की शाखायें एक दूसरे पेड़ों की शाखाओं में घुस जाती हैं। पेड़ों की उत्पादकता कम न हो जाए उस समय यह प्रयास किये जायें कि व्यवसायिक स्तर के बागानों से मानक के अनुरूप गुणवत्तायुक्त उत्पादन स्थापित करने हेतु विभिन्न प्रयास किए गये जिससे पुराने बागों के प्रबन्धन के लिए उपयुक्त तकनीकी विकास की आवश्यकता ने बागवानी की सहभागिता एवं राष्ट्रीय लीची अनुसंधान संस्थान के वैज्ञानिकों की सतत् क्रमबद्ध शोधकार्य के परिणाम स्वरूप लीची के पुराने अनुत्पादक बागों का नये बागों में रूपान्तरण के लिए जीर्णोद्धार एवं छत्रक प्रबन्धक तकनीक को विकसित किया गया ताकि फिर से गुणवत्तायुक्त लाभप्रद उत्पादन प्राप्त किया जा सके।

जीर्णोद्धार का अर्थ है पुराने लीची के पेड़ों की वांछित प्रक्रियाओं को अपनाकर फिर से पेड़ों में युवावस्था के गुणों को सृजित करना जीर्णोद्धार कहलाता है इस प्रक्रिया में पुराने वृक्षों की वांछित काट–छाँट करके नये कल्लों का सृजन करना ताकि उन पर अच्छी फलत हो जाये। इसमें मुख्य रूप से वृक्ष के छत्रक को पुनः वांछित आकृति (अर्धवृत्ताकार या खुले छाते के समान) प्रदान करना, प्रमुख शाखाओं पर पालन दारू की रचना तथा उद्दीपन, पेड़ के छत्रक के फैलाव में शाखाओं का ठीक–ठाक अन्तराल, ऊपरी भाग में छायादार अस्थाई प्रमुख शाखाओं का उचित विरलीकरण, शीर्ष पर अनुपयुक्त ढंग से विकसित प्रमुख शाखाओं की ठीक प्रकार से काटना जिससे कि फलन दारू का नवीनीकरण हो सके, वृक्ष पर्याप्त पोषण, सिंचाई प्रबन्धन, वृक्ष फसल को नाशक जीवों, रोगों और पाले से

होने वाली क्षति से बचाना आदि प्रक्रियायें अपनानी पड़ती हैं और इससे कृंतित वृक्षों की कम से कम दो वर्षों तक गहन देखरेख करके तीसरे वर्ष में फल देने योग्य बना दिया जाता है। ऐसे वृक्षों का जीर्णोद्धार प्रक्रिया द्वारा पुनः फलत में लाकर कम खर्च में गुणवत्तायुक्त पैदावार प्राप्त की जा सकती है।

भारत में लीची के अन्तर्गत पुराने एवं अनुत्पादक बागों का बढ़ता क्षेत्र सोच का विषय बन गया है साधारणतयः रोपण के बाद लीची के पौधे में फलन 5–6 वर्षों बाद होता है और व्यवसायिक रूप से महत्वपूर्ण अवधि 11–30 वर्ष तक होती है इस अवधि में भी कटाई–छँटाई एवं सधाई के अलावा पोषण, सिंचाई और कीट रोग का दक्षतापूर्ण प्रबन्धन अत्यन्त आवश्यक है अन्यथा इस अवधि में भी क्षमता के अनुरूप व्यवसायिक स्तर का गुणवत्तायुक्त उत्पादन नहीं मिलता है। साथ ही साथ वृद्धावस्था की झलक आने लगती है और आर्थिक रूप से अनुपयोगी होने लगते हैं। इसके अलावा अन्य फल वृक्षों की भाँति लीची भी एक निश्चित आयु (30–40 वर्ष) के बाद कम उपज देने लगती है। पुराने बागों के फलों का आकार छोटा हो जाना, साथ ही इसके अधिक ऊँचाई पर लगने के कारण तुड़ाई में समस्या होना, सघन छत्रक के कारण कीड़े एवं रोगों का प्रकोप अधिक होना, फलों का अत्याधिक झड़ना और गुणवत्तायुक्त उत्पादन में भारी कमी आदि कई समस्याओं के कारण लीची की बागवानी में उत्पादकों को आर्थिक हानि का सामना करना पड़ता है आमतौर पर 35–40 वर्षों के बाद लीची के वृक्ष अधिक ऊँचे घने हो जाते हैं और लम्बी शाखायें बढ़कर दूसरे वृक्षों को छूने लगती हैं जिसके कारण सूर्य का प्रकाश वृक्षों के पर्णीय भागों में पर्याप्त मात्रा में नहीं पहुँच पाता है, प्रकाश संश्लेषण की क्रिया कम हो जाती है। उम्रवार छत्रक क्षेत्र की अपेक्षा फलन क्षेत्र कम हो जाता है एवं गुणवत्ताहीन उत्पादन की प्रतिशत मात्रा बढ़ जाती है। फलस्वरूप पुराने बाग के आर्थिक रूप से अनुत्पादक और अनुपयोगी हो जाने के कारण लीची के बागवानों को इनको काट कर छाँटने के अलावा और कोई दूसरा विकल्प सामने नजर नहीं आता है। पुराने बागों को हटाकर फिर नये बाग लगाना एक दीर्घकालीन एवं खर्चीला विकल्प होगा जबकि विभिन्न अध्ययनों के आधार पर यह प्रमाणित हो चुका है कि जीर्णाद्धार के उचित वैज्ञानिक पहलुओं को अपनाकर लीची के पुराने अनुत्पादक बागानों को गुणवत्तायुक्त अधिक उत्पादन करने की स्थित में लाया जा सकता है और आर्थिक परिस्थितियों के दृष्टिकोण से जीर्णोद्धार की अपनाई गई तकनीक निःसन्देह लीची बागवानों के लिए प्रभावी एवं लाभकारी होगा और उत्पादन वृद्धि की तरफ एक कारगर कदम होगा।

चित्र – 10: लीची के बागों का जीर्णोद्धार करने की विधि

जीर्णोद्धार तकनीक की प्रक्रियायें:– जीर्णोद्धार तकनीक की निम्नलिखित प्रक्रियायेंहैं:–

1. पुराने बागों का चुनाव।
2. योजनाबद्ध तरीके से वृक्षों की कटाई–छँटाई।
3. जीर्णोद्धार हेतु कटाई–छँटाई का समय।
4. वृक्षों की कटाई–छँटाई की भूमि से ऊँचाई।
5. शाखाओं पर कवकनाशी लेप लगाना।
6. जीर्णोद्धार वाले बगीचों में सस्य क्रियायें।
7. खाद्य एवं उर्वरकों का प्रयोग।
8. सिंचाई।
9. पलवारना।
10. योग्य फसलों की अर्न्तवर्ती फसल।
11. गहन देखरेख द्वारा कीट एवं रोग प्रबन्धन।
12. विरलीकरण एवं छत्रक प्रबन्धन तकनीक।

1. बगीचों का चुनाव:– प्रायः यह देखा गया है कि 10 मीटर पेड़ से और 10 मीटर पंक्ति से पंक्ति की दूरी पर लगाए गये लीची के बगीचे लगभग 35–40 वर्ष में घने हो जाते हैं और ऐसे पेड़ों में नीचे की पत्तियाँविहीन लम्बी–लम्बी शाखाएँ व डालियों की अधिकता हो जाती हैं जिनमें ऊपर के भाग में कुछ पत्तियाँ और मंजरियाँ लगती हैं तथा ऊपर की ओर पेड़ों के छत्रक आपस में मिलकर सघन आच्छादन बना लेते हैं जिससे पेड़ों के छत्रक के अन्दर सूर्य का प्रकाश तथा

हवा के प्रवाह में बाधा उत्पन्न होती है। परिणामस्वरूप कीट एवं रोग का प्रकोप बढ़ जाता है। ऐसे पेड़ों वाले बगीचों का चुनाव करते हैं, बागवानों से मिलकर जीर्णोद्धार प्रक्रिया एवं तकनीकी पहलुओं को बताते हुए उन्हें बगीचों के जीर्णोद्धार करने के लिए तैयार किया जाता है।

2. वृक्षों की काट–छाँटः– जीर्णोद्धार करने के लिए पेड़ों की चुनी हुई शाखाओं को भूमि से 2–3 मीटर की ऊँचाई पर चाक या सफेद पेन्ट से चिन्हित कर देते हैं। कटाई के लिए शाखाओं को चुनते समय यह ध्यान रखते हैं कि नीचे से चारो दिशाओं की ओर जाती या फैलती शाखाओं का ही चुनाव किया जाता है। पेड़ों के बीच की तथा रोगग्रस्त व आडी–तिरछी शाखाओं को उनके निकलने के स्थान से ही काट दें। शाखाओं को तेज धार वाली आरी या मशीन चालित प्रुनिंगन्सॉ की सहायता से करते हैं। काटने वाली यह प्रक्रिया अगस्त–सितम्बर महीने में करते हैं। कटाई के समय पहले शाखाओं को चिन्हित स्थान पर सावधानी से काटते हैं ताकि कटाई के समय या कटाई के बाद शाखाओं के फटने की संभावना नहीं रहे या छाल या छिलके हटने की समस्या उत्पन्न न हो। इसके लिए चिन्हत स्थान पर गोलाई में चारो तरफ हल्की कटाई द्वारा चीरा या घाव बना लेते हैं तत्पश्चात् ऊपर से पूरी शाखा काट लेते हैं। यदि शाखा बहुत लम्बी हो तो ऊपर से दो–तीन भागों में काटकर ही चिन्हित स्थान पर कटाई करते हैं जीर्णोद्धार के लिए बड़े बागों में वृक्षों की कटाई एकान्तर में या आधे भाग में एक वर्ष एवं शेष बचे आधे भाग में दो वर्ष बाद करें तो बागवानों को अधिक आर्थिक क्षति नहीं होती है।

3. जीर्णोद्धार बगीचे में खाद एवं उर्वरकः– कटाई के बाद पेड़ों के चारो तरफ थाला बना देते हैं तथा उसमें निड़ाई–गुड़ाई करके समय–समय पर सिंचाई कर देते हैं। मानसून के आरम्भ में ही प्रत्येक पेड़ में 1 किलोग्राम यूरिया, 2 किलोग्राम सिंगल सुपर फास्फेट, 1 किलोग्राम म्यूरेट ऑफ पोटाश तथा 50 किलोग्राम सड़ी गोबर की खाद को अच्छी तरह मिलाकर नाली विधि द्वारा देते हैं। इस विधि में खाद देने के लिए पेड़ों के उम्र के अनुसार तनों से 2.0 से 2.5 मीटर की दूरी पर 30–40 सेमी0 गहरी एवं इतनी ही चौड़ी नाली बनाते हैं और इस नाली के गोलाई में बराबर मात्रा में डालकर अच्छी तरह मिलाकर निकाली गई मिट्टी से ढककर बाहर की तरफ ऊँची गोलाई बना दें।

4. छत्रक प्रबन्धन तकनीकीः– शाही किस्म के वृक्षों में जीर्णोद्धार हेतु कटाई–छँटाई करने के बाद 30 से 40 दिनों के बाद एवं चाइना किस्म के वृक्षों में 50–60 दिनों बाद ही सुसुप्त कलियों से नये कल्ले निकलने लगते हैं। इन कल्लों पर निकले

सघन कल्लों का वांछित विरलीकरण आवश्यक है। अन्यथा जल व पोषक तत्वों के लिए परस्पर स्पर्धा के कारण स्वस्थ कल्लों का विकास नहीं हो पाता है। साथ ही पर्णीय क्षेत्र झाड़ीनुमा हो जाता है जो फलन के लिए उपयुक्त नहीं होता है। अतः आवश्यकतानुसार प्रत्येक डाली के ऊपर की ओर कोण बनाती हुई कुछ स्वस्थ कल्लों को छोड़कर बाकी सभी नये कल्लों को सिकेटियर या तेज धार वाले चाकू की सहायता से काटकर हटा दिया जाता है। छत्रक निर्माण हेतु वांछित कल्लों के विकास के क्रम में भी ध्यान रखना आवश्यक है कि छत्रक सघन न हों और उसमें पर्याप्त मात्रा में धूप व प्रकाश का आवागमन होता रहे और अन्ततः वृक्ष के छत्रक का निर्माण एक खुले छाते की तरह या अर्धवृत्ताकार हो सके जिससे फलन क्षेत्र बढ़ने के कारण गुणवत्तायुक्त उत्पादन बढ़ाया जा सकता है।

5. सिंचाईः– जीर्णोद्धार किये गये वृक्षों की सिंचाई अत्यन्त आवश्यक है अन्यथा वृक्ष सूखने का डर बना रहता है। खाद एवं उर्वरकों के देने के बाद बाग में नमी की अवस्था को बरकरार रखने के लिए सिंचाई तुरन्त करनी चाहिए। आवश्यकतानुसार गर्मियों में 8–10 दिन के अन्तराल पर एवं सर्दियों में 15–16 दिन के अन्तराल पर सिंचाई करते रहना चाहिए। इससे नवसृजित कल्लों के सूखने का भय भी कम हो जाता है एवं वृक्ष के छत्रक के विकास एवं बढ़वार में तेजी आती है। अन्तरवर्ती फसलों की बागवानी के दौरान भी की गई सिंचाई में इन वृक्षों को काफी लाभ मिलता है। अप्रैल से जून माह तक गर्मियों में नमी की अवस्था को अधिक दिन बरकरार रखने हेतु तथा सिंचाई का अन्तराल बढ़ाने हेतु मल्चिंग/पलवार की प्रक्रिया अपनाना लाभप्रद होता है। मल्चिंग हेतु काली पालीथीन, सूखी घास, खरपतवार, सूखे पत्ते एवं पुवाल की परत का उपयोग किया जा सकता है।

चित्र – 11: लीची में पलवार बिछाना

6. अन्तरवर्ती फसलें:– जीर्णोद्धार के पश्चात् नये बाग की तरह बगीचे की भूमि के खाली भाग में मौसमानुसार वर्षभर तरह–तरह के अन्तरफसल लेकर भी खाली भूमि का सदुपेयाग के साथ–साथ अतिरिक्त लाभ भी कमाया जा सकता है और बगीचे की भूमि का भी सुधार होता है। अन्तरवर्ती फसलों में मुख्य रूप से गर्मियों में मूंग, उड़द, कुल्थी, मक्का, कद्दुवर्गीय सब्जी तथा रबी के मौसम में लोबिया, फ्रैन्चबीन, मटर, आलू, सरसों एवं राई आदि फसलों की बागवानी की जा सकती है।

7. कीटों एवं रोगों की रोकथाम:– जीर्णोद्धार के पश्चात् कीट एवं रोग का नियंत्रण करना अति महत्वपूर्ण है। इसके तहत शाखाओं के कटे भाग पर कटाई के तुरन्त पश्चात् ताम्रयुक्त कवकनाशी या स्वनिर्मित बोर्डो मिश्रण का लेप लगा देना चाहिए। विरलीकरण के उपरान्त भी बोर्डो मिश्रण का छिड़काव करना लाभप्रद होता है। इसमें लगने वाले कीट तना/स्तम्भ छेदक कीट की रोकथाम के लिए कीटों द्वारा बनाये गये विष्टायुक्त जालों को साफ करके, छिद्र/सुराख खोजकर उसमें लोहे की पतली तीली डालकर कीटों को खुरचकर नष्ट कर देते हैं फिर डीजल या मिट्टी के तेल या नुवान नामक कीटनाशी दवा को रुई के छोटे टुकड़े में भिगोने के उपरान्त छिद्र में ठूँसकर बाहर से गीली मिट्टी से बंद कर देते हैं। पत्तियों पर लगने वाले कीटों के लिए कोई भी कीटनाशी जैसे मोनोसिल/कर्वारिल 2 मिलीलीटर प्रति लीटर या अल्फोमेथीन/साईपर मेथ्रीन (0.5 मिलीलीटर/ लीटर) नामक दवा का छिड़काव 10–12 दिन के अन्तराल पर फरवरी–मार्च माह एवं अगस्त–सितम्बर माह में करना आवश्यक होता है। लीची माइट कीड़े के प्रकोप से पत्तियाँ मोटी, लेदरी होकर सिकुड़ जाती हैं और पत्तियाँ गुच्छानुमा आकार की बनने लगती हैं इसके लिए रोगी पत्तियों को डाली सहित तोड़कर नष्ट कर देते हैं एवं डाइकोफोल या कर्नल–एस या ओमाइट नामक दवा का (3–4 मिलीलीटर/लीटर) घोल बनाकर दो–तीन छिड़काव फरवरी–मार्च माह एवं अगस्त–सितम्बर माह में करते हैं। पत्तियों पर धब्बों (एन्थ्रेकनोज) एवं शाखाओं पर भी धब्बनों एवं बड़े दाग के दिखने पर ताम्रयुक्त कवकनाशक जैसे कि कॉपर आक्सीक्लोराइड, ब्लाईटाक्स, ब्लूकापर–50 या बोर्डो मिश्रण (2 ग्राम/लीटर) का छिड़काव लाभप्रद होता है। कटाई के बाद अगस्त–सितम्बर माह में वृक्षों के तनों पर धरातल से 1.50–1.80 की ऊँचाई तक बोर्डो मिश्रण (चूना–तूतिया) के घोल से पुताई करना अति आवश्यक है।

8. फल उपज एवं गुणवत्ताः– जीर्णोद्धार के दो वर्ष बाद वृक्षों में अच्छी वानस्पतिक वृद्धि के साथ वांछित छत्रक तैयार हो जाता हैं और नये स्वस्थ कल्लों के साथ पूर्ण छत्रक के विकसित होने पर वृक्षों को पुनर्युवन प्राप्त हो जाता है। इसके साथ ही उपयुक्त एवं सम सामयिक देखभाल व प्रबन्धन करते रहने से इन वृक्षों में दो वर्षों के उपरान्त पुष्पन एवं फलन आ जाती है। तीसरे वर्ष औसतन 25–30 किलोग्राम प्रति वृक्ष की दर से उपज मिलने लगती है।

सारणीः लीची के वृक्षों में जीर्णोद्धार उपरान्त फलों की उपज एवं गुणवत्ता के आधार पर पर श्रेणीकरणः–

क्र0 सं0	विवरण	फल उपज / किग्रा0 वृक्ष	फलों का गुणवत्ता के आधार पर विभिन्न वर्गों में श्रेणीकरण			
			अति विशिष्ट	वर्ग–I	वर्ग–II	बेकार
1.	लीची का पुराना वृक्ष	85	19 (22.35:)	24 (28.23:)	26 (30.58:)	16 (18.82:)
2.	जीर्णोद्धार किये गये वृक्ष					
	3 वर्ष	28	12 (4.65:)	10(35.71:)	04(14.28:)	0.2(7.14:)
	4 वर्ष	46	21(45.65:)	14(30.43:)	07(15.21:)	0.4(8.69:)
	5 वर्ष	53	24(45.28:)	16(30.17:)	09(16.98:)	04(7.57:)

और प्रतिवर्ष उत्पादन में बढ़ोत्तरी के साथ–साथ जीर्णोद्धार किये गये पुराने एवं अनुत्पादक बागान भी पुनः व्यवसायिक स्तर का उत्पादन देने के कारण आर्थिक रूप से लाभदायक हो जाते हैं।

9. जीर्णोद्धार प्रक्रिया द्वारा संसाधनों का सृजनः– जीर्णोद्धार तकनीक से सम्बन्धित सभी खर्चों का ब्यौरा रखने पर यह पाया गया है कि प्रथम खाद एवं उर्वरक, सिंचाई व निराई–गुड़ाई के साथ–साथ कीट एवं रोग प्रबन्धन पर तीन वर्षों के आधार पर औसतन 135–140 रुपये प्रति वृक्ष प्रति वर्ष खर्च आता है परन्तु अन्तरवर्ती फसल का ब्यौरा शामिल करने पर यह खर्च बहुत ही कम (85–95 रुपये प्रति वृक्ष) हो जाता है। जीर्णोद्धार हेतु वृक्षों की कटाई के बाद निकली लकड़ी को बेचकर भी बागवानो की अच्छी आमदनी प्राप्त हो जाती है। लाभार्थी स्वयमेय जीर्णोद्धार तकनीक नहीं अपना पा रहे हैं अतः उन्हें संस्थान तथा

सरकारी प्रणालियों द्वारा प्रेरित करने की आवश्यकता है। वैज्ञानिक विधि से लीची के जीर्णोद्धार एवं छत्रक प्रबन्धन में बागवानों को ज्ञानवर्द्धन होता है। जीर्णोद्धार हेतु कृन्तन के दो वर्ष बाद वृक्षों में अच्छी वानस्पतिक वृद्धि के साथ वांछित छत्रक तैयार हो जाता है और नये स्वस्थ कल्लों के साथ पूर्ण छत्रक के विकसित होने पर वृक्षों को पुनर्युवन प्राप्त हो जाता है। इसके साथ ही उपयुक्त एवं सम सामयिक देखभाल व प्रबन्धन करते रहने से इन वृक्षों में दो वर्षों के उपरान्त पुष्पन एवं फलन आ जाता है। तीसरे वर्ष औसतन 25–30 किलोग्राम प्रति वृक्ष की दर से उपज मिलने लगती है और प्रति वर्ष उत्पादन में बढ़ोत्तरी के साथ–साथ जीर्णोद्धार किये गये पुराने एवं अनुत्पादक बागान भी पुनः व्यवसायिक स्तर का उत्पादन देने के कारण आर्थिक रूप से लाभदायक हो जाते हैं।

सारणी–पुराने एवं अनुत्पादक लीची के बाग के जीर्णोद्धार में होने वाले खर्च का ब्यौरा (एक एकड़)

क्र0सं0	**विभिन्न प्रक्रियाओं का ब्यौरा**	**रकम ₹**
1.	जीर्णोद्धार हेतु वृक्षों के कृन्तन करने का खर्च (60 श्रमिक रू0 300/– प्रति श्रमिक/दिन)	18,000.00
2.	बजावन की जुताई, समतल एवं साफ सफाई	5,000.00
3.	खाद्य एवं उर्वरक	7,000.00
4.	सिंचाई आदि	4,000.00
5.	रसायन एवं दवाओं का छिड़काव	10,000.00
6.	विविध खर्च	10,000.00
	कुल योगः–	**54,000.00**

10. जीर्णोद्धार तकनीक अपनाने हेतु प्रयासः– लीची की बागवानी में गहन देखभाल एवं प्रबन्धन प्रणाली की आवश्यकता होती है। ऐसी बहुत सारी तकनीके हैं जोकि लीची के वानस्पतिक वृद्धि को धीमाकर मंजरी निकलने की प्रवृत्ति को बढ़ावा देती है। इसके अलावा पोषण की उपयोगिता आवर्तन (सुप्तावस्था में लाकर) को बढ़ाकर उपज एवं आर्थिक पहलू के बीच एक बेहतर घनात्मक सम्बन्ध कायम करती हैं। अब लीची उत्पादकों द्वारा उन्नत प्रबन्धन तकनीक अपनाने का दायरा तेजी से बढ़ रहा है लेकिन लीची के गहन उत्पादन क्षेत्र के सर्वेक्षण से यह

जाहिर होता है कि लीची के बगीचों की देखरेख में कमी बगीचों में आसपास बागों के वृक्षों की अवस्था अनुत्पादक और आर्थिक दृष्टिकोण से असमान एवं कम उपज प्रवृत्ति ही बगीचों की जीर्ण अनुत्पादन और आर्थिक दृष्टिकोण से असमान एवं कम उपज प्रवृत्ति ही बगीचों की जीर्ण अनुत्पादन अवस्था का कारण होता है। मुख्य रूप से उचित प्रबन्धन तकनीकों का अभाव ही अनुत्पादक प्रवृत्ति के लिए जिम्मेदार होता है। लीची की बागवानी के आवश्यकताओं का इस वातावरणीय बदलते परिवेश में जानबूझकर अनेदखा करना ही कम एवं घटिया उत्पादन के कारण के साथ–साथ आर्थिक दृष्टिकोण से लीची उत्पादकों के लिए लाभप्रद नहीं होता है। लीची का व्यवसायिक उत्पादन के लिए स्रोत के सही उपयोग के साथ एवं सही प्रबन्धन तकनीक आवश्यक होता है। लीची एक विशेष जलवायु पसन्द फसल है और इसलिए समय पर इनका उपयोग एवं सही सस्य क्रियाओं का प्रभावी असर होता है इसलिए यह आवश्यक है कि क्षमतानुरूप उत्पादन समय पर उपयोग एवं प्रबन्धन तकनीक के प्रति सजग रहे। वैज्ञानिक विधि से लीची के जीर्णोद्धार एवं छत्रक प्रबन्धन के सम्बन्ध में बागवानों का ज्ञानवर्धन करने के लिए गो0ब0पंत कृषि एवं प्रौद्योगिक विश्वविद्यालय, पंतनगर आदि ने इस सम्बन्ध में किसानों तक यह तकनीक पहुँचाई है। अतः इस प्रकार से लीची के पुराने बागों का जीर्णोद्धार करके उन्हें पुनः उत्पादक बनाया जा सकता है और बाग से पुनः अगले 50 वर्षों तक गुणवत्तायुक्त उत्पादन लिया जा सकता है। इस बात का विशेष ध्यान दिया जाना चाहिए कि यह कार्य विशेषज्ञों की देखरेख में ही किया जाए।

12

फलों की तुड़ाई

लीची एक नान–क्लाईमेट्रिक फल है जिसे पेड़ पर ही पूर्णरूप से पकने के बाद तोड़ा जाता है। तुड़ाई के समय सही पहचान के लिए कुछ परिपक्वता सूचकांक निर्धारित किये गये हैं जब फलों का रंग गहरा लाल, छिलके का आन्तरिक भाग हल्का लाल, फलों के ऊपर 3 भाग बराबर हो जाये और गूदे में अच्छी मिठास आ जाये तब उसे परिपक्व समझा जाता है इसके अतिरिक्त फलों के लगने से लेकर उनके प्रतिदिन के हीट यूनिट सबमिशन का हिसाब किताब करके भी परिपक्वता सूचकांक निर्धारित किया गया है। शाही, रोज सेन्टेड सहित अधिक पकने वाली किस्मों लगभग 1400 डिग्री सें0 मध्य समय में पकने वाली किस्मों 1400–1600 डिग्री सें0 तथा देर से पकने वाली किस्मों के लिए 1600 डिग्री सें0 से अधिक का संचित ताप परिपक्वता के लिए उपयुक्त पाया गया है। पूर्ण परिपक्वता के बाद फलों के गुच्छों को 15–20 से भी डाली के साथ कैंची या तेज धार वाले औजार से काटकर अलग कर लेते हैं, क्योंकि लीची एक नान–क्लाइमेट्रिक श्रेणी का फल होने के कारण तुड़ाई हमेशा परिपक्वता पर ही की जानी चाहिए। इसके फल की अल्प भण्डारण क्षमता के कारण तुड़ाई के 10–15 घण्टे में ही लीची के छिलके का रंग चटक लाल रंग से भूरा हो जाता है और फल विपणन योग्य नहीं रह जाता है इसलिए लीची के फलों की तुड़ाई से लेकर उपभोक्ताओं तक पहुँचने तक इसके छिलके का प्राकृतिक रंग एवं ताजगी का कायम रहना अत्यन्त आवश्यक है। तुड़ाई के कुछ ही घण्टों के अन्दर लीची के फलों की गुणवत्ता एवं स्वाद में तेजी से ह्रास देखा गया है। अतः यदि तुड़ाई उपरान्त फल रखरखाव, संभलाव एवं परिवहन में सतर्कता न बरती जाए तो फल तीव्रता से खराब होने लगते हैं

फलस्वरूप उत्पादकों को उनके उत्पाद से समुचित आर्थिक लाभ नहीं मिलता है। आमतौर पर तुड़ाई उपरान्त ही उपयुक्त तकनीकों के अभाव में लगभग 20–25 प्रतिशत फल नष्ट हो जाते हैं। इसलिए लीची के फलों का तुड़ाई उपरान्त उचित प्रबन्ध एक महत्वपूर्ण विषय है और इसकी सही जानकारी एवं अनुपालन अत्यन्त आवश्यक है।

तुड़ाई से पूर्व सावधानियाँः– लीची का फल पेड़ पर ही पूरी तरह पककर तैयार होता है और इसकी उपलबधता मई के द्वितीय सप्ताह से जून के अन्त तक होती है। लीची के पेड़ में फूल फरवरी माह में आते हैं। फूल लगने से फलों की तुड़ाई तक उचित सिंचाई एवं कीट रोग प्रबन्धन पर विशेष ध्यान देना आवश्यक होता है। मंजरी आने के समय उससे तीन महीने पहले बगीचों में सिंचाई रोक देनी चाहिए एवं कोई अन्तरशस्य फसल भी नहीं उगानी चाहिए। मंजरी आने के लगभग 30 दिन पहले पेड़ पर जिंकसल्फेट (2 ग्राम/लीटर) के घोल का पहला छिड़काव एवं 15 दिनों बाद दूसरा छिड़काव करने से मंजरी व फूल अच्छे आते हैं। फूल खिलने से लेकर फल लगने तक कीटनाशी एवं अन्य रासायनिक पदार्थों का छिड़काव नहीं करना चाहिए। फूल लगने के एक सप्ताह बाद प्लैनोफिक्स (2 मिली/5 लीटर) या एन0ए0ए0 (20 पी0पी0एम0) का एक छिड़काव फलों को झड़ने से बचाता है। फल लगने के 15 दिन बाद बोरिक अम्ल (2–3 ग्राम/लीटर) एवं कीटनाशी रोगर या नुवाक्रान (2 मिली/लीटर) का 15 दिन के अन्तराल पर दो छिड़काव करना चाहिए। दवा छिड़काव की प्रक्रिया किसी भी दशा में फल तोड़ने की सम्भावित तिथि से लगभग 15–20 दिन पहले कर लेनी चाहिए।

तुड़ाईः– साधारणतया फलों की तुड़ाई हाथ से की जाती है और अधिकतर फल भूमि से ही तोड़ लिये जाते हैं। ऊँचाई वाले फलों की तुड़ाई सीढ़ी लगाकर या अस्थाई मचान बनाकर की जाती है। लीची के फलों की तुड़ाई प्रातःकाल सूर्य निकलने से पहले ही करना उचित होता है क्योंकि इस समय बाग एवं फलों का तापमान कम होता है एवं वायुमंडल में आर्द्रता रहती है। सूर्योदय उपरान्त

चित्र–12: लीची के तोड़े हुए फल

की गई तुड़ाई में बाग एवं दिन की अत्याधिक गर्मी से उत्पन्न क्षेत्रीय उष्णता से फलों की भण्डारण क्षमता घट जाती है। यदि वर्षा हो रही हो तो लीची न तोड़ें। तुड़ाई गुच्छों में 15–25 सेमी0 डंठल एवं कुछ पत्तियों के साथ सिकेटियर की सहायता से करें। तोड़े हुए फलों को पेड़ के फैलाव के नीचे छाया में ठण्डे स्थान पर लीची के हरी पत्तियों की परत पर रखें जिससे फल मिट्टी के सम्पर्क में न आये।

परिपक्वताः– लीची के फलों की तुड़ाई, सही परिपक्वता की अवस्था में ही करनी चाहिए। फलों की इस्टतम परिपक्वता कुछ भौतिक एवं रासायनिक मानकों के आधार पर तय की जाती है लेकिन अभी भी बहुत से बागवान इन मानकों पर ध्यान नहीं देते हैं। सिर्फ रंग एवं घरेलू बाजार की मांग को देखते हुए तुड़ाई कर लेते हैं जिससे सही गुणवत्तायुक्त फल उपभोक्ताओं को नहीं मिल पाते है। लीची के फलों की तुड़ाई परिपक्वता से पहले या फल पकने के बाद तुड़ाई में देरी होना, दोनों ही स्थिति में लाभदायक नहीं है। लीची के परिपक्वता आंकलन में आकार, गहरा चटक लाल रंग, गठापन, सतह के नुकीले उभारों का चपटा होना एवं बाहरी सतह में चिकनाहट आ जाना, छिलके अन्दर का भाग रंगीन लाल हो जाना, गूदे में कुछ घुलनशील गैस पदार्थ की मात्रा का 18^0 ब्रिक्स या उससे अधिक होना, साथ ही कुल अम्लीयता का मान 0.3–0.4 प्रतिशत होना महत्वपूर्ण मानक है।

श्रेणीकरणः– सफल विपणन एवं अधिक लाभ हेतु श्रेणीकरण एक महत्वपूर्ण पहलू है। लीची के फलों का श्रेणीकरण हमेशा उपभोक्ता एवं बाजार को ध्यान में रखकर

चित्र – 13: लीची के फलों का श्रेणीकरण करते श्रमिक

किया जाना चाहिए। देशी एवं विदेशी बाजारों के लिए कोडेमन मानक निर्धारित की गई है अतः आवश्यकता एवं गुणवत्ता के अनुसार श्रेणीकरण करना चाहिए ताकि उत्पाद का उचित दाम मिल सके। लीची के फल मई से जून के अन्त तक उपलब्ध रहते हैं और इसका औसत भार 21–25 ग्राम तक होता है। तुड़ाई उपरान्त कई चरणों में गहन श्रेणीकरण की आवश्यकता होती है। प्रथम चरण का श्रेणीकरण तुड़ाई के बाद छाया में ही करना चाहिए। इसमें निम्न कोटि के फल, छोटे, कच्चे, धब्बेदार एवं विकृताकार फलों को चुनकर हटा देना चाहिए। फलों को शीतगृह में ले जाकर इनका आकार एवं रंग के अनुसार श्रेणीकरण करना चाहिए। श्रेणीकरण में सहजता के लिए स्वचालिक पट्टी (कान्मेयर बेल्ट) का उपयोग लाभदायक पाया गया है।

घरेलू बाजार के लिए फलों की न्यूनतम गुणवत्ता

1. **रूप** – ताजा, स्वच्छ, गठीला, रोग एवं कीटमुक्त धब्बारहित तथा कोई यांत्रिक क्षति न हो।
2. **रंग** – गहरा गुलाबी रंग या चटक लाल रंग।
3. **आकार** – 25–35 मि0मी0 व्यास तथा 2.5–4 सेमी लम्बा।
4. **भार** – 20 ग्राम से अधिक।
5. **गूदा** – भार का 75 प्रतिशत या अधिक रसदार।

विदेशी बाजार के लिए कोडेक्स मानक

अतिविशिष्टः– समान रंग, रूप और आकार वाले फल जिसमें किस्म विशेष के गुण स्पष्ट हों। रोग, कीट एवं विकार रहित, उत्कृष्ट गुणवत्ता तथा 33 मि0मी0 से अधिक व्यास वाले फल। इसमें अधिकतम 5 प्रतिशत फल भिन्न हो सकते हैं परन्तु वर्ग एक व दो में दर्शाये मानक से कम न हो।

वर्ग एकः– उपरोक्त विशिष्टता वाले कुछ मलीन फल जो उनके गुण तथा भण्डारण को अधिक प्रभावित न करते हों, आकार 20 मि0मी0 व्यास या अधिक।

वर्ग दोः– उपरोक्त विशिष्टता से कम किन्तु सामान्य गुण जिनमें भण्डारण एवं फलों की गुणवत्ता प्रमुख हैं। फल सामान्य स्तर से ऊपर हो तथा उनके कुल सतही क्षेत्रफल में अधिकतम 0.5 प्रतिशत विकृत हुई हो। 10 प्रतिशत तक आकार में भिन्नता मान्य हो सकती है।

फलों के रंग का संचयनः— लीची के फलों का रंग, इसके ताजगी एवं गुणवत्ता का विश्वसनीय मानक है। व्यवसाय में यह बहुत ही महत्वपूर्ण भूमिका निभाता है क्योंकि इसका विपणन आसानी से हो जाता है।

जैविक पदार्थ होने के कारण लीची के फलों की तुड़ाई एवं भण्डारण के दौरान भी प्रतिजैविक सक्रियता होती है और इसे सीधे नहीं रोका जा सकता है परन्तु तुड़ाई उपरान्त भण्डारण में वातावरण को अनुकूलित करके कुछ हद तक नियंत्रित किया जा सकता है। प्रतिजैविक सक्रियता के कारण भण्डारण के दौरान फलों में हुए भारहीनता मुख्य रूप से उत्सर्जन एवं श्वसन क्रियाओं के कारण ही होता है। उत्सर्जन की तीव्रता दर पर तकरीबन 20 प्रतिशत तथा भारहीनता दर्ज की गई है साथ में यह भी देखा गया है कि 5 प्रतिशत भारहीनता होने पर ही फलों का सिकुड़ना एवं छिलके का भूरा होकर सूखना प्रारम्भ हो जाता है। इसके अलावा श्वसन क्रिया होते रहने के कारण अत्याधिक कार्बनडाईआक्साईड गैस निकल जाने से फलों के रसायनिक संरचना में अस्थिरता आने के साथ ही विघटन एवं विगलन की प्रक्रिया प्रारम्भ हो जाती है जिससे रंग एवं स्वाद का ह्रास हो जाता है और यह विपणन योग्य नहीं रह पाता है। लीची के फल का लाल रंग एन्थोसाईनिन नामक रसायनिक पदार्थ (साइयानीडीन–3–ग्लुकोसाइड, साइयानीडीन–3– ग्लैक्टोसाइड, पेलारगोनाइडीन–3–ग्लुकोसाइड) के विभिन्न प्रकार एवं मात्रा में उपस्थित रहने के कारण होता है। छिलकों का भूरा होना इसी रसायनिक पदार्थ (एन्थोसाइनिन) के पालीफिनोल आक्सीडेज एवं परआक्सीडेज प्रक्रिया विघटन या ह्रास होने के कारण होता है। पॉलीफिनोल आक्सीडेज एवं परआक्सीडेज इन्जाइम का बड़ा समूह द्वारा बना होता है जिसकी पहचान या वर्गीकरण, उनके फिनोलिक पदार्थों के आक्सीकरण में आक्सीजन अणु की उपयोग करने की क्षमता के आधार पर किया जाता है। लीची के छिलके का भूरा रंग या बदरंग होने की रसायनिक प्रक्रिया को रोकने या धीमी करने के लिए तुड़ाई उपरान्त ही तुरन्त उपचार करने की आवश्यकता होती है।

गंधीकरण एवं अम्लीयताकरण विधिः— अम्ल भण्डारण क्षमता के कारण दूर दराज स्थानों एवं विदेशों में भेजने हेतु लीची के फलों का रंग एवं सुगंध संरक्षित करने की अत्यन्त आवश्यकता होती है इसके लिए गंधीकरण (सल्फाइटेशन विधि) एक प्रचलित और वैज्ञानिक विधि है इसमें साधारतयः एक बन्द कमरे में लीची पर सल्फर मिश्रित हवा को 30–60 मिनट तक प्रवाहित किया जाता है। इससे लीची के छिलके का रंग हल्का पीला हो जाता है। इसके पश्चात् फलों को निकालकर

लगभग 4^0से0 तापमान पर उच्च तकनीक से बने पूर्व शीतलन कक्ष में रखा जाता है। इस विधि द्वारा संरक्षित लीची अपने गंतव्य स्थान तक पहुँचने के बाद अपना प्राकृतिक रंग पुनः प्राप्त कर लेती है। इसके फल तोड़े जाने के 25 दिन बाद तक शीत भण्डारण में संरक्षित रखे जा सकते हैं। सल्फर डाईआक्साइड छिलके में उपस्थित विघटित होने वाले एन्जाइम्स को निष्क्रिय करके किण्वर्णीय भूरापन को रोककर इसके मूल रंग को बनाये रखने में मदद करती है। इसकी अधिकांश संस्तुत मात्रा 0.001 से 0.02 प्रतिशत सीमित रखी जाती है। कुछ वैज्ञानिकों के प्रयोग से पाया गया है कि 1.2 प्रतिशत सल्फर डाइआक्साइड गैस युक्त धुंआ से लीची के फलों को उपचारित करने से पॉलीफिनोल आक्सीडेज प्रक्रिया यानि कि लीची के छिलके बदरंग होने की प्रक्रिया कुछ थम सी जाती है। इससे लीची को एक बन्द कमरे में रखकर सल्फर का 50 से 150 ग्राम मात्रा प्रति घनमीटर हवा में 20–30 मिनट तक जलाया जाता है। इस तरह सल्फर डाईआक्साइड के धुआँकरण से लीची के गूदे में सल्फर की मात्रा एवं स्वाद में अन्तर पर किये गये परीक्षणों के आधार पर ही गंधीकीकरण हेतु गंधक की मात्रा, धुआँकरण का समय, लीची के फलों की मात्रा आदि निर्धारित किये गये है। इसके साथ गंतव्य स्थान की दूरी, परिवहन का समय एवं माध्यम आदि कुछ कारकों का भी ध्यान रखा जाता है। यदि फल में सल्फर डाई आक्साईड की सान्द्रता 500 पीपीएम से बढ़ जाती है तो फलों से दुर्गन्ध निकलने लगती है और फिर इस दुर्गन्ध को हटाने हेतु दूसरा रासायनिक उपचार करने की आवश्यकता पड़ती है। सल्फर डाइआक्साईड या सल्फर ट्राईआक्साईड गेस लीची के प्राकृतिक लाल रंग को उड़ाने के साथ–साथ इसका अम्लीयता मान भी कम कर देता है। यह रंगहीन अवस्था एन्थोसाइनीन सल्फर डाई आक्साइड सच युग्मक बनने के कारण होता है।

चार प्रतिशत सान्द्रता वाला हाइड्रोक्लोरिक अम्ल (पी0एच0.0.5) से गंधीकृत फलों को उपचारित करने से फिर प्रारम्भिक लाल रंग स्थाई रूप से हो जाता है। अम्लीयकरण विभिन्न प्रकार से असर करता है जिसमें मुख्य रूप से लाल रंग वाले रासायरिक पदार्थ की संरचना को रूपान्तरित करते हुए उनका रासायनिक द्वारा होने से परोक्ष रूप से रोकता है। फलों को कम पी0एच0 के अम्लीय घोल खासकर हाइड्रोक्लोरिक अम्ल जिसका पी0एच0 मान 0.3 या 0.5 हो, डुबाकर 22^0 सेल्सियस तापमान पर भण्डारण करने से फलों का प्राकृतिक लाल रंग 6 सप्ताह तक बरकरार रखा जा सकता है और इस अवधि में छिलके का रंग बदरंग (भूरापन) होना भी बना रहता है। इसके अलावा यह भी देखा गया है कि गंधकीकरण (गंधक से उपचारित) लीची फलों को सामान्य सान्द्रता वाले अम्ल में उपचारित

करने से तुरन्त ही छिलके को रंग में बेहतर सुधार हो जाता है। गंधकीकरण विधि से रंगहीन किये गये लीची के फलों का अम्लीयकरण करने से रंगहीनता का खत्म होकर वास्तविक रंग में आ जाता है और बागान से दूर भी ताजे फलों का अहसास कराता है। अम्लीयकरण से स्वाद में कोई कमी नहीं आती है। वाष्पताप व कम पी0एच0 मान वाले अम्ल का मिश्रित उपचार करके यदि 10^0 सेल्सियस पर शीतग्रह में भण्डारित किया जाये तो 28 दिनों तक फल के छिलके का वास्तविक रंग बरकरार रहता है। वर्तमान में सल्फर डाईआक्साईड का उपयोग छिलके के भूरेपन को रोकने में अधिक प्रभावशाली पाया गया है किन्तु अब सल्फर के उपयोग पर रोक बढ़ती जा रही है इसलिए वैकल्पिक उपचार व्यवस्था की आवश्यकता है और इसी कारण सीधे अम्लीयताकरण द्वारा फल रंग संचयन पर अधिक अनुसंधान हो रहे हैं और इसको प्रचलिक करने पर जोर दिया जा रहा है।

मोम लगानाः– मोम का लेप लगाने की विधि भी लीची के फलों के भण्डारण क्षमता बढ़ाने में कारगर सिद्ध हुई है। यदि 10 प्रतिशत पिघले मोम में फलों को डुबोकर निकाल लेते हैं एवं फिर इसे कमरे के सामान्य तापमान (28–30 से0) पर भण्डारित करने पर 10–15 दिनों तक ताजगी की अवस्था कायम रहती है एवं भारहीनता तथा सड़न भी कम होती है। सामान्य अवस्था में लीची के फलों को यदि गोम के 6–9 प्रतिशत (0.5 सोडियम आर्थो फिनाइल फिनेट) वाला द्रव का लेप चढ़ाकर उसे 30–35 से0 एवं 50–60 प्रतिशत अपेक्षित आद्रता पर भण्डारित किया जाए तो इसकी भण्डारण क्षमता छः दिनों तक बढ़ाई जा सकती है।

अन्य रासायनिक उपचारः– लीची के फलों को रोगाणुनाशक रसायन से धुलाई करके भण्डारित करने से सूक्ष्म जीवों की संख्या में भारी कमी आती है एवं फलों की प्रतिजैविक सक्रियता कम हो जाती है साथ ही छिलके का वास्तविक लाल रंग कुछ अधिक समय तक बना रहता है। फलों को कैल्शियम क्लोराइड के 2 प्रतिशत घोल में 10 मिनट तक उपचारित करके सामान्य तापमान (28–30^0 से0) पर भण्डारित करने की अपेक्षा अधिक दिनों तक बरकरार रहता है।

पैकिंगः– लीची के फलों की ताजगी की अवस्था एवं गुणवत्ता बनाए रखने के साथ–साथ परिवहन के दौरान होने वाली बर्वादी से बचाव हेतु फलों की सही पैकिंग अत्यन्त आवश्यक है। अच्छी पैकिंग के लिए फलों को क्षमता के अनुसार पेटी भरना, सही ढंग से स्तरित करना एवं पेटी के अन्दर हवा का सही संचार आवश्यक है। विभिन्न प्रकार के बक्सों में लकड़ी के तख्ते, प्लास्टिक एवं गत्ते के डिब्बे अधिक लोकप्रिय हैं इसके अलावा घरेलू–स्तर पर बाँस की टोकरी, जूट के

थैले, प्लास्टिक के थैलों आदि का भी उपयोग होता है। परम्परागत विधियों से दूर–दराज के बाजारों में भेजने हेतु लकड़ी की तख्ते का बना विभिन्न आकार के बक्से (10–15 किग्रा0 क्षमता) में की गई पैकिंग अन्य विधियों की अपेक्षा अधिक प्रचलित है। इसमें बक्से में लीची को गुच्छों में विभिन्न स्तरों में स्तरित किया जाता है और उन स्तरों के बीच लीची के पत्ते या शीशम के पत्ते या कागज के छोटे–छोटे कतरन का उपयोग फलों के आवसी घर्षण या रगड़ बचाने के लिए किया जाता है। इन बक्सों का आकार बड़ा होने एवं पेटी भरते समय सावधानी नहीं बरतने के कारण परिवहन के दौरान बक्से की गर्मी, आपसी रगड़ एवं दबाव के कारण फल अपनी ताजगी एवं रंग एक दो दिन के अन्दर ही खो देता है और गंतव्य स्थान तक पहुँचते–पहुँचते विपणन योग्य नहीं रह पाता है।

चित्र – 14: लीची के फलों की प्रक्रिया

परम्परागत विधियों द्वारा की गई पैकिंग में रखरखाव, भण्डारण परिवहन एवं विपणन में आने वाली कठिनाईयों के कारण अब बाजार में मांग के अनुरूप वैकल्पिक, आधुनिक एवं उपयुक्त पैकिंग सामग्री एवं उन्नत विधि का उपयोग होने लगा है। निर्यात हेतु अर्न्तराष्ट्रीय मानक एवं विधि सुनिश्चित कर लेनी चाहिए। वर्तमान परिवेश में लीची की पैकिंग में कोरूगेटेड या गत्ते के छिद्रयुक्त बाक्स (1–5 किग्रा0 क्षमता), प्लास्टिक पुनेट (छिद्रयुक्त) बाक्स (250–750 किग्रा0 क्षमता), कार्टून बाक्स (1–5 किग्रा0 क्षमता) का उपयोग हो रहा है। इन पदार्थों के बने बक्से, भार में हल्के एवं चिकने होने के साथ–साथ कम मूल्य में उपलब्ध हो जाते हैं। कुछ परीक्षणों में फलों को तोड़कर एकाकी में की गई पैकिंग गुच्छों में की गई पैकिंग से बेहतर पायी गयी है। जबकि अर्न्तराष्ट्रीय स्तर पर दोनों (एक–एक

करके या गुच्छों में) ही तरह से की गई पैकिंग मान्य है। गुच्छे में की गई पैकिंग से विपणन की प्रतिक्रियाओं में जैसे कि रखरखाव व संभलाव में आसानी होती है। पैकिंग करने से पहले डिब्बों/बाक्सों में प्लास्टिक के आवरण से ढककर पैकिंग करने से भूरा होने के दर में कमी आती है लेकिन इसके लिए पूर्व शीतलन एवं शीत भण्डारण की आवश्यकता होती है। फलों को गंधक या उपयुक्त अन्य रासायनिक पदार्थों से उपचारित करने के बाद शीतगृह में ही आवश्यकतानुसार बाक्सों में पैकिंग करना श्रेयकर होता है।

भण्डारणः— लीची के फलों का अल्प भण्डारण क्षमता के कारण सामान्य तापमान (20–30 सें0) पर तुड़ाई उपरान्त रंग एवं गुणवत्ता का तेजी से ह्रास होता है। इसके अलावा लीची की उपलब्धता का मौसम मध्य मई से आखिरी जून अधिक से अधिक जुलाई तक ही होता है। अतः फलों की उपयोग अवधि बढ़ाने, बाजार में अचानक बाहुल्य को रोकने, नियमित एवं लम्बे समय तक आपूर्ति बनाये रखने, दूरस्थ स्थानों पर भेजने तथा उचित मूल्य प्राप्त करने हेतु शीत भण्डार एवं आवश्यक प्रक्रिया है। तुड़ाई के समय उच्च तापमान एवं कम आर्द्रता फलों के भण्डार क्षमता को बुरी तरह प्रभावित करता है और अधिक बर्वादी होती है। कम तापमान, अधिक आर्द्रता एवं उचित पैकिंग अपनाने पर तुड़ाई उपरान्त होने वाले विभिन्न प्रतिजैविक प्रतिक्रियाओं जैसे कि भारहीनता, जैव रासायनिक संरचनाओं का विघटन और सूक्ष्म जीवाणुओं द्वारा विगलन आदि को धीमा करके फलों का रंग एवं गुणवत्ता को अधिक दिनों तक कायम रखा जा सकता है। लीची के फलों का भण्डारण अवधि का बढ़ना कई कारकों पर निर्भर करता है जिसमें किस्म, परिपक्वता, पूर्व शीतलन, भण्डारण तापमान, अपेक्षित आर्द्रता, कार्बन डाई आक्साइड एवं अन्य गैसों का भण्डारित वातावरण में उपस्थित (सान्द्रता) आदि मुख्य हैं। लीची के फलों को भण्डारित करने के पहले पूर्व शीतलन करना आवश्यक होता है क्योंकि बिना पूर्व शीतलन के शीत भण्डारित करने पर छिलकों का चटक लाल रंग से भूरा होने की प्रक्रिया, भारहीनता, विगलन एवं अन्य गुणवत्ता का ह्रास तेजी से होता है और भण्डारण की अवधि कम हो जाती है। पूर्व शीतलन की प्रक्रिया अपनाने के बाद शीत भण्डारित करने पर फल लम्बे भण्डारण के लिए उपयुक्त हो जाते हैं। जल द्वारा शीतलता एवं हवा द्वारा शीतलता विधियाँ लीची के फलों के पूर्व शीतलन के लिए अधिक प्रचलित हैं। शीतलन की दर हवा द्वारा संतुलन विधि की अपेक्षा जल द्वारा शीतलन विधि से अधिक तेजी से होता है। जल शीतलन से फलों में 5^0 से0 तक का आन्तरिक तापमान 18–20 मिनट के अन्दर प्राप्त हो जाता है। जबकि हवा द्वारा शीतलन में यह समय अधिक लम्बा (1–2 घण्टे) होता है। पूर्व

शीतलन की प्रक्रिया, अन्य तरीकों से भण्डारण हेतु भी उपयुक्त पाया गया है। एक परीक्षण में जब पूर्व शीतलित फलों को 0.5 प्रतिशत पालीथीन और 2–5 प्रतिशत सोडियम बाइकार्बोनेट से उपचारित कर 0.04 मिलीमीटर पालीथीन थैले में पैकिंग करके कमरे के सामान्य तापमान (25^0 सें0) पर रखने पर 8 दिनों तक फलों की ताजगी एवं रंग बरकरार रखा जा सकता है। फलों की पूर्व शीतलन प्रक्रिया की आवश्यकता फलों की परिपक्वता एवं तुड़ाई के समय का सामान्य तापमान पर निर्भर करता है। भारत में लीची के फलों का तुड़ाई के समय सामान्य तापमान ($25–30^0$ से0) एवं अपेक्षित आर्द्रता 40–50 प्रतिशत होती है जिसके कारण लीची के रंग एवं गुणवत्ता की तीव्रता से होती है। अतः तुड़ाई उपरान्त लीची के फलों के लिए तुड़ाई से उपभोक्ताओं के पास पहुँचने तक की अवधि में $0–2^0$ सें0 पर जलशीतलन करके शीतलन की कड़ी को बरकरार रखने की अनुशंसा की गई है। पूर्व शीतलन के साथ–साथ रासायनिक उपचार करके शीत भण्डार करने से ताजगी एवं रंग को कायम रखने में कारगर प्रभाव पड़ता है। पूर्व शीतलन एवं रासायनिक उपचार की दोनों प्रक्रियाओं को अपनाते हुए 5^0सें0 के तापमान पर 27 दिनों तक की भण्डारण क्षमता दर्ज की गई है और इस आधार पर लीची के फलों को 5^0सें0 के इष्टतम तापमान पर चार सप्ताह तक भण्डारित करने की अनुशंसा की गई है। अर्न्तराष्ट्रीय शीतलन संस्थान, फ्रांस ने लीची के फलों के ताजगी एवं रंग का 5–6 सप्ताह तक संचयन हेतु 0^0सें0 तापमान और 90 प्रतिशत आर्द्रता की अनुशंसा की है। देहरादून, कलकतिया और लेट बेदाना किस्मों को वेविस्टीन या कैल्शियम क्लोराइड डशिफिनाइलामीन या सोडियम हाइपोक्लोराईड या मोम के घोल में डुबोकर उसे सुखाने के बाद छिद्रयुक्त पालीथीन के थैलों (200 गेज) में पैक कर $0–3^0$ सें0 तापमान एवं 85–90 प्रतिशत आर्द्रता पर 25 दिनों तक रखा जा सकता है और इससे दैहिक क्षति को भी कम किया जा सकता है। कागज के कतरनयुक्त पालीथीन थैलों में भरकर लीची के फलों को 4^0 सें0 तापमान पर 4 सप्ताह तक रखने पर इसके भार में कमी मात्र 4–5 प्रतिशत तक सीमित की जा सकती है और रंग को भी कायम रखा जा सकता है।

परिवहनः– लीची के फलों का सीमित उत्पादन क्षेत्र, मौसमी उपलब्धता, अल्प–क्षमता एवं नाजुक होने के कारण देश के विभिन्न भागों में वितरण एवं आपूर्ति हेतु या निर्यात के लिए पर्याप्त एवं दक्षतापूर्ण परिवहन की आवश्यकता है। फल में तेजी होने वाले प्रतिजैविक क्रियाओं के कारण दूरस्थ परिवहन के दौरान यदि अनुकूल वातावरण न हो तो तेजी से फल खराब हो जाते हैं और विपणन योग्य नहीं रह जाते है। साथ ही परिवहन में सुविधा की कमी के कारण उत्पादन क्षेत्रों में उत्पाद

के अत्याधिक मात्रा में जमा होने के कारण मूल्य में गिरावट आती है और दूरस्थ प्रदेशों के बाजारों में उपभोक्ता को अधिक मूल्य देना पड़ता है। वर्तमान समय में ट्रक एवं रेल द्वारा ही घरेलू बाजार हेतु परिवहन होता है इसमें भी रेल द्वारा उत्पाद को गंतव्य स्थान तक पहुँचाने में अनिश्चितता के कारण व्यापारी सड़क मार्ग द्वारा परिवहन को प्राथमिकता देते हैं। सड़क परिवहन के अन्तर्गत परिवहन लागत दोगुनी आती है एवं उत्पादन के संभलाव में परेशानी होती है। लीची के फलों को नौका परिवहन एवं हवाई परिवहन की उपचरित सुविधा के कारण प्रदेश के दूरस्थ स्थानामें में भेजने एवं निर्यात की मात्रा नगण्य है अतः लीची के सुदृढ़ व्यवसाय के लिए वातानुकूलित गाडियाँ, रेलवे प्रशीतित बैंगन, हवाई मार्ग एवं समुद्री मार्ग आदि के प्रयोग में सुविधा कराना आवश्यक है।

13

लीची के दैहिक विकारों की समस्या एवं बचाव

भारतवर्ष में लीची एक बहुत ही व्यवसायिक फल है और उत्पादन क्षेत्र में इसका जीविकोपार्जन के आर्थिक पहलू एवं स्वास्थ में सार्थक योगदान है। राष्ट्रीय एवं अर्न्तराष्ट्रीय स्तर पर गुणवत्तायुक्त उत्पादन की बढ़ती मांग के बावजूद कई कारणों से लीची का उत्पादन एवं उत्पादकता की समस्या झेल रहा है जैसे पुष्पन के समय गर्म वातावरण, सही किस्मों का अभाव और बागों का सही प्रबन्धन का अभाव आदि। वर्तमान में लीची में बहुत सारे विकारों के उत्पन्न होने से गुणवत्तायुक्त उत्पादन में ह्रास हो रहा है और व्यवसायिक स्तर पर उत्पादकों को प्रभावित करने वाले विकारों का विवरण एवं उनकी रोकथाम का विवरण निम्न प्रकार हैः–

1. अनियमित फलन एवं अफलन की समस्या।
2. फूलों का असामयिक झड़ना।
3. फलों का फटना।
4. फलों का झुलसना।
5. अविकसित एवं विकृताकार फल।

1. अनियमित फलन एवं अफलन की समस्याः– लीची उत्पादन क्षेत्रों में यह एक गम्भीर समस्या है। लीची डंठलों में फल धारण की क्षमता किस्मों की प्रकृति पर भी निर्भर करती है। डंठलों में मंजरित होने की अवस्था, उसके बारम्बारता पर न निर्भर करके मुख्यतः विगत वर्ष के फलन या अफलन पर निर्भर करता है। यह भी पाया गया है कि गलत प्रबन्धन तकनीकों को अपनाने से या प्रबन्धन के

अभाव से भी लगातार फलने वाली किस्मों में अफलन पैदा हो जाती है गलत प्रबन्धन तरीकों में खाद एवं उर्वरकों खासकर नाइट्रोजन का देर से या असामयिक प्रयोग, मंजरी एवं फल लगने के पहले सिंचाई की बारम्बारता या अधिकता आदि मुख्य रूप से अनियमित फलन या अफलन को बढ़ावा देते हैं। लीची में नियमित फलन के लिए अनुवांशिक कारणों से अधिकता सिंचाई, पोषण और वातावरण के कारक मुख्य रूप से जिम्मेवार हैं। मिट्टी के प्रकार के साथ–साथ अपनाये गये प्रबन्धन तरीकों पर इस समस्या की तीव्रता निर्भर करती है। तुड़ाई एवं कटाई–छँटाई की प्रक्रियाओं में की गई देरी से भी उस चालू वर्ष में अफलन की समस्या आ जाती है।

लक्षणः— लीची की कुछ किस्मों में अक्सर अधिक फलन वाले वर्ष के बाद कम फलन या अफलन वर्ष होता है। जबकि कुछ किस्मों में प्रत्येक वर्ष अच्छा फलन होता है। कभी–कभी जिस वर्ष से मंजरी निकलते समय यदि वानस्पतिक कल्ले निकलने लगते हैं तो वह अफलन वर्ष हो जाता है। कभी–कभी वृक्ष का कुछ भाग ही आधार पर लम्बे एवं पत्तियाँ युक्त मंजरी वाले ठुठक निकलते हैं जिसमें पुष्पन एवं फलन बहुत कम होता है।

प्रबन्धनः—

(अ) किस्मों का चुनावः— लीची के टिकाऊ एवं व्यवसायिक बागवानी के लिए अधिक गुणवत्तायुक्त उत्पादन क्षमता के साथ नियंत्रित फलन वाले किस्मों का चुनाव एवं रोपण आवश्यक है। भारत में लीची का उपयोग मुख्यतः शाही, देहरादून, चाइना, बम्बई, रोजसेन्टेड किस्मों पर निर्भर करता है जिसमें देहरादून, रोजसेन्टेड एवं शाही नियमित फलन वाली किस्में हैं जबकि अन्य में अनियमित फलन की समस्या आती है।

(ब) उचित पोषण एवं सिंचाईः— लीची के बागों में उम्र के आधार पर खाद एवं उर्वरकों द्वारा समुचित एवं सन्तुलित पोषण तुड़ाई के उपरान्त तुरन्त उचित विधि से करनी चाहिए। साथ ही साथ वांछित मात्रा में उचित विधि एवं समय पर सिंचाई करनी आवश्यक है। लीची के फलों के गूदे के विकास के समय खासकर नमी की पर्याप्त मात्रा बरकरार रहना आवश्यक है।

(स) कीट एवं रोगों के प्रकोप का नियंत्रणः— लीची के बागानों में कीट एवं रोगों का विशेष ध्यान रखना चाहिए क्योंकि कीट एवं रोगों के लगने से अनियंत्रित फलन या अफलन की समस्या होती है अतः उचित होगा कि सुरक्षा के उपयों

को अपनाकर हानिकारक कीटों एवं रोगों के प्रकोप से नियंत्रण रखना बहुत ही आवश्यक है।

(द) उचित कटाई या छत्रक प्रबन्धनः– लीची के वृक्ष को फल तुड़ाई के समय या तुड़ाई के तुरन्त बाद कटाई–छँटाई अत्यन्त आवश्यक है। वैसे तो फलों की तुड़ाई के समय ही फल के गुच्छों को 20–25 सेंटीमीटर लम्बे डंठल सहित तुड़ाई की जानी चाहिए ताकि उसके बाद स्वस्थ एवं मजबूत कल्ले तुरन्त निकल सकें तथा अगले वर्ष अधिक फलत हो सके। वृक्षों का छत्रक प्रबन्धन या ढाँचा निर्माण इस प्रकार करना चाहिए कि छत्रक अर्धवृत्ताकार या खुली छतरी के आकार का हो। तुड़ाई उपरान्त कटाई–छँटाई में देरी नहीं करनी चाहिए।

2. फूलों का असामयिक झड़नाः– लीची में फूल लगने की प्रारम्भिक अवस्था में प्रतिशतता बहुत अधिक होती है जबकि उसका बहुत ही कम प्रतिशत भाग परिपक्वता तक पहुँच पाता है अधिक फूलने के बाद गलत प्रबन्धन विधि एवं प्रतिकूल वातावरण के कारण फूल के झड़ने की समस्या आती है। प्रतिकूल वातावरण में वृक्षों की वानस्पतिक वृद्धि और फलन के बीच असन्तुलित होने के कारण फूल आने में कमी आती है।

लक्षणः– मंजरी के डंठलों पर कई अवस्थाओं में फूल निकलते हैं फूल आने के कुछ दिनों बाद नर फूलों का झड़ना प्रारम्भ हो जाता हैं।

प्रबन्धनः–

1. मधुमक्खियों के द्वारा मुख्य परागण कराकर।
2. फूलने की अवस्था में कीटनाशी का प्रयोग न करके।
3. पोषक तत्वों का छिड़काव करके।
4. वृद्धि नियामकों का उचित समय पर छिड़काव करके।
5. जैव वृद्धि नियामकों का प्रयोग करके।
6. कटाई–छँटाई एवं सधाई करके।

3. फलों का असामयिक झड़नाः– लीची में फल का झड़ना एक गम्भीर समस्या है। लीची में अधिक मात्रा में फल लगते हैं परन्तु पेड़ों पर बहुत ही कम रूक पाते हैं। प्रारम्भिक अवस्था में इसकी मात्रा पेड़ों पर बहुत अधिक होती है। फल झड़ने का प्रारम्भ फल लगने के तुरन्त बाद से शुरू होता है और फल पकने तक बरकरार रहता है। अधिक फल झड़ने की गति दो अवस्था में अधिक देखी जा

सकती है एक तो परागण एवे निषेचन की प्रक्रिया सही नहीं होने पर (भ्रूणकोष के भ्रूण के नहीं बनने से सूखकर झड़ने के कारण) एवं दूसरा फल लगने के दो महीने (60–70 दिन बाद से)। जब फलों के बीज एवं गूदे का विकास हो रहा होता है। फल झड़ने की समस्या पुराने पेड़ों में अपेक्षाकृत अधिक पायी जाती है इसके कई कारण हो सकते हैं। वो निम्न हैंः–

1. आंतरिक कारणों में मुख्य रूप से निषेचन की क्रिया का पूरा न होना।
2. भ्रूणपात होना।
3. हार्मोन के असंतुलन से।
4. खनिज पोषण की कमी से।
5. उच्च तापमान का प्रभाव।
6. मिट्टी में नमी की कमी।
7. कम आर्द्रता का होना।
8. तेज हवाओं का चलना।
9. कीटों का प्रकोप होना।
10. रोगों का अधिक प्रकोप।

प्रतिकूल वातावरण में वृक्षों के वानस्पतिक वृद्धि और फलन के बीच असन्तुलन होने के कारण फलन में कमी आती है।

लक्षणः– मंजरी के डंठलों पर कई अवस्थाओं में फूल निकलते हैं फूल आने के कुछ दिनों बाद नर फूलों के झड़ने की शुरूआत होती है और फिर परागण की प्रक्रिया के बाद फल लगने से लेकर फल पकने तक विभिन्न अवस्थाओं में फलों का झड़ना बरकरार रहता है। अधिकतर फल झड़ने से मंजरी की डंठल पर कुछ ही फूल या फल एकदम नहीं लगते हैं और मंजरी की डंठल सूखी लम्बी तिल्लियों वाली झाडू के समान दिखाई देती है।

प्रबन्धनः–

1. **कीटों की संख्या बढ़ाकरः**– लीची में मधुमक्खियों द्वारा मुख्य रूप से परागण होता है अधिक संख्या में मधुमक्खियों के भ्रमण से परागण एवं निषेचन की बेहतर प्रक्रिया में बढ़ोत्तरी से फल धारण क्षमता बढ़ती है। फूल आने की अवस्था में कोई कीटनाशी या अन्य छिड़काव वर्जित है।
2. **पोषक तत्वों एवं वृद्धि नियामकों का छिड़कावः**– मंजरी निकलने के संभावित समय फरवरी माह से एक महीने पहले जिंक सल्फेट (0.4 प्रतिशत)

या पर्णीय छिड़काव करने से मंजरी पुष्ट एवं मादा फूलों की संख्या अधिक होती है। फल के विकास के क्रम में गूदे बनने की शुरूआत के समय बोरान (0.2 प्रतिशत) का पर्णीय छिड़काव (7–8 दिन के अन्तर पर दो बार) करना आवश्यक होता है।

3. **जैव वृद्धि नियामकों का छिड़कावः**– एन0ए0ए0 (20 पी0पी0एम0) या प्लेनोफिक्स (2 मिलीलीटर/8 लीटर) का घोल बनाकर फल के मटर दाने के आकार की अवस्था में छिड़काव करने से फल के झड़ने में कमी होने के कारण फल धारण क्षमता एवं गुणवत्तायुक्त फलन में बढ़ोत्तरी होती है।

4. **कटाई–छँटाई एवं सधाई द्वाराः**– लीची में फल झड़ने की समस्या पेड़ों के विकास की अवस्था एवं किस्म पर भी निर्भर करती है। जाड़े में निकलने वाले वानस्पतिक कल्लों के विकास पर रोक लगाकर फल धारण क्षमता को बढ़ाया जा सकता है। फल तुड़ाई के तुरन्त बाद की गई वांछित कटाई–छँटाई एवं सधाई प्रक्रिया से पुष्ट एवं स्वस्थ कल्लों के विकास होने से फलन बढ़ता है। इसी समय सीधे ऊपर की ओर जाती हुई डालियाँ जो फलन क्षेत्र घटाती हैं एवं बीच की ओर जाती हुई डालियाँ जो उस वृक्ष के नीचे बसा क्रियाओं को बाधा देती हैं, उसकी वांछित कटाई–छँटाई कर देनी चाहिए।

5. **फल फटनाः**– तुड़ाई से पूर्व होने वाले विकारों में लीची फल फटने की समस्या आम है जिससे लीची के गुणवत्तायुक्त उत्पादन एवं उपज में इसका अत्याधिक प्रभाव पड़ता है। लीची के फलों का फटना लीची उत्पादन में एक गम्भीर समस्या है। फल फटने की समस्या फल विकास के अन्तिम चरण में उत्पन्न होती है जबकि फलों में गूदे का विकास तेजी से हो रहा होता है। फल के छिलके का फटना, गूदे एवं छिलके के विकास में असन्तुलन होने के कारण होता है। आन्तरिक गूदे का विकास के द्वारा बाहरी छिलके पर दबाव उत्पन्न करता है और बाहरी प्रतिकूल वातावरण एवं आन्तरिक छिलके की दैहिक असामंजस्य के कारण कोशिकाओं का फैलाव एवं विभाजन ठीक नहीं होने के कारण छिलका दबाव सहन नहीं कर पाता है और फट जाता है। इसके कारण लीची उत्पादन में लगभग 50–60 प्रतिशत तक की हानि हो सकती है। फल विकास के क्रम में पोषण या नमी की कमी भी छिलके की बढ़वार, गूदे का विकास की अपेक्षाकृत कम होने के कारण फल पकने के पहले छिलके चटक जाते हैं। फल फटने की समस्या भूमि एवं छिलके

का विकास के समय शुष्क गर्म तेज हवाओं (पछवा हवा) के चलने से छिलके की बाहरी परत सूखने के कारण फटने की समस्या आती है। लीची की कुछ किस्मों में फल फटने की समस्या का आनुवंशिक कारण भी बताया गया है। किस्म विशेष में यह समस्या हरेक वर्ष देखी जाती है और विभिन्न किस्मों में इस समस्या द्वारा फलों में क्षति की प्रतिशत मात्रा में भिन्नता भी पाई गई है। पछेती किस्मों की अपेक्षा अगेती किस्मों वाले पेड़ों में इसकी समस्या अधिक पायी जाती है। वातावरण के कारणों में तापमान, अपेक्षित आर्द्रता, वर्षा और हवाओं की दिशा भी फल फटने की समस्या से जुड़े हुए पाये गये हैं। ऐसे तो फल का विकास दो अवस्था में होता है प्रारम्भिक अवस्था में वाह्य भित्ती या छिलके एवं कीट का विकास एवं उसके बाद मध्यभिति यादि गूदे का विकास होता है। फल फटने की समस्या अधिकतर फलों में रंग बदलने की अवस्था में होती है जिस समय गूदे का क्रम अपने उत्कर्ष पर होता है। इसके अलावा यदि वातावरण में अचानक अधिक तापमान में वृद्धि, तेजी एवं अस्थिरता तथा अपेक्षित आर्द्रता में कमी होने पर छिलका सूखने से फल फटने की समस्या तीव्र हो जाती है। अगेती पकने वाली किस्मों में बाग प्रबन्धन के अभाव में इस विकास की तीव्रता बढ़ जाती है। उचित प्रबन्धन के अभाव वाले बागों में शुष्क वातावरण में अचानक वर्षा होने से या अधिक सिंचाई कर देने पर वातावरण में तापमान एवं आर्द्रता के असंतुलन से फल फटने की समस्या तीव्रतम पायी गयी है। पोषक तत्वों की कमी भी इस विकास को प्रभावित करता है। कैल्शियम एवं बोरान नामक पोषक तत्वों का इस विकास को रोकने में महत्वपूर्ण भूमिका पायी गयी है। छिलके पर कीटों द्वारा किया गया घाव या अन्य कोई चोट भी इस विकास को उत्पन्न करता है।

चित्र – 15ः लीची के फल फटने की समस्या

लक्षणः— फल में फटाव छोटे आकार से लेकर सम्पूर्ण फल के विकास तक होता है। जैसे ही अन्दर का गूदेदार भाग बाहर के वातावरण में आता है सड़ने की प्रक्रिया प्रारम्भ हो जाती है। सतह पर यह कटाव फल की लम्बाई की ओर या गोलाई पर हो सकता है। फटा फल त`जी से खराब होता है और इस पर द्वितीयक के रूप में कीटों एवं रोगों का प्रकोप प्रारम्भ हो जाता है जिससे फल विपणन योग्य नहीं रहते हैं एवं उत्पादकों को भारी हानि होती है।

प्रबन्धनः—

1. **पोषण एवं वृद्धि नियामकों का प्रयोगः**— कैल्शियम (पोषक तत्व) और जिब्रेलीन (वृद्धि नियामक) आदि के प्रयोग से सेलूलोस की क्रियाशीलता कम होने के कारण सतही दरार में कमी आती है। दूसरे वृद्धि नियामक जैसे एन0ए0ए0 की 20 पी0पी0एम0 के घोल का मई, जून में पर्णीय छिड़काव करने से फलों को फटने से रोकने में काफी सफलता मिलती है। मई माह में वृक्षों पर आवश्यकतानुसार सादे पानी का सुबह 2–4 दिनों के अन्तर पर छिड़काव करने से फलों के फटने में कमी आती है। सुहागे के पानी में 1 प्रतिशत घोल के 2–3 छिड़कावों द्वारा (12 दिनों के अन्तर पर) फलों के फटने में बहुत अधिक कमी आ जाती है। जड़ विन्यास क्षेत्र में पर्याप्त मात्रा में नमी रखते हुए बोरॉन का छिड़काव बोरेक्स या बोरिक अम्ल के रूप में 2 ग्राम प्रति लीटर की सान्द्रता वाले घोल का गूदे के विकास के प्रारम्भ में ही छिड़काव करने से फल फटने की समस्या में सार्थक कमी आती है।
2. **सिंचाईः**— पेड़ों के नीचे 40 प्रतिशत तक नमी बनाये रखने पर फल फटने की समस्या कम होती है। सिंचाई 10 दिनों के अन्तराल पर करते रहना चाहिए।
3. **प्रतिरोधक किस्मों को लगाकरः**— फल फटने की समस्या के प्रति एक प्रतिरोधी विकसित किस्म जैसे स्वर्णरूपा को समस्या वाले क्षेत्र लगाना चाहिए।
4. **हवा अवरोधी वृक्षों को लगाकरः**— लीची के बागों के चारो तरफ हवा अवरोधी वृक्षों को लगाकर फल फटने की समस्या कम होती है।
5. **पेड़ों पर पानी का छिड़कावः**— मई माह में लीची के पेड़ों पर 3–4 दिन के अन्तराल पर पानी का छिड़काव करने से फल कम फटते हैं छिड़काव सुबह करना लाभदायक होता है।
6. **पलवार डालकरः**— लीची के पेड़ों के नीचे पलवार बिछाने पर फल फटने की समस्या में कमी आती है।

7. **कीटों की रोकथाम करके**:– लीची के बाग में लीची का बग नियंत्रण में रखना चाहिए। इसके नियंत्रण से फल कम फटते हैं।

5. फलों का झुलसना:– लीची उत्पादन क्षेत्र में फल का झुलसना या भूरा धब्बादार होना एक गम्भीर समस्या है इसके लिए लीची में 9–15 प्रतिशत बर्वादी हो जाती है। इस विकार को उत्पन्न करने में वातावरण कारकों के अलावा किस्मों, हार्मोन, पोषण एवं मृदा की नमी आदि कारकों का सह–सम्बन्ध पाया गया है। यह विकास पालीफिनोल आक्सीडेज नामक रसायन की क्रियाशीलता से जुड़ी हुई पायी गयी हैं और किस्मों के आधार पर भिन्नता पायी जाती है। बलुई या बलुई दोमट मिट्टी में लगे लीची के बागानों में प्रबन्धन का अभाव होने के साथ–साथ यदि वातावरण में अधिक तापमान (40 डिग्री से अधिक) एवं गुणवत्ता (50 प्रतिशत से कम) हो जाने पर इस विकार की समस्या तीव्र हो जाती है। इस विकार की समस्या क्षत्रक के बाहरी एवं ऊपरी भाग वाले फल में छायेदार शाखाओं वाले फल की अपेक्षा अधिक होती है। फल के वाह्य भित्ती (छिलके) में कैल्शियम नामक पोषक तत्व होने वाले अन्तरप्रवाह में कमी होने पर इस विकार में तीव्रता आती है। सिंचाई की आवश्यकता एवं वर्षा की फुहार के कारण छिलके पर बूंदी का जमा रहना भी इस विकास को बढ़ाने में सहायक होता है। यह समस्या उत्तर–पूर्वी भागों की अपेक्षा दक्षिण– पश्चिम भाग में अधिक तीव्र होती है।

लक्षण:– फल के झुलसने में हल्का भूरा धब्बा फल के छिलके के कुछ भाग में उत्पन्न होता है। जिस पर सूर्य की सीधी तेज रोशनी पड़ रही होती है। बाद में छिलके का आधे से अधिक भाग धब्बेदार, हल्के भूरे रंग या बदरंग हो जाता है।

चित्र–16 : लीची के फलों का झुलसना

प्रबन्धनः— भूमि में पर्याप्त मात्रा में खासकर गूदे के विकास के समय रखने से फल झुलसने की समस्या कम होती है। इसके अलावा लीची के बागानों में हवा अवरोधी वृक्ष जैसे पोपलर, सागौन आदि को लगाकर इस विकार को बहुत हद तक कम किया जा सकता है।

6. अविकसित एवं विकृताकार फलनः— फलों के अविकसित अवस्था के लिए मुख्य रूप से उचित परागण एवं निषेचन का अभाव ही जिम्मेदार है। इसके अलावा भौतिक झकझोर एवं कीट रोगों का प्रकोप भी अविकसित विकृताकार फलों के बनने में सहायक होता है साथ ही फल के विकास की अवस्थाओं में नमी की कमी भी एक कारण है।

लक्षणः— इसमें फलों का आकार सामान्य से छोटा रह जाता है तथा रस एवं गूदे की मात्रा नहीं होती या कम होती है। इस तरह फलों का रंग भी प्रारम्भिक से ही हरितिमायुक्त पीला एवं चमकीला रहता है जोकि बाद में हल्का लाल रंग का हो जाता है और परिपक्वता से पहले ही फल झड़ना प्रारम्भ हो जाता है। फल के विकास में सबसे पहले बीज प्रारम्भ से ही तेजी से बढ़ता है उसमें बाद की अवस्था में लगे झिल्लीनुमा मध्याभित्ती और गूदे का विकास तेजी से होता है। इसमें फल के विकास में गूदे का विकास नहीं के बराबर होता है तथा कभी–कभी अविकसित अल्प गूदे के विकास के कारण भ्रूण (बीज) का कुछ भाग खुला ही रह जाता है।

प्रबन्धनः— पोषण प्रबन्धन एवं पर्याप्त नमी की अवस्था विशेषकर गूदे के विकास के समय, सामान्य एवं गुणवत्तायुक्त स्वस्थ फलों के बनने में सहायक होता है। फल के विकास के क्रम में गूदे के विकास के समय (सुबह के समय) सामान्य जल का छिड़काव काफी लाभप्रद होता है। इसके अलावा छिड़काव प्रणाली द्वारा सिंचाई (छिड़काव) की व्यवस्था भी इस विकार को कुछ हद तक दूर करती है। पुष्पन एवं फलन के समय पर्याप्त संख्या में परागण कीट का भ्रमण कराकर बेहतर परागण एवं निषेचन द्वारा सामान्य एवं गुणवत्तायुक्त स्वस्थ फलों का उत्पादन बढ़ाया जा सकता है।

14

कीट एवं रोगों की रोकथाम

कीट प्रबन्धनः— लीची का पेड़ एवं उसके फल विभिन्न प्रकार के कीटों से ग्रसित हो जाते हैं जिसके फलस्वरूप फलों के उत्पादन में अधिक कमी आ जाती है और इसके अलावा कली की गुणवत्ता भी प्रभावित होती है। बागवानों को उनके श्रम के अनुरूप लाभ भी नहीं मिलता है। अत्याधिक कीट की दशा में बागवानों को आर्थिक हानि उठानी पड़ती है अतः वर्तमान परिपेक्ष में बागवानों को लीची में समय—समय पर आने वाले कीटों के बारे में जानकारी होना आवश्यक हो जाता है ताकि समय पर प्रबन्धन किया जा सके एवं फलों को हानि होने से बचाया जा सके। कीटनाशी रसायनों के छिड़कावों से कीटों की रोकथाम तो हो जाती है परन्तु इसके कुछ दुष्परिणाम भी सामने आये हैं अतः यह आवश्यक हो गया है कि कम रसायनिक दवाओं का प्रयोग किया जाये एवं कीटों की रोकथाम अन्य उपायों जैसे बायोपेस्टीसाइड, यांत्रिक उपायों आदि का जहाँ तक सम्भव हो करना चाहिए। लीची में लगने वाले कीटों का विवरण एवं रोकथाम निम्न प्रकार से करनी चाहिए।

1. लीची माइट (*एसेरिया लीचीकेयूफर*):— यह एक छोटे आकार का कीट है जो आंखों से दिखाई नहीं देता है इसको सूक्ष्म मकड़ी भी कहते हैं लीची माइट आर्थोपोडा समुदाय की मकड़ी है। इसका शरीर बेलनाकार सफेद और चमकीला होता है। इसके चार जोड़े पैर होते हैं। इस सूक्ष्मदर्शी मकड़ी के नवजात एवं व्यस्क दोनों ही कोमल पत्तियों की निचली सतह पर चिपकी रहती है और पत्तियों का रस चूसती रहती हैं। यह अपना मल पत्तियों की निचली सतह पर छोड़ता

रहता है जोकि लसलसा होता है इससे पत्तियों के स्टोमेटा बन्द हो जाते हैं तथा पत्तियाँ सिकुड़ जाती हैं और इनकी निचली सतह पर मखमली पत्तियों में गड्ढे बन जाते हैं तथा पत्तियाँ मिलकर गुच्छे बना लेती हैं। पत्तियाँ परिपक्व होने के पूर्व गिरने लगती हैं। पेड़ कमजोर हो जाते हैं और प्रभावित टहनियों में फूल एवं फल नहीं लगते हैं।

नियंत्रण:–

1. सितम्बर–अक्टूबर में नये कोपलों के आगमन के समय डायकोफाल या केलथेन 1.25 मिलीलीटर/लीटर पानी के घोल का छिड़काव पेड़ों पर 7–10 दिन के अन्तराल पर दो छिड़काव करना चाहिए।
2. दिसम्बर–जनवरी में कोपलों/पुष्पवृत्तों के आने के पहले ग्रसित शाखाओं या टहनियों को काट देना चाहिए और उनको जलाना चाहिए।
3. फरवरी महीने में कोपलों/पुष्पवृत्तों के आने के समय डायकोफाल 1.25 मिलीलीटर/लीटर पानी के घोल का 7–10 दिनों के अन्तराल पर दो छिड़काव करना चाहिए या फरवरी महीने में ही मेडेन (हैक्सीथायाजाक्स) 0.5 मिलीलीटर प्रति लीटर पानी में मिलाकर जनवरी–फरवरी महीने में 20 दिनों के अन्तराल पर दो छिड़काव करना चाहिए।
4. जून के महीने में फल तुड़ाई के बाद ग्रसित टहनियों को कुछ स्वस्थ हिस्से के साथ काट कर जला देना चाहिए।

2. लीफ माइनर:– *एक्रोसरकोप्स हाइरोकोस्मरमेर* इसका व्यस्क कीट आकार में बहुत छोटा और लम्बा होता है। मादा कोमल पत्तियों की निचली सतह पर ऊतकों के बीच अण्डे देती है। जिससे पिल्लू भी निकलकर झिल्ली के अन्दर रहकर ऊतकों को खाकर उन्हें हानि पहुँचाते हैं। इसका प्रकोप नवजात पत्तियों पर होता है इसलिए पत्तियाँ प्रभावित होने के साथ–साथ सूखने लगती हैं जिससे पौधे दूर से झुलसे नजर आते हैं। इस कीट का प्रकोप सितम्बर–अक्टूबर और जनवरी–फरवरी के नये कोपलों पर देखा जा सकता है। बाद वाली नई कोपलों का अधिक महत्व होता है क्योंकि अगली फसल इन्हीं टहनियों में लगने वाली होती है।

नियंत्रण:–

1. ग्रसित टहनियों को निकालकर नष्ट कर देना चाहिए।
2. बाग की जुताई के साथ–साथ पानी एवं पोषक प्रबन्ध को समयानुसार करें ताकि कोपलें सितम्बर से पहले निकल जायें।

3. नई कोपलों के निकलने के समय नीम बीज से बने 4 प्रतिशत अर्क का 7 दिन के अन्तराल पर दो छिड़काव करें या इस कीट का प्रकोप आरम्भ होने होने पर निमेक्टीन की 3–4 मिलीलीटर दवा प्रति लीटर पानी में घोल बनाकर छिड़काव करें।
4. अधिक प्रकोप की अवस्था में फास्फोमिडान 85 प्रतिशत ई0सी0 0.5 मिलीलीटर प्रति लीटर पानी का घोल या मोनोक्रोटोफास 1.0 मिलीलीटर प्रति लीटर पानी के घोल का 7–10 दिनों के अन्तराल पर छिड़काव करने से इस पर नियंत्रण पाया जा सकता है।

3. पत्ती लपेटक कीट (*प्लेटीपेपलस एपरोखोला*): जुलाई से सितम्बर तक नई पत्तियाँ निकलने पर इस कीट की गिडार पत्तियों के सिरों को धागे जैसी संरचना से बाँधकर अन्दर की ओर मोड़ देते हैं जिससे पत्तियाँ गोल मुड़ी हुई दिखाई पड़ने लगती हैं और गिडार अन्दर ही अन्दर पत्तियों को खाती रहती है।

नियंत्रणः–

1. इस कीट की रोकथाम हेतु हाल्ट (बी0टी0) 2 ग्राम प्रति लीटर पानी में घोल बनाकर 15 दिन के अन्तराल पर छिड़काव करें।
2. फास्फोमिडान 85 ई0सी0 की दवा का 0.5 मिलीलीटर प्रति लीटर पानी के घोल के दो छिड़काव 8–10 दिनों के अन्तराल पर करने से पत्ती लपेटक कीटों का नियंत्रण हो जाता है।

4. छिलका खाने वाला गिडारः– *इन्डरबेला टेट्राओनीस* यह एक देशव्यापी कीट है जो वृक्ष के मुख्य तनों और शाखाओं में छेद कर निर्वाह करता है। इसके पिल्लू बड़े आकार के होते हैं। जो रात्रि में अपने विष्टा से बनाये गये जालीदार झिल्लियों से निकलकर पेड़ों के छिलके खाकर अपना जीवनचक्र पूरा करते हैं दिन में छिपकर तनों या शाखाओं में किये गये छेद्रों के अन्दर रहते हैं। पुराने एवं दोषपूर्ण रखरखाव वाले बाग में इसका आक्रमण अधिक होता है। लीची के अतिरिक्त ये दूसरे फलदार पेड़ों, वन वृक्षों एवं फूलदार पौधों को भी क्षति पहुँचाते हैं। एक वर्ष में इसकी पीढ़ी होती है। कीट का प्रकोप मई–जून में मानसून पूर्ण वर्षा के साथ मॉथ निकलने से प्रारम्भ होता है। मादा पुराने छिलकों के टूटे–फूले भाग में अन्डे देती हैं तथा इसके लारवा प्ररोहो, शाखाओं एवं मुख्य तने में रहने के लिए छेद करते हैं। प्यूपा मुख्य तने में रहता है। इसके पिल्लू अपने बचाव के लिए टहनियों के ऊपर अपनी विष्टा एवं खाये हुए छाल के टुकड़ों को मिलाकर जाला बनाते हैं इसके प्रकोप से टहनियाँ कमजोर हो जाती हैं और कभी–कभी

टूटकर गिर जाती हैं। प्रभावित टहनियों की वृद्धि रुक जाती है जिससे फलों की गुणवत्ता उत्पादन में कमी हो जाती है।

नियंत्रणः–

1. पेड़ों के तनों और शाखाओं में टूट–फूट आने से रोकने का प्रबन्ध करें। सूखी टहनियों या सड़े गले ठूंठ को साफ करें।
2. जुलाई–अगस्त में तने एवं टहनियों पर लगी जाली को साफ करके प्रत्येक छेद में लम्बा तार डालकर खुरचने से कीट के पिल्लू मर जाते हैं।
3. प्रत्येक छेद के अन्दर मिट्टी का तेल या पैट्रोल या फिनाइल से भीगी हुई रुई को ठूंसकर छेद को भर दें एवं छेदों के ऊपर से गीली मिट्टी का लेप करके छेद बन्द कर दें।
4. प्रत्येक छेद में नुवान 5 मिलीलीटर/लीटर का घोल तने में किये छिद्र में सिरिंज की सहायता से डालकर छेद को गीली मिट्टी से बन्द कर दें जिससे कीटों का नियंत्रण हो जाये।
5. कीटों के बचाव के लिए बाग को हमेशा जुताई करके साफ रखें।
6. पेड़ों में सेलफास की आधी टिक्की डालकर गीली मिट्टी से छेद बन्द कर देते हैं इससे भी इस कीट का नियंत्रण हो जाता है।
7. शाखाओं पर क्वीनालफास 0.05 प्रतिशत (2 मिलीलीटर/लीटर पानी में) का छिड़काव करने से भी कीटों का नियंत्रण बहुत हद तक होता है।

5. मीलीबगः– ***ड्रोसीचा स्पेसीज*** आम के पेड़ों के साथ लगे लीची के बागों पर इस कीट का प्रकोप देखा गया है। इस कीट में चलने की शक्ति कम होने के कारण इन्हें हटाना कठिन हो जाता है। इसके वयस्क बड़े आकार के होते हैं और नवजात के साथ पत्तियों, कोमल टहनियों से लगातार इसे चूसकर उन्हें हानि पहुँचाते हैं। यहाँ तक कि ये धीरे–धीरे चलकर नवजात फलों से भी चिपककर रस चूसते हैं। रस चूसने के कारण पेड़ पीलापन लिए अस्वस्थ प्रतीत होता है। अपरिपक्व अवस्था में पत्तियाँ या फल गिरने लगते हैं। ये कीट उजले रंग के होते हैं तथा मधुस्राव भी करते हैं। जिस पर चींटे और काली कवक आकर्सित होती है।

नियंत्रणः– इसके नियंत्रण हेतु नवम्बर/दिसम्बर के महीने में पेड़ के तने पर पालीथीन लपेटकर दोनों सिरों को ग्रीस द्वारा (तने से) चिपकाकर फिर सिरों को

चित्र–17 : लीची का मीलीबग

रस्सी से कसकर बाँध देते हैं। जिससे कीट पेड़ पर व ऊपर नहीं चढ़ पाते हैं और वह पालीथीन से फिसलकर नीचे गिर जाते हैं। मई–जून में पेड़ के नीचे थालों में फालीडाल का 5 प्रतिशत धूल डालकर हल्की गुड़ाई करने से इस कीट को नियंत्रण में किया जा सकता है तथा फरवरी मार्च में इविडेन्ट/एक्टारा (थायोमेथेक्साम) 0.25 ग्राम/लीटर पानी में छिड़काव करने पर भी इस कीट का नियंत्रण किया जा सकता है।

6. पत्ती बीविलः– ***माइलोसरेस स्पेसीज*** इसके नवजात या वयस्क कीट राख के रंग जैसे मटमैले होते हैं जो 2–3 महीने पुरानी पत्तियों के बाहरी किनारे को काट–काटकर हानि पहुँचाते है। प्रभावित पत्तियों में प्रकाश संश्लेषण की प्रक्रिया कम हो जाती है और समय पूर्व पीली होकर गिर जाती है जिससे पेड़ों की बढ़त पर बुरा प्रभाव पड़ता है। छोटे पौधों के लिए ये कीट घातक सिद्ध हो सकते हैं।

नियंत्रणः–

1. नये बागों में वर्षा के बाद बाग की जुताई अच्छी तरह करें ताकि इनके पिल्लुओं को घाव की जड़ खाकर अपना जीवन व्यापन न कर सकें।
2. नीम आधारित रसायनों या नीम बीज तेल का प्रयोग करके इनके नवजात या वयस्कों को पेड़ों पर आने से रोका जा सकता है।
3. बहुतायत की स्थिति में रसायन जैसे रोगोर का 2 मिलीलीटर/लीटर पानी का घोल बनाकर पौधों पर छिड़काव करने से कीटों पर नियंत्रण पाया जा सकता है।

7. टहनी छेदक (शूट बोरर) :– ***क्लुमेसिया ट्रॉसभरसा*** इसकी वयस्क मादा बहुत छोटी होती है जो नवजात पत्तियों के नसों पर ऊतकों के बीच अन्डे देती है। अन्डों से ऊतकों के अन्दर ही अन्दर निकलकर इसके पिल्लू पेड़ों की नई कोपलों के मुलायम टहनियों में प्रवेश कर उसके भीतरी भाग को खाते हैं जिससे प्रभावित भाग मुरझाकर सूख जाते हैं साथ ही साथ पेड़ों की बढ़वार तक रूक जाती है। आक्रमण की तीव्रता में पेड़ों के अन्दर पोषक तत्वों का प्रवाह अवरुद्ध हो जाता है परिणामस्वरूप पुष्पन एवं फलन नहीं होता है। इस कीट का प्रकोप बहुतायत से सितम्बर–अक्टूबर और जनवरी–फरवरी को वृद्धि एवं पुष्पवृंत पर देखा जा सकता है।

चित्र–18 : लीची में टहनी छेदक का प्रकोप

नियंत्रणः–

1. फल तुड़ाई उपरान्त बाग की हल्की जुताई कर पेड़ों में मानसून पूर्व पोषक तत्व अवश्य दें ताकि जुलाई–अगस्त से ही नई कोपलें आ जायें।
2. इस कीट से प्रभावित टहनियों को काटकर जला दें।
3. साइपरमेथीन 4 मिलीलीटर/10 लीटर पानी या मैटासिस्टाक्स 2 मिलीलीटर/लीटर के घोल को नई कोपलों के आने के साथ सप्ताह के अन्तराल पर दो छिड़काव करने से पेड़ों का बचाव किया जा सकता है।

8. तना भेदकः– *बैटोसेर स्पेसीज* कभी–कभी लीची के पेड़ की मोटी शाखाओं अथवा तने में इस कीट का प्रकोप देखा गया है बड़े आकार के पिल्लू तने के अन्दर घुसकर उसके भीतरी भागों को खाते हैं और नीची से ऊपर के छिद्र कर तने को खोखला करते हैं। पिल्लू अपना विर्सजित मल एवं लकड़ी के बुरादों का जाला भी निकालते हैं जो पेड़ों के प्रभावित होने का संकेत है। प्रभावित शाखायें सूख जाती हैं एवं कभी–कभी टूटकर गिर जाती हैं। पेड़ों की बढ़वार रुक जाती है और फलन कम होता है।

चित्र–19 : लीची में तना भेदक का प्रकोप

नियंत्रणः–

1. सूखी एवं सड़ी शाखाओं एवं ठूंठ को साफ कर दें।
2. जुलाई–अगस्त में तने एवं टहनियों पर लगे जाला को साफ करके प्रत्येक छेद में तार डालकर खुरच दें।
3. छेदों में मिट्टी का तेल या फिनाइल डालें तथा छिद्र मिट्टी से बन्द कर दें।
4. बाग को साफ–सुथरा रखें।

9. लीची बगः– *क्रायजोकोरिस स्टोली* लीची बग भूरे रंग का कीट होता है जिसकी लम्बाई 8–10 सेमी और चौड़ाई 6–7 मि0मी0 होती है जिसके नवजात और वयस्क कीट दोनों पत्तियों से रस चूसकर उन्हें हानि पहुँचाते हैं। इसका प्रकोप लीची पर फलों की परिपक्वता के समय देखा जा सकता है। बहुतायत की

अवस्था में पत्तियाँ पीली पड़ जाती हैं। अपरिपक्व अवस्था में गिरने लगती है तथा फल भी सूखकर गिरने लगते हैं।

चित्र–20 : लीची बग का प्रकोप

नियंत्रणः–

1. इसकी रोकथाम के लिए 1.5 मिली/लीटर शेगर को पानी में घोल बनाकर 7 दिनों के अन्तराल पर दो छिड़काव करें।
2. 1 मिली0 मोनोक्रोटोफास/लीटर पानी में घोल बनाकर अप्रैल माह में छिड़काव करें।
3. इमिडाक्लोरोपिड का 0.1 प्रतिशत का घोल बना छिड़काव करने से इसकी रोकथाम होती है।

10. फल एवं बीज भेदकः– ***कोनोपोमोरफा क्रैमेरेला या एक्रोसरकोटस क्रैमेरेला*** लीची के उत्पादन में फल बेधक सबसे हानिकारक कीट है। कई प्रकार के फल बेधक जैसे *कोनोपोमोरफा कैमरेला, एक्रोसरकोटस क्रैमेरेला* या *कारपोमिल्स स्पेसीज* लीची फल या पेड़ों के अन्य भागों पर भी आक्रमण करते हैं। ये नाशी कीट सम्पूर्ण देश में व्यापक तौर पर पाये जाते हैं। ये बहुभक्षी है तथा कई प्रकार के फलों एवं जंगली वृक्षों पर पलते हैं और इस प्रकार बड़े आर्थिक महत्त्व के हैं। एक वर्ष में इस कीट की कई पीढ़ियाँ होती हैं। लीची उत्पादन क्षेत्र में फलन के समय की दो पीढ़ी बहुत महत्वपूर्ण होती है लीची के पुष्पन के समय इनकी

मादा कोमल पत्तियों या पुष्पवृन्त की डंठलों पर अन्डें देती हैं जिनसे 2–3 दिनों में बच्चे निकलकर डंठलों को छेदकर नए–नए लगे हुए मटर के दाने के आकार के फलों में प्रवेश कर बीज को खाते हैं। ग्रसित मल बच्चों के साथ या बच्चों के बाहर आने के बाद गिर जाते हैं। बच्चे भूमि में जाकर प्युपेट कर जाते हैं। प्यूपा से फिर मादा निकलकर बड़े और मझोले आकार के हरे–हरे फलों या डंठल पर अन्डे देती हैं जिसके बच्चे परिपक्व फलों के बीज को खाकर जीवनयापन करते हैं। फलों की देर से तुड़ाई और वातावरण में नमी की मात्रा अधिक होने पर इस कीट का प्रकोप अधिक होता है। लीची के साथ–साथ इनका प्रकोप अन्य फलों पर जैसे जामुन आदि पर भी देखा गया है।

इसके बच्चे लीची के गूदे के रंग के होते हैं जो डंठल के पास के बीज को खाकर हानि पहुँचाते हैं इनकी अनुपस्थिति में इनके विष्टा से जो काले रंग का बुरादा प्रतीत होता है, पता लगाया जा सकता है। बच्चे परिपक्व होकर फलों के ऊपरी भाग के छिलके में छेदकर बारीक रेशे (जो बच्चे के लार से बनता है) के सहारे भूमि पर आकर प्यूपेट कर जाते हैं। इनके द्वारा किये गये छेद के कारण फलों में सड़न पैदा हो जाती है जो खाने लायक नहीं रह जाता है तथा ऐसे फलों की बाजार में कीमत भी नहीं मिलती है।

नियंत्रणः–

1. तुड़ाई उपरान्त जून के महीने में लीची के बाग की जुताई करें ताकि प्यूपेट किया हुआ कीट नष्ट हो जाए।
2. नई वृद्धि के आने के समय उन पर लगने वाले कीटों की रोकथाम अवश्य करें।
3. मंजरी आने के समय एवं फल की लौंग के आकार के होने के समय 7 दिन के अन्तराल पर पहला सायपरमेथ्रिन 4 मिलीलीटर/10 लीटर पानी के घाल का तथा दूसरा रोगोर का 2 मिलीलीटर/लीटर पानी के घोल का छिड़काव करें।
4. पेड़ के पास भूमि पर गिरे फलों को इकट्ठा कर नष्ट कर दें या गहरे गड्ढ़े में डालकर अच्छी तरह बन्द कर दें।
5. इनके प्रकोप की संभावना रहने पर उपयुक्त रसायनों का प्रयोग फलों में रंग आने के समय भी किया जा सकता है।
6. मंजरी लगने के समय फूल के खिलने से पहले 7–10 दिनों के अंतराल पर नीम बीज का तेल 4.0 प्रतिशत या नीम आधारित रसायनों जैसे

निम्वीन, अचूक, बेनगार्ड आदि का 10 मिलीलीटर/10 लीटर पानी में घोल का प्रयोग करके कीट के आक्रमण को कम किया जा सकता है।

11. सूत्रकृमिः– *प्रोटीलेन्थस स्पेसीज* लीची पेड़ों में प्रोटीलेन्थस नामक सूत्रकृमि का प्रकोप देखा गया है। यह सूत्रकृमि भूमि के अन्दर पाया जाता है तथा जड़ों के ऊपर छोटे–छोटे धब्बों के रूप में दिखाई देते हैं। सूत्रकृमि निराई–गुड़ाई करते समय अथवा सिंचाई के पानी द्वारा एक स्थान से दूसरे स्थान तक पहुँच जाते हैं। जिन बागों में वर्षभर नमी बनी रहती है उन बागों में इनका प्रकोप अधिक पाया जाता है। इस कृमि से ग्रसित पेड़ों का विकास अच्छा नहीं होता है और फलन भी कम होता है।

नियंत्रणः–

1. इस सूत्रकृमि के नियंत्रण हेतु पेड़ों की थालों में नीम की खली का उपयोग करने से कृमि का नियंत्रण होता है।
2. बहुतायत की अवस्था में नये बाग लगाने से पहले बाग में 25 किलोग्राम फ्यूराल 3 जी प्रति हैक्टर की दर से डालकर जुताई कर देनी चाहिए या गड्ढ़ों में फ्यूराल का उपयोग करना चाहिए।

रोगः–

लीची में रोगों का प्रकोप सभी अवस्थाओं में होता है। जिनका विवरण निम्न प्रकार हैः–

1. लीची विगलन रोग
2. लीची एलगल रस्ट
3. लीची का लीफ ब्लाच (पर्ण धब्बा रोग)

1. लीची का विगलन रोगः– इस रोग का आक्रमण फलों के पकने के समय होता है। इस रोग के प्रभाव से सर्वप्रथम गूदा मुलायम होकर सड़ने लगता है। छिलके का रंग पहले हल्के भूरे रंग और बाद में गहरा भूरा हो जाता है। रोग का प्रकोप फलों पर, पेड़ों पर एवं भण्डारण तीनों ही स्थिति पर होता है।
नियंत्रणः– इसके नियंत्रण के लिए फलों को पकने से 20–25 दिन पहले पेड़ों पर बाविस्टीन या जैकेस्टीन का 0.1 प्रतिशत घोल का छिड़काव करना चाहिए।

2. लीची का एलगल रस्टः– इस रोग का आक्रमण उन क्षेत्रों में अधिक होता है जहाँ आर्द्रता अधिक बनी रहती है जैसे पहाड़ों की तलहटी और तराई क्षेत्र।

इस रोग का कारण सिफल्योरस नामक काई है। वर्षा ऋतु में तने एवं पत्तियों के ऊपर अधिक नमी होने की दशा में हल्के रंग की काई फैल जाती है जिसके फलस्वरूप प्रकाश संश्लेषण की प्रक्रिया में बाधा उत्पन्न होती है और पेड़ों का विकास रुक जाता है।

नियंत्रणः– इसकी रोकथाम के लिए बागों में पानी का निकास अच्छा होना चाहिए और कॉपरआक्सीक्लोराइड का 0.3 प्रतिशत के घोल का छिड़काव जुलाई से अक्टूबर तक आवश्यकतानुसार समय–समय पर करना चाहिए। छिड़काव धूप के समय करना चाहिए क्योंकि छाया में अधिक अच्छे परिणाम नहीं मिलते हैं।

3. लीची का लीफ ब्लाच (पर्ण धब्बा रोग):– इस रोग में सर्वप्रथम पत्तियों की दोनों सतहों पर छोटे–छोटे पीले या गहरे पीले रंग के धब्बे बनते हैं जो ऊपरी सतह पर अधिक स्पष्ट दिखाई देते हैं। कई छोटे–छोटे धब्बे मिलकर बड़े धब्बों में बदल जाते हैं। पत्तियाँ सूखने लगती हैं। अधिक प्रकोप की अवस्था में उत्पादन पर प्रतिकूल प्रभाव पड़ता है।

नियंत्रणः– इसकी रोकथाम के लिए कॉपरआक्सीक्लोराइड के 0.3 प्रतिशत घोल अथवा ब्लूकापर–50 के 0.3 प्रतिशत घोल के छिड़काव से इस रोग पर नियंत्रण पाया जा सकता है। छिड़काव सितम्बर से अक्टूबर माह तक किया जाना उपयुक्त होता है।

4. अन्य रोग:– उपरोक्त रोगों के अतिरिक्त वृक्षों/पत्तियों अथवा फलों पर कुछ ऐसे रोग लगते हैं जिसके कारण पेड़ों में आवश्यक भोज्य पदार्थों की कमी होती है। आवश्यक भोज्य पदार्थों की कमी के कारण न केवल उत्पादन में कमी आती है बल्कि उनकी गुणवत्ता का तीव्र ह्रास हो जाता है। ऐसे कम गुणवत्ता वाले फलों का न केवल निर्यात असंभव होता है बल्कि स्थानीय बाजार में उनका उचित मूल्य भी प्राप्त नहीं होता है।

15

विपणन

लीची की दिनोदिन लोकप्रियता बढ़ने के कारण लीची की घरेलू एवं विदेशी बाजारों में माँग बढ़ती जा रही है विगत कुछ वर्षों में निर्यात की अपार संभावनाएँ विकसित हुई हैं और इसका आमाप भी बढ़ा है। फलों की रानी लीची आज की अर्थव्यवस्था में अधिक महत्वपूर्ण हो चली है। कई बड़े–बड़े व्यावसायिक घरानों का खुदरा विक्रेता में सक्रिय होना, मध्यवर्गीय शहरों में मॉल–सांस्कृति का प्रसार आदि ऐसे कारण हैं जिन्होंने लीची जैसे नाजुक फल को पहले से कहीं विस्तृत आयामक बाजार दिया है अतः इन परिस्थितियों में लीची का इन केन्द्रों तक उचित रंग रूप व स्वाद में पहुँचना महत्वपूर्ण है। लीची के अल्प भण्डारण क्षमता के कारण तुड़ाई के 12–15 घन्टे में ही लीची के छिलके का रंग चटक लाल से भूरा हो जाता है इसलिए उपभोक्ताओं तक पहुँचने तक इसके छिलके का प्राकृतिक रंग एवं ताजगी का कायम रखना अत्यन्त महत्वपूर्ण है। तुड़ाई के कुछ ही घन्टों बाद लीची के फलों की गुणवत्ता एवं स्वाद में तेजी से ह्रास देखा गया है। अतः यदि तुड़ाई उपरान्त फल के रखरखाव, संभलाई एवं परिवहन में सतर्कता न बरती जाए तो फल तीव्रता से खराब होने लगते हैं, फलस्वरूप उत्पादकों को उनके उत्पाद की अच्छी कीमत नहीं मिलती है।

गुणवत्ता एवं विपणन से जुड़ी समस्या एवं निदान

तुड़ाई पूर्व सावधानी:– लीची के पेड़ों के फलों की तुड़ाई तक पूर्ण सावधानी जैसे उचित पोषण, सिंचाई और कीट–रोग प्रबन्धन पर उचित ध्यान देना चाहिए।

सही परिपक्वता पर तुड़ाई:— लीची के फलों की तुड़ाई परिपक्वता से पहले होना या फल पकने के बाद तुड़ाई में देरी होना, दोनों ही स्थितियाँ लाभदायक नहीं होती हैं लीची के फलों की तुड़ाई सही परिपक्वता की अवस्था में ही करनी चाहिए क्योंकि लीची पेड़ पर ही पकती है।

सही विधि और समय से तुड़ाई:— लीची के फलों की तुड़ाई हाथ से ही की जाती है और अधिकतर फल भूमि से ही तोड़े जाते हैं। लीची के फलों की तुड़ाई प्रातःकाल सूर्य निकलने से पूर्व करना लाभदायक होता है क्योंकि इस समय बाग का तापमान कम होता है एवं वायुमंडल में नमी अधिक होती है। सूर्योदय के पश्चात् तुड़ाई करने में बाग एवं दिन की गर्मी से लीची के फलों की भण्डारण क्षमता घट जाती है। लीची डन्ठलों के साथ लगभग 40–50 सेमी0 पत्तियों सहित तोड़ें। तोड़े हुए फलों को पेड़ के नीचे छांव में रखें, जहाँ पर ठण्डा हो। लीची को मिट्टी के सम्पर्क में नहीं आने देना चाहिए।

श्रेणीकरण:— सफल विपणन एवं अधिक लाभ के लिए श्रेणीकरण बहुत आवश्यक है। लीची के फलों का श्रेणीकरण हमेशा उपभोक्ता एवं बाजार को ध्यान में रखकर किया जाना चाहिए। लीची के फल मई से जून तक उपलब्ध रहते हैं और इनका औसत भार 20–25 ग्राम तक होता है। तुड़ाई उपरान्त कई चरणों में गहन श्रेणीकरण की आवश्यकता होती है। प्रथम चरण का श्रेणीकरण तुड़ाई के बाद छांव में करना चाहिए। इसमें निम्न कोटि के फल, छोटे, कच्चे, धब्बेदार एवं विकृताकार फलों को हटा देना चाहिए। फलों को शीतगृह में ले जाकर आकार एवं रंग के अनुसार श्रेणीकरण करना चाहिए।

घरेलू बाजार के लिए श्रेणीकरण

1. **स्वरूप**— ताजा, स्वच्छ, गठीला, रोग एवं कीटमुक्त, धब्बारहित तथा कोई यांत्रिक क्षति न हो।
2. **रंग**— गहरा गुलाबी या चटक लाल रंग।
3. **आकार**— 25–30 मि0मी0 व्यास तथा 2.5–4.0 सेमी0 लम्बा।
4. **भार**— 20 से 25 ग्राम।
5. **गूदा**— भार का 75 प्रतिशत और अधिक रसदार।

पैकिंग:— लीची के फलों की ताजगी एवं गुणवत्ता बनाए रखने के साथ–साथ परिवहन के दौरान होने वाली बर्वादी से बचाने के लिए लीची के फलों की पैकिंग करना अत्यन्त आवश्यक है। पैकिंग के लिए फलों को क्षमता के अनुसार पेटी

में भरना चाहिए एवं पेटी में हवा अन्दर आने जाने के लिए छिद्र होने चाहिए। दूर–दराज के बाजारों में भेजने हेतु लकड़ी के तख्ते की बनी पेटी में लीची की पैकिंग करना चाहिए। इसमें बक्से में लीची के गुच्छों में विभिन्न स्तरों पर रखा जाता है और उन स्तरों के बीच कागज के टुकड़े या शीशम के पत्तों को रखते हैं जिससे लीची के फलों का आपस में घर्षण या रगड़ न लगे।

16

निर्यात हेतु तुड़ाई विधियों का विवरण

फलों की तुड़ाई से 7–10 दिनों पूर्व ही वृक्षों पर सभी प्रकार के ? कर देने चाहिए। बाग में सिंचाई भी फल तोड़ने से 6–7 दिन पूर्व बंद कर देनी चाहिए। फलों की तुड़ाई प्रातःकाल 6–9 बजे के मध्य करनी चाहिए। फलों को टहनियों, पत्तियों के साथ 20–25 सेमी0 नीचे से धारदार हथियार जैसे सिकेटियर आदि द्वारा काटकर टोकरियों में रखकर तुरन्त ठण्डे स्थान पर रखकर पत्तियों से ढक देना चाहिए। उसके बाद छँटाई करके ठण्डे स्थान पर ही गुच्छे बनाने चाहिए।

फल तोड़ने के मानक:– फल विनाशशील होते हैं। फल में भी सामान्य जीवन क्रियायें जैसे श्वसन उहस्वेदन आदि होती रहती है जिनसे फलों को पेड़ों से तोड़ने के बाद स्वस्थाए के लिए अधिक दिनों तक उपयुक्त बनाये रखना तथा आवश्यकतानुसार बाजार में भेजकर उपयुक्त आय प्राप्त करना एक समस्या बन गई है। इसके लिये जहाँ एक ओर फलों के तोड़ने के बाद संभलाव की आवश्यकता होती है वहीं दूसरी ओर फलों की तुड़ाई के लिए परिपक्वता की सही अवस्था का ज्ञान होना अति आवश्यक है क्योंकि फलों के तोड़ने के बाद उन्हें उपयुत अवस्था में अधिक दिनों तक रखने के लिए परिपक्वता की सही अवस्था पर तोड़ाई ही आधार होती है यही वह अवस्था है जिस पर तोड़ने पर फलों को हम भण्डारण में अधिक दिनों तक कम से कम गुणों को कुप्रभावित किए बिना रख सकते हैं। फलों के विकास की यह अवस्था जिसमें फल पूर्ण वृद्धि हो जाती है तथा उसमें उपयोग योग्य गुणात्मक परिवर्तन प्रारम्भ हो जाता है। फल के खाद्य गुणों की स्वीकार्यता के उच्चतम स्तर को पक्वन कहते हैं। यह एक शरीर क्रियात्मक घटना है जो

फल के परिपक्वन के प्रारम्भ को प्रकट करती है। परिपक्वता की दृष्टि से फल दो प्रकार के होते हैं क्लाईमेटिक एवं नानक्लाईमेटिक। लीची नानक्लाईमेटिक फल है जिसमें पकने पर श्वसन क्रिया की गति अधिक नहीं होती है, ऐसे फलों में इथिलीन का स्तर बहुत कम होता है और फलों को तोड़ने के बाद ''पाल'' रखकर पकाया नहीं जा सकता है। अतः लीची के फलों की तुडाई तभी करनी चाहिए जब फल अच्छी तरह वृक्ष पर ही पक जायें। फल तोड़ाई के समय फल पके हों तो यह ऐसी दशा में हो कि तोड़ाई के बाद उनकी भण्डारण क्षमता गुणों को बिना प्रभावित किये हुए अधिक दिनों तक रखी जा सके। चूँकि लीची नामक्लाइमैटिक फल है और बहुत शीघ्र ही पक जाता है। अतः परिपक्वता की दशा में जिसमें फलों की तुड़ाई के बाद अधिक भण्डारण की क्षमता रह जाए, उस दशा का ज्ञान होना अति आवश्यक है।

परिपक्वता निर्धारण एवं फलों की तुड़ाईः– फलों की परिपक्वता और तोड़ने का समय प्रयोगशाला में परीक्षण विधि के अतिरिक्त फलों के आकार और उसके छिलके के रंग से ज्ञात किया जा सकता है। किस्म के अनुसार लीची के फल जब हरे से पीलापन लिए हुए गुलाबी सा लाल होने लगते हैं तब उनकी गुलीकायें चपटी होने लगती हैं तो फल परिपक्व समझा जाए। इस समय इनका कुल घुलनशील ठोस पदार्थ 18 प्रतिशत होना चाहिए। जब फलों का रंग इस प्रकार पूर्ण विकसित हो जाय तो टहनियों के कुछ भाग के साथ तोड़कर टोकरियों में अथवा पैकिंग केसेस में पत्तियाँ बिछाकर पैक करते हैं। इससे गुच्छों को लाने ले जाने तथा रखने में सुविधा होती है तथा फल अधिक समय तक ठीक अवस्था में रह सकते हैं। फलों को दूर बाजारों में भेजने हेतु उनकी तुड़ाई फलों पर पूरा रंग आने से पहले ही कर लेनी चाहिए। ऐसी स्थिति में 24 घन्टे बाद उनका रंग स्वतः बदलने लगता है जो तीन चार दिन के बाद कत्थई हो जाता है। इसके अतिरिक्त लीची की तुड़ाई के समय का निर्धारण फल के भार, कुल घुलनशील ठोस पदार्थ तथा शर्करा, अम्लीयता अनुपात 10:1 हो जाने पर उन्हें परिपक्व समझना चाहिये परन्तु यह दशा जलवायु के अनुसार भिन्न–भिन्न हो सकती है।

फलों की तुड़ाई करने की पहचानः–

1. फलों की आयु किस्म के अनुसार 60–70 दिनों तक होनी चाहिए।
2. रोजसेन्टेड किस्म में छिलके का रंग चमकीले गहरे गुलाबी से गहरे लाल रंग का होना चाहिए। ऐसे फलों को छीलने पर उनके छिलके के अन्दर की ओर का रंग भी हल्का गुलाबी होगा।

3. फलों के छिलके पर गुलिकाए चपटी होनी चाहिए।
4. फलों में कुल घुलनशील पदाथों की मात्रा 18 प्रतिशत से कम न हो।
5. कुल अम्लीयता 7–8.5 मिली0 इक्विलेन्ट प्रतिशत (0.3–0.4 प्रतिशत) तक होनी चाहिए।
6. कुल घुलनशील ठोस पदार्थों तथा कुल अम्लीयता का अनुपात 35 से 40 के मध्य होना चाहिए।

निर्यात योग्य लीची के गुणवत्ता सम्बन्धी अन्तर्राष्ट्रीय मानक

भारत के विश्व व्यापार में प्रवेश करने के साथ ही अन्तर्राष्ट्रीय स्तर की मांगे हम सबके ऊपर बढ़ी है। निर्यात योग्य, उच्च गुणवत्तायुक्त फलोत्पादन के क्षेत्र की सर्वप्रथम मांग है। स्वस्थ तथा स्वच्छ बाग से ''जनस्वास्थ्य'' के समस्त सिद्धान्तों का पूर्णरूपेण पालन करते हुए वास्तव में ऐसे स्वास्थ्यवर्धक पोषण से युक्त स्वच्छ फलों का भरपूर उत्पादन सुनिश्चित करना जिनकी विश्व बाजार में मांग हो। मिट्टी, जैविक खादें (गोबर की खाद/कम्पोस्ट/खली/हरी खाद), सिंचाई में प्रयुक्त होने वाला जल, अभियंत्रण (स्प्रेयर, डस्टर) आदि सभी कुछ स्वास्थ्य की दृष्टि से हानिकारक सूक्ष्मजीवियों (जीवाणु, विषाणु एवं कवक आदि) भारी धातुओं (संखिया, पारा, सीसा) अथवा हानिकारक रसायनों आदि के अवशेषों से सर्वथा मुक्त हो। बाग में विभिन्न प्रकार के कार्य करने वाले लोग जोकि फलोत्पादन से प्रत्यक्ष रूप से जुड़े हों, तोड़ाई तथा तोड़ाई उपरान्त आवश्यक रख–रखाव करने वाले लोग, स्थान (पैकिंग घर, पैकिंग सामग्री), अभियंत्रण (ट्राली, ट्रक, रीफर बैन) आदि सभी कुछ हर स्तर पर स्वच्छ होना चाहिए। इन्हीं सिद्धान्तों के अनुरूप उत्पादित किये जाने वाले फल उत्पादन वास्तव में पोषणयुक्त तथा गुणवत्तायुक्त उत्पाद की श्रेणी में रखे जा सकते हैं। ऐसे उत्पादों में किसी भी प्रकार की गन्दगी (धूल, मिट्टी, धातुमिश्रण) स्वास्थ्य की दृष्टि से हानिकारक सूक्ष्मजीवियों (जीवाणु, विषाणु, कवक एवं सालमोनेल्ला आदि) कीट तथा रोगनाशी रसायनों की निर्धारित सीमा से अधिक अवशेषों आदि की मात्रायें न होंगी। इस प्रकार के फल उत्पादन को एचएसीसीपी (नुकसान विश्लेषण अहम नियंत्रण बिन्दु) के अन्तर्गत उत्पन्न किये गये उत्पादनों की श्रेणी में रखा जाता है तथा ऐसे ही उत्पाद निर्यात योग्य होते हैं खाद्य उत्पादन तथा उसके रख–रखाव में उच्च गुणवत्ता तथा जन–मानस के सुस्वास्थ्य को सुनिश्चित करने हेतु वैज्ञानिक सिद्धान्तों पर आधारित सामान्यज्ञान के व्यवहारिक अनुपालन द्वारा अपनाई जाने वाली पद्धति को ही एचएसीसीपी पद्धति कहते हैं। जिसमें स्वच्छता तथा विभिन्न

प्रदूषण कारकों से बचाव पर विशेष ध्यान दिया जाता है। अन्तर्राष्ट्रीय व्यापार में फलों की गुणवत्ता का अत्यन्त कड़ाई के साथ पालन किया जाता है। इसके लिए कोडेक्स एलिमेण्टेरियस कमीशन ने लीची गुणवत्ता सम्बन्धी मापदण्ड निर्धारित किये हैं जो निम्न प्रकार से हैं। हमारा उद्देश्य ऐसे गुणवत्तायुक्त फलों का ही अधिकाधिक मात्रा में उत्पादन करना है।

1. फलों का आकार–प्रकार तथा रंगरूप अक्षरशः किस्म और विशिष्ट गुणों के अनुरूप होना चाहिए।
2. 60–75 दिनों की अवस्था पर तोड़े गये पूर्णतया विकसित फल पूर्णरूप से स्वस्थ होने चाहिए। किस्म के अनुसार समान आकार वाले प्रत्येक फल का भार 20 से 30 ग्राम या इससे अधिक हो सकता है।
3. स्वस्थ फल पूर्णतया कीट तथा रोग रहित रहते हुए सभी प्रकार की चोट तथा घर्षण–दोषों से मुक्त होने चाहिए। फलों पर किसी प्रकार का भूरा, काला या अन्य किसी रंग का कोई धब्बा नहीं होना चाहिए।
4. फलों को सभी प्रकार के कटने/फटने के दोषों से सर्वथा मुक्त होना चाहिए।
5. फलों के ऊपर किसी भी प्रकार की असाधारण नमी या गीलापन नहीं होना चाहिए।
6. फलों में किसी प्रकार की दुर्गन्ध अथवा स्वाद दोष नहीं होना चाहिए।
7. किस्म की विशिष्टता के अनुरूप समान रूप से परिपक्व मधु सुवास वाले सुन्दर फलों में सम्पूर्ण घुलनशील ठोस पदार्थों का प्रतिशत 16 से 21 के मध्य होना चाहिए। सम्पूर्ण घुलनशील ठोस पदार्थों तथा अम्लीयता का अनुपात किसी भी दशा में 35 से कम न हो।
8. फलों का खाद्य योग्य गूदा दृढ़ रहते हुए किस्म के अनुरूप सफेद से क्रीम के रंग का होना चाहिए।
9. फलों के ऊपर माइक्रोवियल लोड (कवक, ईष्ट, मोल्ड, बैक्टीरिया इत्यादि) तथा गूदे और रस में भारी धातुयें (पारा, सीसा, संखिया इत्यादि) नहीं होनी चाहिए।

वर्गीकरणः– अन्तर्राष्ट्रीय व्यापार हेतु लीची के ताजे फलों को तीन मुख्य वर्गों में बाँटा गया है।

1. विशिष्ट वर्गः– (एक्स्ट्रा क्लास) आकार–प्रकार रूप तथा छिलके और गूदे के रंग के आधार पर सर्वोत्तम गुणवत्ता वाली लीची जिस पर किसी भी प्रकार अवांछित दाग या धब्बा आदि न हो। समान रूप से लीची का आकार व्यास 33 मि0मी0 तथा भार 30 ग्राम से कम न हो। ऐसे फलों का सम्पूर्ण घुलनशील ठोस पदार्थों, तोड़ाई के समय 19 प्रतिशत से 20 प्रतिशत तक होना चाहिए तथा उनकी भण्डारण क्षमता भी अधिक हो। पैकिंग में साज–सज्जा उत्कृष्ट होनी चाहिए। इसे वर्ग में वर्ग 1 की गुणवत्ता वाले 5 प्रतिशत तक फल स्वीकार्य हो सकते हैं।

2. वर्ग I (क्लास I):– विशिष्ट वर्ग की अपेक्षा, इन फलों का आकार प्रकार तथा छिलके और गूदे का रंग किस्म के विकास के आधार पर थोड़ा ही कम हो सकता है किन्तु किसी भी दशा में उनकी खूबसूरती तथा पैकिंग में साज–सज्जा कम न हो। फलों की बनावट (प्रकार), रूप–रंग में बहुत थोड़ी ही कमी की गुंजाइश होती है (छिलके के रंग इत्यादि में दोषों की गुंजाइस मात्र 0.25 वर्ग सेमी0 तक ही स्वीकार्य होती है)। फलों का आकार (व्यास) किसी भी दशा में 20 मि0मी0 से कम न हो। इस वर्ग में निचले वर्ग (II) की गुणवत्ता के 10 प्रतिशत तक फल स्वीकार्य हो सकते हैं।

3. वर्ग II (क्लास II):– इस वर्ग में वो लीची आती है जोकि उपर्युक्त दो वर्गों की लीची के गुणों से थोड़ा (मात्र 10 प्रतिशत) ही निम्न हों। फलों का आकार व्यास 20 मि0मी0 से कम न हो तथा छिलके के ऊपर दोष 0.50 वर्ग सेमी0 से अधिक क्षेत्र पर न हो। इस वर्ग में 15 मि0मी0 व्यास के 10 प्रतिशत फल स्वीकार्य हो सकते हैं।

इसके अतिरिक्त जिन बातों का विशेष रूप से ध्यान दिया जाता है तो हैं: फलों की एक रसता, पैकेजिंग तथा पैकिंग में फलों के रखे जाने की विधि (एक एक फल अथवा गुच्छे) तथा कन्टेनर्स। पैकेजिंग के लिए "उष्णकटिबंधीय ताजे फल और सब्जियों के पैकेजिंग और परिवहन के लिए अभ्यास की संहिता" के प्राविधानों के अनुरूप ही समस्त कार्य किये जाने अनिवार्य हैं। पूर्ण स्वच्छता तथा पूर्णरूप से सुरक्षित (गैर विषैले, विदेशी पदार्थ) तथा दुर्गन्ध इत्यादि से सर्वथा मुक्त) पैकेजिंग तथा कन्टेनर्स का होना भी अनिवार्यता है।

अर्न्तराष्ट्रीय स्तर पर गुणवत्ता निर्धारण के लिये लीची के फलों के आकार–प्रकार, रंग–रूप, बनावट, सुवास तथा स्वाद के अतिरिक्त फलों का निम्नलिखित के लिए रासायनिक विश्लेषण किया जाता है।

1. भारी धातुयें (पारा, संखिया, कैडमियम, ताँबा, क्रोमियम तथा सीसा)

2. पेस्टीसाईड अवशेष (बी0एच0सी0, डी0डी0टी0, एल्ड्रिन, इण्डोसल्फान)
3. बैक्टीरिया (ई कोलाई, ईस्ट तथा मोल्ड, साल्मोनेल्ला)

जिस भूमि पर बाग लगा हो तथा जिस प्रकार की जीवांशयुक्त खाद (गोबर की खाद, कम्पोस्ट, केंचुए की खाद इत्यादि) का प्रयोग भूमि में पेड़ों के पोषण के लिए तथा जिस प्रकार के पानी का प्रयोग पेड़ों की सिंचाई के लिए किया जाता है उसका प्रभाव फलों के रासायनिक संगठन पर पड़ता है। उपर्युक्त प्रकार के दोष इन्हीं कारणों से लीची के फलों में आते हैं। अतः निर्यात हेतु गुणवत्तायुक्त लीची उत्पादन के लिए बाग का मृदा परीक्षण, खाद परीक्षण तथा पानी परीक्षण तथा उनका प्रत्येक से स्वच्छ तथा सुरक्षित होना परम आवश्यक है।

निर्यात हेतु स्वीकार्य अन्तर्राष्ट्रीय मानक

मानक निर्धारण

किस्म– एक ही किस्म के फल एक डिब्बे में होना चाहिए।

फलों की स्थिति– पूर्णतया स्वच्छ एवं ताजे फल।

शुद्ध भार प्रति डिब्बा– 2 किलोग्राम शुद्ध।

आकार (साइज)– न्यूनतम व्यास 30 मिली0 मीटर एक डिब्बे में फलों के आकार में विभिन्नता में छूट 5 प्रतिशत से अधिक नहीं।

परिपक्वता– परिपक्व तथा ठोस (कसे हुए) फल।

स्वच्छता– सभी प्रकार के रासायनिक अवशेषों से सर्वथा मुक्त सुडौल आकार प्रकार के फलों को सभी प्रकार के अवशेषों से भी पूर्णतया मुक्त होना चाहिए। सल्फ्रीकेशन क्रिया द्वारा उपचारित फलों के गूदे में 10 पीपीएम तथा छिलकों में 250 पीपीएम से अधिक सान्द्रता नही होनी चाहिए।

रोग एवं कीट प्रकोप– फलों को सभी प्रकार के रोगों तथा कीटों के प्रकोप से सर्वथा मुक्त होना चाहिए।

रंग– फलों के छिलके का कम से कम 75 प्रतिशत भाग पूर्णतया लाल रंग का होना चाहिए। छिलके का रंग, किस्म–विशेष की अनुरूपता का ही होना चाहिए।

भूरापन– फलों में किसी भी प्रकार का भूरापन सर्वथा अस्वीकार होगा।

बदरंग तथा नीली लीची– सर्वथा अस्वीकार होगी।

फल का डंठल– फलों में 1 से 1.2/2 मि0मी0 लम्बा डंठल होना अनिवार्य है एक भी फल डंठल विहीन स्वीकार्य नहीं होगा।

औषधीय तथा स्वाद ह्रास– सर्वथा अस्वीकार्य।

सड़न अथवा दुर्गन्ध– सर्वथा अस्वीकार्य।

दोहरी (दो जुड़े फलों वाली) बेडोल आकार की लीची– सर्वथा अस्वीकार्य।

आन्तरिक क्षय– फलों के सभी प्रकार के आन्तरिक दोषों से सर्वथा मुक्त होना चाहिए।

कुल घुलनशील ठोस पदार्थ– कम से कम 18 प्रतिशत।

अन्र्तराष्ट्रीय ग्रेड– एक्सट्रा क्लास (साइज 30–35 मि0मी0), क्लास–I (साइज 20–30 मि0मी0) एवं क्लास–II (साइज 20 मि0मी0)।

निर्यात हेतु गुणवत्तायुक्त लीची उत्पादन के लिए आवश्यकतायें

1. उचित कटाई–छंटाई एवं ढाँचा निर्माणः– लीची के पेड़ रोपण के पश्चात् प्रारम्भ के 3–4 वर्षों तक पेड़ की अवांछित शाखाओं को निकाल दें जिससे मुख्य तने का उचित विकास हो सके। तत्पश्चात् चारों दिशाओं में 3–4 मुख्य शाखाओं को विकसित होने दें, जिससे पेड़ का आकार सुडौल, ढांचा मजबूत एवं फल अच्छी आ सके। फल देने वाले पेड़ों में प्रतिवर्ष अच्छी उपज के लिए तुड़ाई के समय 15–20 सेमी0 डाली सहित तोड़ने से उनमें अगले वर्ष अच्छे कल्ले निकलते हैं तथा उपज में वृद्धि होती है। पूर्ण विकसित पेड़ों में घनी शाखाओं के कारण उनके आन्तरिक भाग में सूर्य का प्रकाश नहीं पहुँच पाता है जिससे अनेक कीटों एवं रोगों का प्रकोप बढ़ जाता है। अतः पूर्ण विकसित पेड़ों के बीच की शाखाओं जिनका विकास सीधा ऊपर की तरफ हो रहा हो, को काट देने से बिना किसी क्षति के पेड़ों के अन्दर धूप एवं रोशनी का आगमन बढ़ जाता है। ऐसा करने से तना भेदक कीटों का प्रकोप कम होता है तथा छत्रक के अन्दर की तरफ भी फल आते है। सूखी, रोगग्रस्त अथवा कैंची शाखाओं को काट देना चाहिए।

2. खाद एवं उर्वरकों का प्रयोगः– लीची के नये पेड़ में 2–3 वर्षों तक 30 किग्रा0 सड़ी हुई गोबर की खाद + 2 किग्रा0 करंज अथवा नीम की खली, 150 ग्राम यूरिया, 150 ग्राम सिंगल सुपर फास्फेट तथा 100 ग्राम म्यूरेट आफ पोटाश प्रति पेड़ प्रति वर्ष दें। पेड़ों की बढ़वार के साथ प्रति वर्ष 5 किग्रा0 गोबर की खाद, 150 ग्राम करंज अथवा नीम की खली, 150 ग्राम यूरिया, 200 ग्राम सिंगल सुपर फास्फेट, 50 ग्राम म्यूरेट आफ पोटाश बढ़ायें। 15 वर्ष पूर्ण होने के बाद पूर्ण विकसित वृक्ष में 0.8–0.10 किग्रा0 सिंगल सुपर फास्फेट एवं 0.6 किग्रा0 म्यूरेट

ऑफ पोटाश प्रति वर्ष दें। गोबर की खाद, फास्फोरस एवं पोटाश की सम्पूर्ण तथा नाइट्रोजन की दो तिहाई मात्रा जून–जुलाई में फल तुड़ाई एवं वृक्ष में काट–छांट के साथ दें। खाद देने के लिए पेड़ों के तनों से 150–200 सेमी0 दूरी पर गोलाई से 60 सेमी0 गहरी नाली बना लें। नाली को 3–6 दिनों तक खुला छोड़ने के बाद उसे खाद एवं मिट्टी के मिश्रण से भर दें। नाइट्रोजन की शेष एक तिहाई मात्रा फल विकास के समय सिंचाई के साथ दें। अम्लीय मृदा में 10–12 किग्रा0 चूना प्रति वृक्ष 3 वर्ष के अन्तराल पर दें। बगीचों में जिंक की कमी के लक्षण दिखाई देने पर उनमें 150–200 ग्राम जिंग सल्फेट प्रति पेड़ की दर से सितम्बर माह में गुड़ाई के साथ दें। अम्लीय मृदा में नाइट्रोजन की आपूर्ति के लिए कैल्शियम अमोनियम नाईट्रेट का प्रयोग करें।

3. पोषक तत्वों का महत्वः– पोषक तत्वों का पेड़ों के विकास, फलों की पैदावार और उनकी गुणवत्ता से सीधा सम्बन्ध होता है। बहुवर्गीय प्रकृति तथा गहरी जड़ प्रणाली लीची की पोषक तत्वों संबंधी समस्याओं की मुख्य वजह है। पोषक तत्वों की असाधारण व्यवस्था से कई प्रकार की समस्यायें पैदा होती हैं।

फसल में पोषकता संबंधी समस्याएं–

1. अनियमित तथा देर से बौर का आना।
2. अविकसित पेड़ तथा देरी से फल लगना।
3. फलों का अत्यधिक सड़ना तथा कम फलों का लगना।
4. फलों का छोटा आकार और कम पैदावार।
5. अविकसित जड़ प्रणाली।
6. कम शाखाएँ एवं पत्तों का पीलापन।

खाद्य और पोषक तत्वों का उचित उपयोग पेड़ों के अच्छे विकास तथा बेहतरीन पैदावार के लिए महत्वपूर्ण है। लीची की फसल में मुख्य तत्वों के लगातार उपयोग के बावजूद अपेक्षित उत्पादन तथा गुणवत्ता नहीं मिलती है इस समस्या के समाधान के लिए उचित और विकसित जैविक तकनीक का प्रयोग आवश्यक है। इसी तथ्य को ध्यान में रखते हुए वायोस्टेट के अनुसंधान तथा विकास केन्द्र द्वारा विशेष रूप से वायोजाइम फ्रूट + विकसित किया गया है, जोकि लीची तथा अन्य फल वाली फसलों के लिए पत्तियों पर छिड़के जाने वाला एक जैविक उत्पाद है।

वायोजाइम फ्रूट + वायोजाइम फ्रूट + एक समृद्ध और शक्तिशाली जैविक खाद है जिसे लीची की उच्च पोषकता संबंधी आवश्यकताओं को पूरा करने के लिए बनाया गया है। यह समुद्री घास एवं अन्य जैविक उत्पादनों के आधार पर जैविक उत्पादनों के आधार पर जैव विज्ञान तकनीक द्वारा बनाया गया नवीनतम् उत्पाद है। इस समुद्री घास में आवश्यक पोषक तत्व, विटामिन, ऑमिनोएसिड, प्राथमिक एवं द्वितीयक पोषक तत्व भरपूर मात्रा में उपलब्ध होते हैं।

वयोजाइम फ्रूट + के प्रभावः–

1. जड़ का बढ़ा तथा विकसित होना द्वितीयक जड़ की स्वास्थ्य वृद्धि से पेड़ों की मिट्टी से अधिक मात्रा में पोषक तत्व एवं पानी प्राप्त करते हैं।
2. यह पोषक तत्वों की पूर्ति में सहयोग देता है और पेड़ों की वृद्धि व विकास को सुधारता है।
3. विभिन्न प्रकार के पेड़ तनावों, प्रतिकूल जलवायु परिस्थितियों तथा कीटों एवं रोगों के प्रति प्रतिरोधकता में सुधार करता है।
4. पत्तियों का रंग गहरा हरा होता है तथा हरियाली में जानदार वृद्धि होती है।
5. पौध संश्लेषण क्रियाशीलता तथा अन्य आर्थोकेमिकल प्रतिक्रियाओं को बढ़ाता है।
6. फलों की पैदावार बढ़ाता है तथा गुणवत्ता सुधारता है।

पेड़ों की अवस्थाओं में प्रति लीटर पानी में 1 से 2 मिली0 की दर से मिलाकर इस्तेमाल करने पर लीची की फसल को अतिरिक्त पोषकता मिलती है तथा फलों की पैदावार और गुणवत्ता में वृद्धि होती है।

1. पहला छिड़काव– फूल–बौर निकलने से पहले इसके छिड़काव से एक समान तथा स्वस्थ बौर फूलों को झड़ने से बचाता है।

2. दूसरा छिड़काव– फल लगने की अवस्था में (मटर के दाने का आकार) इसके छिड़काव से फलों का झड़ना, फलों की बेहतर वृद्धि तथा विकास, कीटों, रोगों और प्रतिकूल जलवायु परिस्थितियों की प्रतिरोधकता बढ़ाता है।

3. तीसरा छिड़काव– दूसरे छिड़काव के 30 दिनों के बाद इसके छिड़काव से फलों का एक जैसा तथा बड़ा आकार, फलों के रंग में नई चमक, फलों के ताजा रहने की अवधि में सुधार होता है।

4. पादप हार्मोन एवं सूक्ष्म तत्वों का प्रयोग– वृद्धि नियामकों एवं सूक्ष्म तत्वों के छिड़काव से दैहिक विकारों (फल झड़ना, फल फटना) को नियंत्रित करता है। किसी भी छिड़काव की उपयोगिता बढ़ाने के लिए घोल में फोर इन वन/सैन्डोविट/टीपाल (2 से 3 मिली0/10 लीटर) या डिटर्जेन्ट पाउडर (साबुन) (2 ग्राम/10 लीटर) का प्रयोग अवश्य करें। मंजरी आने के 30 दिन पहले पेड़ों पर जिंक सल्फेट (2 ग्राम/लीटर) के घोल का पहला एवं 15 दिन बाद दूसरा छिड़काव करने से मंजरी एवं फूल अच्छे आते हैं। फल लगने के एक सप्ताह बाद प्लैनोफिक्स (2 मिली0/5 लीटर) या एन0ए0ए0 (20 मिलीग्राम/लीटर) के घेल का एक छिड़काव करके फूलों को झड़ने से बचाता है। फलों के विकास के समय बोरिक अम्ल (4 ग्राम/लीटर या बोरेक्स 5 ग्राम/लीटर) के घोल का 15 दिनों के अन्तराल पर तीन छिड़काव करने से फलों का झड़ना कम हो जाता है। मिठास में वृद्धि होती है तथा फल के आकार व रंग में सुधार होने के साथ–साथ फल फटने की समस्या भी कम हो जाती है।

5. सिंचाई एवं जल संरक्षण– छोटे पेड़ों के पूर्ण स्थापना के लिए सर्दियों में 5–6 दिनों तक गर्मी में 3–4 दिनों के अन्तराल पर थाला विधि से सिंचाई करें। फल देने वाले पेड़ों में फूल आने के 3–4 माह पूर्व (नवम्बर से फरवरी) से सिंचाई बन्द कर दें एवं फल लगने के एक सप्ताह बाद सिंचाई प्रारम्भ करें। पानी की कमी से फल का विकास रूक जाता है एवं फल चटखने लगते हैं। अतः विकसित पेड़ों में छत्रक के नीचे छोटे–छोटे फब्बारे लगाकर लगातार नमी बनाए रखें। यथा सम्भव सिंचाई शाम के समय करें। टपकन सिंचाई विधि द्वारा प्रतिदिन सुबह एवं शाम चार घंटा पानी (40–50 लीटर) देने से फलों का अच्छा विकास होता है। मृदा में लगातार नमी बनाये रखने के लिए सिंचाई के साथ–साथ मल्चिंग द्वारा जल संरक्षण करें। पेड़ों के मुख्य तने के चारो तरफ सूखे खरपतवार या पुआल की अवरोध परत बिछा दें।

6. कीट एवं रोग प्रबन्धन– स्वस्थ पेड़ों से अच्छी उपज के लिए कीट एवं रोग का समय पर नियंत्रण करें। फूल आते समय कीटनाशी दवा का छिड़काव न करें तथा बगीचे में परागण के लिए पर्याप्त संख्या में मधुमक्खी के बक्से रक्खें।

(i) लीची माइट– लीची माइट के सूक्ष्मदर्शी नवजात और वयस्कों द्वारा कोमल पत्तियों की निचली सतह, टहनियों तथा पुष्पवृन्तों से लगातार रस चूसने के कारण पत्तियाँ मोटी होकर मुड जाती हैं और उन पर मखमली (वेल्वेटी) रोए से निकल आते है जो बाद में भूरे एवं काले रंग के हो जाते हैं। इसके प्रभाव से पत्तियाँ गिरने

लगती हैं। पेड़ कमजोर हो जाते हैं और टहनियों में फलन बहुत कम हो जाता है। रोकथाम के लिए समय–समय पर ग्रसित पत्तियों एवं टहनियों को काटकर जला देना चाहिए। इसके लक्षण दिखाई देते ही मैडेन (हैक्सीथायाजाक्स 0.5 मिली/लीटर) के घोल का 20–25 दिन के अन्तराल पर छिड़काव करें।

(ii) शूट छेदक– शूट छेदक के गिडार पेड़ों की नई कोपलों के मुलायम टहनियों में प्रवेश कर इनके भीतरी भाग को खाते हैं जिससे टहनियाँ मुरझाकर सूख जाती हैं और पेड़ों की बढ़वार रूक जाती है। निराकरण के लिए प्रभावित टहनियों को तोड़कर जला दें एवं रोगर का 0.2 प्रतिशत के घोल का कोपलों के आने के समय 10 दिनों के अन्तराल पर दो छिड़काव करें।

(iii) फल एवं बीज छेदक– फल एवं बीज छेदक के गिडार डंठल के पास से फलों में प्रवेश कर जाते हैं और फल खाने योग्य नहीं रहते हैं। इसके नियंत्रण के लिए फलों की तोड़ाई के 40–50 दिन पहले से मैटासिस्टाक्स का 0.2 प्रतिशत का दो छिड़काव 15 दिनों के अन्तराल पर करें।

(iv) लीची बग– लीची बग का प्रकोप मार्च–अप्रैल एवं जुलाई–अगस्त के महीने में होता है। नवजात और व्यस्क कीटों द्वारा नरम टहनियों, पत्तियों एवं फलों से रस चूसने के कारण उपज कम हो जाती है। कीटों से एक विशेष प्रकार की दुर्गन्ध आती है। बचाव के लिए नवजात कीट दिखाई देते ही मैटासिस्टाक्स 1.00 मिली0/लीटर के घोल के दो छिड़काव 10–15 दिनों के अन्तराल पर करें।

(v) तना छेदक– तना छेदक के बड़े आकार के गिडार तने के अन्दर घुसकर उसके भीतरी भाग को खाते हैं और उसी से अपनी बिस्टा निकालते हैं नियंत्रण के लिए नुवान या फार्मलीन से भीगी रूई जीवित छिद्रों में ठूंसकर सभी छिद्रों को गीली मिट्टी से बन्द कर दें। इस प्रकार वाष्पीकृत गन्ध के प्रभाव से गिडार नष्ट हो जाती हैं।

(vi) पत्ती बेधक– पत्ती बेधक कीट पत्तियों में सुरंग बनाकर हानि करते हैं। नियंत्रण के लिए नई पत्तियों के निकलते ही टैकिल (0.5 ग्राम/लीटर) या डाईक्लोरवास (1.5 मिली0/लीटर) का 2–3 छिड़काव करें।

(vii) लीफकटिंग वीविल– चांदी के रंग जैसे सफेद चमकदार होते हैं जो नयी पत्तियों को काट–काट कर हानि करते हैं बचाव के लिए डाईक्लोरोवास (1.5 मिली0/लीटर) के घोल का नई कोपलें आने पर 7–10 दिनों के अन्तराल पर छिड़काव करें।

बागवानी फसलों में एकीकृत नाशीकृत प्रबन्धन हेतु प्रयोग किये जाने वाले रसायनों का विवरणः

क्र0 सं0	रसायन का नाम	प्रयोग की जाने वाली सान्द्रता	मात्रा प्रति लीटर पानी में
1.	**कीटनाशक**		
	मिथाइल डिमेटान 25 ई0सी0	0.04	1.5 मि0ली0
	क्यूनालफॉस 25 ई0सी0 (क्रश)	0.05	2 मि0ली0
	मोनोक्रोटोफास 36 ई0सी0	0.036	1 मि0ली0
	डाईक्लोरवास 76 ई0सी0	0.076	1 मि0ली0
	डाईकोफाल 18.5 ई0सी0	0.037	2 मि0ली0
	क्लोरपाइरीफास 20 ई0सी0	0.04	2 मि0ली0
	(स्ट्राइक)	0.075	1.5 मि0ली0
	प्रोफेनोफास 50 ई0सी0 (प्रहार)	0.05	2 मि0ली0
	कार्बोसल्फान 25 ई0सी0	0.05	2 ग्राम
	बायोमेथक्साम 25 डब्लू जी	0.01	0.5 मि0ली0
	(इविडेन्ट / एक्टारा)	0.05	2 मि0ली0
	इमीडेक्लोप्रिड 1.78 एस0एल0	—	5 ग्राम
	(अल्टिमो)		
	फेनवेलीरेट 3 + एसीफेट 25 ई0सी0		
	एसीटामप्रिड 20 एसपी (टैकिल)		

2.	**कवकनाशक**		
	काबैन्डानिम 50 डब्लू0पी0	0.01	1 ग्राम
	थायोफिनेट 70 डब्लू0पी0 (रोको/	01	1 ग्राम
	टामिसन एम)	0.02	2 ग्राम
	मैनकोजेब डब्लू0पी0 (स्पर्श)	0.05	0.5 मि0ली0
	डाइनोकेप 48 ई0सी0	0.03	3 ग्राम
	कापर आक्सीक्लोराइड 50 डब्लू0पी0		
	मैटालैन्जिल + मैनकोजेब (संचार/	0.2	2 ग्राम
	रिडोमिल)	0.1	1 ग्राम
	जिनेव 75 डब्लू0पी0	0.02	2 ग्राम
	कैलिक्सिन 80 ई0सी0	0.01	10 मि0ग्राम
	डेल्टान	1:1:1/4	–
	स्ट्रेप्टोसाइक्लिन (जीवाणुनाशी)		
	चौबटिया लेप		
	(रेडलैड+कापरकार्बोनेट+ अलसी का तेल 1:1:1/4 में बना मिश्रण)		
3.	**जैविक कीटनाशक**		
	बेसीलेस थूरिन जेनिसिस (हाल्ट)	0.2	2 ग्राम
	न्यूक्लियर पोलीहैड्रोसिस वयरस (एन0पी0वी0)	250 एल0ई0 प्रति हैक्टर	4 एल0ई0
4.	**जैविक कवकनाशी**		
	ट्राईकोडरमा विरडी (डिफेन्स)	0.2	2 ग्राम
	ट्राईकोडरमा हार्जियानम	0.2	2 ग्राम
5.	**प्राकृतिक शत्रु**		
	ट्राईकोग्रामा किलोनिस	20,000 अण्डे प्रति कार्ड	4.5 कार्ड
	काईसोपरला कर्नीआ	1,000 अण्डे प्रति बोतल	3–5 बोतल प्रति हैक्टर

6.	**नीम आधारित कीटनाशक** एजेडिरेक्टीन 0.15–3: ई0सी0 (निमेक्टीन) एजेडिरेक्टीन 0.03: ई0सी0 (निम्बीसिडीन) एजेडिरेक्टीन 0.15: ई0सी0 (निमाईन) एजेडिरेक्टीन 0.15: ई0सी0 (अचूक) एजेडिरेक्टीन 1: ई0सी0 (इकोनीम)	 0.3 से 0.5 0.3 से 0.5 0.3 से 0.5 0.3 से 0.5 0.3 से 0.5	 3–5 मि0ली0 3–5 मि0ली0 3–5 मि0ली0 3–5 मि0ली0 3–5 मि0ली0
7.	फिरोमोन ट्रेप		2–3 ट्रेप प्रति हैक्टर आंकलन हेतु 7–8 ट्रेप प्रति हैक्टर नियंत्रण हेतु
8.	फिरोमोन ल्यूर		एक ल्यूर प्रति फिरोमोन ट्रेप

17

सामरिक महत्व के कार्यों का मासिक विवरण

जनवरीः–

- बागों में हैरो चलाकर सफाई रक्खें।
- लीची के छोटे पेड़ों को पाले से बचाने के लिए उन्हें बोर्डो लेप लगाकर रखना चाहिए।
- पेड़ों के चारो ओर थालों तथा सिंचाई की नालियाँ बनाकर पेड़ों में सिंचाई करें।
- सूखी एवं एक दूसरे पर भिड़ी रही शाखाओं को काट कर निकाल दें।
- बागों की सफाई रखें।
- माइट की रोकथाम के लिए निम्नलिखित रसायनों का छिड़काव करें:–
    - घुलनशील गंधक 450 लीटर पानी में 23 किलोग्राम।
    - कैल्थेन (12 मिली0 प्रति 10 लीटर पानी) या डामेथोऐट (7.5 मिली0 प्रति 10 लीटर पानी में)
    - क्विनॉल्फास (5 मिली0 प्रति 10 लीटर पानी में)
    - डाईकोटोफास (3 मिली0 प्रति 10 लीटर पानी में)
    - नए बाग लगाने के लिए नक्शा करने के बाद 1.0 घनमीटर आकार के गड्ढों की निश्चित दूरी पर खुदाई करें।

फरवरीः– यदि जनवरी के कुछ कार्य पूरे नहीं हुए हों तो उन्हें पूरा करें। किसी भी सूक्ष्म पोषक तत्वों के मिश्रण का जिसमें जस्ता, मैगनीज, बोरान, ताँबा, लोहा और मैगनीशियम (0.2 प्रतिशत) हो का पेड़ों पर छिड़काव करें। विशेष रूप से

0.2 से 0.4 प्रतिशत जिंक सल्फेट (0.2 प्रतिशत बुझे हुए चुने के पानी में मिलाकर या 10 ग्राम यूरिया प्रति लीटर पानी में मिलाकर) के घोल का छिड़काव अधिक प्रभावी होगा।

यदि पाले का प्रभाव समाप्त हो जाए तो पखवाड़े के अन्त तक छोटे पेड़ों के ऊपर से बाढ़ हटा देनी चाहिए। नाइट्रोजन की एक तिहाई मात्रा (400 ग्राम) प्रति वृक्ष देकर बाग की विधिवत सिंचाई कर दें। फूल आने से पहले पेड़ों पर मैलाथियान (0.15 प्रतिशत) + 10 पी0पी0एम0 2, 4–डी या 20 पी0पी0एम0, एन0ए0ए0 + 0.2 प्रतिशत जिंक सल्फेट (बुझे हुए चूने के साथ मिश्रित) का छिड़काव करें।

मार्च:–

- यदि बाग से बाड़ न हटाई हो तो उसे हटा दें।
- नौ महीने से एक वर्ष तक वांछित किस्म के पेड़ों की 10×10 मीटर, 6×6 मीटर या 5×5 मीटर की दूरी पर तैयार (1×1×1 मीटर के) गड्ढों में रोपाई करके, सिंचाई करें। रोपाई से पूर्व खोदे गये गड्ढों में निम्न प्रकार से भरें।
- मिट्टी – 2 ग्राम
- पुराने लीची बागों की जड़ों वाले भाग की माइकोराइजा युक्त मिट्टी – 1 भाग
- कम्पोस्ट या गोबर की सड़ी खाद या नीम की खली – 6 किलोग्राम
- सिंगल सुपर फास्फेट – 1 किलोग्राम
- पोटेशियम सल्फेट – ½ किलोग्राम
- चूना (केवल अम्लीय भूमि में) – ½ या 1 किग्रा0
- फालीडल धूल (2 प्रतिशत) – 250 ग्राम या
- क्लोरोपाईरीफास – 2–3 मि0ली0
- यदि फरवरी में छिड़काव न किया गया हो तो एन0ए0ए0, 20 पी0पी0एम0 और 0.1 प्रतिशत जिंक सल्फेट मिश्रण का छिड़काव करें।
- अधिक प्रकोप होने पर माइट को नियंत्रित करने के लिए डाइक्रोटोफास या मेटासिस्टाक्स का छिड़काव करें।

मार्च दूसरा पखवाड़ा:–

- लीची के नए बागों में पेड़ों की हल्की सिंचाई करें।

- बाग में मधुमक्खियों के छत्ते सुरक्षित स्थान पर रखें।
- यदि फूल का आना या फलों का लगना प्रारम्भ हो गया हो तो किसी प्रकार का छिड़काव तथा सिंचाई नहीं करनी चाहिए।
- फलों का झड़ना कम करने के लिए 10 पी0पी0एम0, एन0ए0ए0 या 10 पी0पी0एम0 2,4–डी का पर्णीय छिड़काव फल आने के तुरन्त बाद करें।

अप्रैलः–

- लीची के नये बागों की सिंचाई करें।
- फलों के लगने के समय छिड़काव या सिंचाई नहीं करनी चाहिए। लेकिन फल लगने के बाद 20 पी0पी0एम0, एन0ए0ए0 का छिड़काव करें।
- बाग की हल्की गुड़ाई (5–7 सेमी0 गहरी) खरपतवार की वृद्धि रोकने के लिए करें।
- फल लगने के बाद नाइट्रोजन का 1/3 भाग (350 ग्राम) यूरिया या अमोनियम सल्फेट या कैल्शियम अमोनियम नाइट्रेट के द्वारा देना चाहिए और बाग की सिंचाई कर देनी चाहिए।
- माइट को रोकने के लिए रोगर या केल्थेन (1.2 मिली0 प्रति लीटर पानी) पेड़ों पर छिड़काव करना चाहिए। फल बेधक को नियंत्रित करने के लिए मैटासिस्टाक्स (1.5 मिली0 प्रति लीटर पानी) की दर से छिड़काव अवश्य करें।
- फल लगने के 10 दिनों पश्चात् 1.0 प्रतिशत बोरेक्स का वृक्षों पर छिड़काव करें।
- नए बाग लगाने के लिए नक्शा तैयार करें और गड्ढों की खुदाई करें।

मईः–

- बाग में 70 प्रतिशत से अधिक आर्द्रता बनाए रखने के लिए बाग की प्रत्येक 7 से 10 दिनों के अन्तराल पर सिंचाई करते रहें।
- पेड़ों पर एन0ए0ए0, 20 पी0पी0एम0 + मेटासिस्टाक्स (1.5 मिली0 प्रति लीटर पानी) का छिड़काव करें। फलों के गिरने में कमी आएगी।
- पेड़ों पर दोपहर से पहले के समय में सादे पानी का छिड़काव करें। फलों के फटने की समस्या नियंत्रित करने के लिए करना चाहिए।

- बाग में 70 प्रतिशत से अधिक आर्द्रता बनाए रखने के लिए सिंचाई तथा पेड़ों में पानी का प्रातः कालीन समय से छिड़काव आवश्यकतानुसार करना चाहिए।
- पेड़ों पर 20 पी0पी0एम0 एन0ए0ए0 + 1 प्रतिशत सुहागा + थायोडान (3 मिली0 प्रति लीटर पानी) के मिश्रण का छिड़काव करें। साल्यूवर उपलब्ध हो तो 1 प्रतिशत सुहागे के स्थान पर इसका प्रयोग करें।
- शीघ्र पकने वाली किस्मों में परिपक्व फलों (कुल शर्करा पदार्थ 18 प्रतिशत) जिनके छिलके का रंग हल्का गुलाबी या लाल हो गया हो के गुच्छों को शाखाओं सहित काटकर तोड़ लें। प्रत्येक दशा में फलों को सूखने से बचाएं तथा उनका रखरखाव सावधानीपूर्वक करें।
- अप्रैल के प्रथम/द्वितीय सप्ताह में खोदे गये गड्ढ़ों की भराई करें।

जूनः–

- परिपक्व फलों की तोड़ाई के एक सप्ताह पूर्व बाग की सिंचाई तथा गुच्छों पर पानी के छिड़काव को बन्द कर दें।
- फलों की तोड़ाई करके बाजार भेजें।
- देर से पकने वाली किस्मों में (कलकतिया) आवश्यकतानुसार एक सिंचाई कर दें।
- मूलवृन्त के लिए बीजू पेड़ तैयार करने के लिए परिपक्व फलों से बड़े बीजों को निकाल कर पालीबैग या छायादार स्थान में तैयार की गई नर्सरी से बीजों की बुवाई करें।
- अप्रैल में खोदे गये गड्ढों की भराई उसी प्रकार से करें जैसे कि फरवरी में इंगित की गई है।
- वृक्षों से फलों की तुड़ाई पूर्ण होने के पश्चात् पेड़ों की आवश्यक कटाई–छँटाई की क्रिया पूर्ण करें। इसके पश्चात् ही वृक्षों के चारो तरफ थाला बनाकर खाद एवं उर्वरक की पूर्व इंगित मात्राएं दे दें। वर्षा न होने की स्थिति में एक सिंचाई अवश्य करें।
- पौधशाला तथा बाग में नये पौधों की सिंचाई अवश्य कर दें।
- मातृ पेड़ों में गूटी बांधने की क्रिया सचल करें। यदि स्टूलिंग द्वारा पौधे तैयार करने हों तो मातृ पेड़ों से नए निकले हुए तनों से छल्लानुमा छिलका निकालकर उन्हें 5000 पी0पी0एम0 वाली इन्डोल ब्यूटारिक अम्ल से उपचारित करके उन्हें लेनोनिल से ढक दें।

जुलाईः—

- यदि जून में पौधों की कटाई—छँटाई का काम पूरा न हो पाया हो तो पेड़ों की कटाई—छँटाई की क्रिया पूर्ण करके पेड़ों में खाद तथा उर्वरक की निर्धारित मात्राएं दें।
- इस माह पेड़ों पर गूटी बांधने की क्रिया जारी रखें।
- वर्षा न होने की दशा में नए पेड़ों की सिंचाई करें।
- पेड़ों पर थायोडान 2 मिली0 प्रति लीटर पानी का छिड़काव करें।
- भागर क्षेत्रों में गड्ढों में पौधे लगाए जा सकते हैं।

अगस्तः—

- स्टूलिंग द्वारा तैयार पेड़ों का मातृ पेड़ों से अलग करके पालीबैग या नर्सरी में रोपित करके सिंचाई कर दें।
- वृक्षों पर कार्बराइल का छिड़काव कर दें।

सितम्बरः—

- यदि वर्षा न हो रही हो तो आवश्यकतानुसार नए बाग की सिंचाई करें।
- नया बाग लगाने के लिए जिन गड्ढों को जून में भराई की गई है, उनमें पौधों की रोपाई करके सिंचाई कर दें।
- तुड़ाई में सम्पन्न की गई गूटी को मातृ पेड़ों से अलग करके रूट ट्रेनर्स या पालीबैग में लगाकर छायादार स्थान में रख दें।
- विगत वर्ष में लगाए गए बाग में रिक्त स्थानों पर नए पौधों को रोपित कर दें।
- पेड़ों पर 0.03 प्रतिशत डाईक्रोटोफास या 0.025 प्रतिशत मेटासिस्टाक्स का छिड़काव करें।
- लीची के कम उत्पादक पुराने पेड़ों में जाला निकालने (15 सेमी0 गहराई पर जड़ों को खोल दें) की क्रिया सम्पन्न करें तथा 10—15 दिनों तक जड़ों को खुला रखने के बाद उन्हें बन्द कर दें।
- यदि जून अथवा जुलाई में पेड़ों में खाद तथा उर्वरक नहीं डाल सके हो तो उनको डालकर जड़ों को बन्द करके एक अच्छी सिंचाई कर दें।
- पूरे बाग में हैरो चलाकर बाग की सफाई कर दें।

- तना बेधक तथा छाल खाने वाले इल्ली के प्रभावी नियंत्रण के उपाय करें।

अक्टूबरः—

- यदि जून, जुलाई या फिर सितम्बर माह में शीघ्र वर्षा होने के कारण वृक्षों में खाद देने की क्रिया न सम्पन्न की जा रही हो तो खाद देकर पेड़ों की सिंचाई करें।
- वृक्षों पर किसी अच्छे सूक्ष्म पोषक तत्वों के मिश्रण का एक छिड़काव करें।
- प्रथम पखवाड़े के अपूर्ण कार्यों को पूर्ण करें।
- लीची माइट के प्रकोप की दशा में कुप्रभावित शाखाओं एवं पत्तियों को काट कर जला दें तथा पेड़ों पर कल्थेन (12 मिली0 प्रति 10 लीटर पानी) अथवा रोगर का एक छिड़काव कर दें।
- लीची माइट न होने की दशा में पत्ती खाने वाली इल्ली की रोकथाम के लिए मैटासिस्टाक्स का एक छिड़काव करें।
- पेड़ के चारो तरफ थाले में 2 प्रतिशत फालीडाल धूल (250 ग्राम प्रति पेड़) भूमि की सतह पर मिट्टी में भली भांति मिला दें।
- मीलीबग तथा आम के भुनगों की रोकथाम के लिए पेड़ों के मुख्य तने पर भूमि से 450 से0मी0 की ऊँचाई पर 400 गेज पालीथीन की 30 सेमी0 चौड़ी पट्टी मजबूती से बांधकर उसकी ऊपरी तथा निचली सतहों पर ग्रीस लगा दें।

नवम्बरः—

- नये बाग में सितम्बर में लगाये गए पेड़ों की पाले से सुरक्षा के लिए पेड़ों पर आवश्यक बाड़ बना दें।
- नए पेड़ों को पाले से सुरक्षा के लिए प्रत्येक 7—10 दिन के अन्तर पर हल्की सिंचाई करते रहें। यदि पाले के प्रकोप की अत्याधिक सम्भावना हो तो शाम को बाग में सूखी पत्तियों को जलाकर धुंआ कर दें।
- यदि अक्टूबर में ग्रीस लगाने का कार्य तथा भूमि में फालीडाल धूल न मिलाई गई हो तो यह कार्य सम्पन्न करें।

दिसम्बरः–

- नए पेड़ों की पाले से सुरक्षा के लिए 7–10 दिनों के अन्तर पर हल्की सिंचाई करते रहें।
- उपयुक्त कार्यक्रम में स्थान विशेष की आवश्यकतानुसार बदलाव किया जा सकता है।

तकनीकी शब्दों की परिभाषाएं

अनिषेक फलन (Parthenogenesis):	निषेचन के बिना फलों का विकास। ऐसे फल बीज रहित होते हैं।
अपूर्ण पुष्प (Incomplete flower):	पुष्प के चार विशेष अंगों बाहय दल, दल पुंज, पुंकेसर या स्त्रीकेसर में से कुछ अंगो का न पाया जाना।
ऑक्सिन (Auxin):	ऐसे पदार्थ जो पादप कोशिका को लम्बा करने की क्षमता रखते हैं। ये पदार्थ कार्यिकीय गुणों में इन्डोल–3–एसिटिक अम्ल के समान होते हैं। पादप कोशिकाओं को लम्बा करने के अतिरिक्त ऑक्सिन प्रायः दूसरे गुणों को भी प्रभावित करते हैं।
उत्परिवर्तन (Mutation):	पौधे के आनुवांशिक गुणों में अचानक परिवर्तन जो पौधों को अपने पहले वाल गुणों से भिन्न बना दें।
उभयद्विगुणित (Amphidiploid):	वह जाति जो दो विभिन्न जातियों के संम्पूर्ण कायिक गुणसूत्र के संयोग से उत्पन्न होती है।
उभय द्विगुणन (Amphidiploidy):	एक प्रक्रिया जिसमें दो विभिन्न प्रकार की जातियों के सम्पूर्ण कायिक गुणसूत्रों के संयोजक से उभय द्विगुणन पौधे का जन्म होता है।

उभय मिश्रण (Amphimixis):	सामान्य लैंगिक प्रजनन जिसमें असामान्य नर व मादा युग्मक संयोग करके युग्मनज बनाते हैं।
उभयलिंगाश्रयी (Monoecious):	एक ही पेड़ पर नर व मादा पुष्पों का अलग–अलग भागों में लगना।
उभयलिंगी (Hermaphrodite):	वे पुष्प जिसमें नर और मादा दोनों अंग साथ–साथ होते हैं।
ऊतक (Tisssue):	सामान्य कार्य करने वाली कोशिकाओं का समूह।
ऊतकक्षय (Necrosis):	ऊतकों का मरना।
एकल (Solitary):	ऐसा पुष्प विन्यास जिसमें नर प्ररोह के अग्र भाग पर अथवा पत्ती के कक्ष में केवल एक पुष्प लगता हो।
अंडपीभवन (Carpellody):	फल में गर्भ केसर के अंडप का असामान्य रूप में विकसित हो जाना।
अंतःभूस्तारी (Sucker):	प्रकन्द या प्रकन्द की शाखा जो भूमितल पर आकर प्ररोह के रूप में उगता हो।
अंतसस्यन (Inter-cropping):	बाग की कतारों व पेड़ों के मध्य किसी अन्य फल अथवा सब्जी की बागवानी।
अन्तरा असंसर्गी (Inter incompatible):	ऐसी दो किस्में जो आपस में एक दूसरे के परागकणों से निषेचित न हो सकें।
अन्तराफलनशील (Inter fruitful):	ऐसी दो किस्में जो एक दूसरे के परागकणों के परागण द्वारा व्यावसायिक फसल पैदा कर सकें।
अन्तराबंध्य (Inter sterile):	ऐसी दो किस्में जो आपस में परागण के बाद अंकुरणक्षम बीज न पैदा कर सकें।
अंतस्थ (Terminal):	तना या शाखा का अग्रस्थ भाग।
अंडाशय (Ovary):	पुष्प के मादा अंग की आधारी गोल संरचना।
क्लोन (Clone):	ऐसे पौधों का समूह जो कायिक प्रवर्धन द्वारा एक ही पौधे से तैयार किए गए हों।

कांचघर (Glass house):	कांच की बनी हुई एक संरचना जिसमें नियंत्रित वातावरण में पौधे उगाए जाते हैं।
कायिक प्रर्वधन (Vegetative propagation):	वृक्ष के किसी कायिक अंग जैसे जड़, पत्ती अथवा शाखा द्वारा नए पौधों का विकास।
किस्म (Cultivar):	एक जाति के अर्न्तगत समान गुण वाले पौधों का समूह।
कुरचना (Malformation):	पेड़ के किसी कायिक अंग जैसे प्ररोह, पुष्प आदि का विकृत हो जाना।
कैटकिन (Catkin):	एक कोमल परतदार स्पाइक या रेसीम पुष्पक्रम जो छोटे दलविहीन एकलिंगी पुष्पों से मिलकर बनते हैं और पुष्पक्रम एक इकाई में होते हैं।
कैलस (Callus):	पौधे के किसी अंग की नई अविशिष्ट कोशिका जो घाव करने के बाद वृद्धि कर रही हो।
खरपतवारनाशी (Weedicide):	खरपतवार नष्ट करने वाला पदार्थ।
गीला तना (Wet feet):	एक रोग जो तने के चारों तरफ नम वातावरण के कारण होता है।
गोंदार्ति (Gummosis):	एक रोग जिसमें पेड़ के किसी अंग से गोंद निकलता है।
गांठ (Node):	वह जोड़ जो दो पोरियों को अलग करता है।
गोंदी धब्बा (Gum spot):	पेड़ के फल, प्ररोह या किसी अंग के ऊतकों में गोंद के छोटे भंडार।
चूर्णिल आसिता (Powdery mildew):	यह एक कवक द्वारा फैलने वाला रोग है, जिसमें पत्तों, फूलों एवं फलों के ऊपर सफेद चूर्ण की परत बन जाती है।
जलाक्रान्त (Water logged):	ऐसी भूमि जिसमें पानी का निकास न हो।
जलोढ़ मृदा (Alluvial soil):	नदियों के जल द्वारा बहाकर लायी गयी मिट्टी द्वारा बनी भूमि।

जाति (Species):	एक वंश के अर्न्तगत एक समान गुण वाले पौधों का समूह।
जीवनक्षम (Viable):	ऐसे परागकण अथवा बीज जो सामान्य दशा में जमने की क्षमता रखतें हैं।
झकड़ा प्ररोह (Adventitious shoot):	जड़ों अथवा तनों की गाठों के बीच से निकलने वाले प्ररोह।
दल (Petal):	पुष्प का रंगीन अथवा सफेद पत्ती सदृश्य भाग।
दलपुंज (Corolla):	पुष्प के दलों का समूह।
दारू (Xylem):	काष्ठ संवहन तन्तु को बनाने वाली मुख्य कोशिका जो जल तथा खनिज लवणों को जड़ से पत्तियों तक पहुंचाता है।
द्विगुणित (Deploid):	एक जोड़ी गुणसूत्र वाला।
धूपताम्रता (Sunburn):	सूर्य की गर्म किरणों से तनें की छाल या फलों के छिलकों के ऊतकों का मरना।
निषेचन (Fertilization):	नर मादा युग्मकों का संयोजन।
परनिषेचन (Allogamy):	दूसरी किस्म के परागकणों द्वारा निषेचन।
पर्णक (Leaflet):	संयुक्त पत्ती का पत्ती सदृष्य एक खंड।
परागक (Pollinator):	परागकण स्थानान्तर करने वाल स्रोत, जैसे कीट।
परागकण (Pollen):	पराग कोषों से निकलने वाला चूर्ण समान पदार्थ।
परागण (Pollination):	वर्तिकाग्र पर परागकणों का स्थानान्तरण।
परागद (Pollinizer):	किस्में जो परागण के लिए प्रयोग की जाती हों।
पादप नियंत्रण (Plant regulation):	पोषक पदार्थों के अतिरिक्त कार्बनिक पदार्थ जो सूक्ष्म मात्रा में भी मौजूद रहने पर कायिकीय क्रियाओं में वृद्धि, निरोध अथवा किसी भी प्रकार का परिवर्तन करें।

पादप हार्मोन (Plant hormone):	नियंत्रक जो पौधे द्वारा पैदा किए जाते हैं और सूक्ष्म सान्द्रता में पौधे की कार्यकीय क्रियाओं को नियंत्रित करते हैं। हार्मोन अपने उत्पत्ति स्थल से कार्यस्थल की तरफ प्राकृतिक रूप से जाने जाते हैं।
पुष्प कलिका (Flower bud):	पुष्प के रूप में विकसित होने वाली कलिका।
पुष्पक्रम (Inflorescence):	पुष्प विन्यास।
पुष्पवृंत (Pedicle):	पुष्प के नीचे की पोरी।
पुष्पावलिवृंत (Peduncle):	पुष्प गुच्छों का डंठल या एकल पुष्प के नीचे का वृंत।
पुष्पन नियंत्रक (Flowering regulator):	वे पदार्थ जो पुष्प पैदा करने में सहायक हो।
पुष्पन हार्मोन (Flowering hormone):	हार्मोन जो पुष्पकली के विकास में सहायक हो।
पोषक तत्व (Nutrient):	ऊर्जा या आवश्यक खनिज प्रदान करने वाले पदार्थ जो कि वृद्धि और जीवन के लिए आवश्यक हो।
पुंकेसर (Stamen):	पुष्प का नर भाग।
प्रफुल्लता (Anthesis):	पुष्प खिलने और उसके परागण की अवस्था।
फल (Fruit):	सहायक अंगों सहित या रहित एक परिपक्व अंडाशय।
फ्लोयम (Pholem):	संवहन ऊतक जो अक्सर प्रकाश संश्लेषण द्वारा निर्मित भोज्य पदार्थो को जड़ की तरफ उपयोग या भंडारण करने के लिए स्थानान्तरित करते हैं।
बंध्यता (Sterility):	अंकुरणक्षम बीज पैदा करने की असमर्थता।
बहुगुणता (Polyploidy):	कोशिका के अन्दर एक जोड़े से अधिक गुणसूत्रों का पाया जाना।
बाहय दल (Sepal):	दलों को बाहर की तरफ हरे रंग की पत्तियों के समान अंग।

बाहय दलपुंज (Calyx):	बाहय दलों का समूह।
बीज (Seed):	एक परिपक्व बीजाण्ड।
बीजचोल (Aril):	बीज के ऊपर चढ़ी हुई गूदेदार झिल्ली।
बीजाण्ड (Ovule):	गर्भाशय के अन्दर का वह भाग जो निषेचन के बाद बीज बनाता है।
भ्रूण (Embryo):	युग्मक से संयोजन द्वारा नये पौधों का निर्माण जो बीज के अन्दर बंद रहता है।
भ्रूण कोष (Embryosac):	बीजाण्ड के अन्दर की थैली जिसमें भ्रूण विकसित होता है।
म्लानि (Wilt):	मुरझाना
मंजरी (Panicle):	रेसीम या स्पाइक कोरम्ब के गुच्छों का एक यौगिक पुष्पक्रम।
मातृ वृक्ष (Mother plant):	वह पौधा जिससे सांकुर डाली का चुनाव करते हैं।
मेटाजीनिया (Metaxenia):	विकासशील फलों पर परागजनकों या परागकणों का सीधा प्रभाव।
युक्तांडपी (Syncarp):	एक संरचना जो बहुत से अंडपों से मिलकर बनी हो, ये फल अधिकांशत समाचयीं होते हैं।
युग्मक (Gamete):	नर या मादा कोशिका।
युग्मनज (Zygote):	नर और मादा युग्मक के संयोगोपरान्त संरचना।
रोजेट (Rosette):	ऐसी अवस्था, जिसमें पोरी छोटी और पत्तियां गुच्छो के आकार में हों।
लेनोलिन (Lanolin):	प्राकृतिक वसा।
वर्तिका (Style):	स्त्रीकेसर का भाग जो अंडाशय और वर्तिकाग्र को जोड़ता है।
वर्तिकाग्र (Stigma):	स्त्रीकेसर का अग्रभाग।
वर्तिकाग्री पृष्ठ (Stigmatic surface):	वर्तिका का वह भाग जिस पर परागकण गिरते है।

वंश (Genus):	संबधित जातियों का एक समूह या कभी–कभी एकल जाति।
विपणन (Marketing):	बिक्री करना।
विभज्योतक (Meristem):	पादप ऊतक जिसकी कोशिका उपयुक्त दशाओं में अक्सर तीव्र विभाजन के समय नई अनुजात कोशिकाएं पैदा करनें में सक्षम हों।
विरलन (Thinning):	कम करना।
विलगन (Abscission):	पादप अंग का गिरना या झड़ना।
विलगन परत (Abscission layer):	पादप अंगो को अलग करने वाली परत।
विलगन प्रदेश (Abscission Zone):	अंग अलग होने वाला क्षेत्र।
वृद्धिकर हार्मोन (Growth hormone):	वृद्धि नियंत्रण करने वाला हार्मोन।
वृद्धि नियंत्रक (Growth inhibitor):	वृद्धि को रोकने वाला रसायन।
शीतगृह (Cold storage):	ठंडे भंण्डार गृह।
शीर्षस्थ (Apical):	शीर्ष की तरफ।
स्पाइक (Spike):	पुष्पक्रम जिसमें अवृन्त पुष्प एक डंठल के साथ क्रमबद्ध होते हैं। आधारी पुष्प पहले फूलता है और अंतिम पुष्प शीर्ष में होता है।
स्वअनिषेच्य (Self-unfertile):	किसी किस्म का स्वपरागण द्वारा व्यावसायिक फलत न प्राप्त कर पाना।
स्वनिषेच्य (Self-fertile):	किसी किस्म का स्वनिषेचन द्वारा फल एवं अंकुरणक्षम बीज पैदा करने की क्षमता।
स्वयुग्मन (Autogamy):	स्वपरागण से निषेचित पुष्प।
स्वच्छ कर्षण (Clean cultivation):	बाग प्रबंधकी की एक विधि जिसमें बाग के अंदर स्थानों में कोई फसल न ली जाय।
स्वपरागण (Self-pollination):	किसी किस्म के परागणों का उसी किस्म के वर्तिकाग्र पर स्थानान्तरण।

स्वफलन (Self-fruitfulness):	किसी किस्म के स्वपरागण द्वारा व्यावसायिक फलत प्राप्त करना।
स्वबंध्य (Self-unfruitfulness):	किसी किस्म का स्वपरागण द्वारा अंकुरणक्षम बीजों सहित फल उत्पादन न कर पाना।
स्त्रीकेसर (Pistil):	पुष्प का मादा अंग।
सक्रिय कली (Active bud):	वृद्धि करने वाली कली।
संग्रथित फल (Syncarpus):	समाचयी अंडप वाला फल।
सतृण कृषि (Sod culture):	बाग भूमि प्रबंध की एक विधि जिसमें एक स्थाई बहुवर्षीय फसल पेड़ों के पंक्तियों के मध्य उगाई जाती है।
सतृण पलवार (Sod mulch):	बाग भूमि प्रबन्ध की एक विधि जिसमें पेड़ों के मध्य एक स्थाई बहुवर्षीय फसल तथा उगने के समय एक दो बार काटकर भूमि पर छोड़ दी जाती हो।
सरस फल (Berry):	बहुबीजयुक्त एक गूदेदार फल जो अधोवर्ती अथवा अर्ध्ववति अंडाशय से बना है और बीज गूदे में अंतः स्थापित होते हैं।
सर्वलिंगी (Polygamous):	ऐसे पेड़ जिनमे एक लिंगी व उभय लिंगी दोनो तरह के पुष्प पाए जाते हो।
ससीमाक्ष (Cyme):	एक चौड़ा चपटा हुआ पुष्पों का समूह।
ससीमाक्षी (Cymose):	साइम सदृश पुष्पक्रम।
सहोदर संगम (Selfing):	एक ही किस्म के नर भाग द्वारा उसी किस्म के मादा भाग का निषेचन।
हरिमाहीनता (Chlorosis):	हरे रंग का नष्ट हो जाना।
क्षेत्र क्षमता (Field Capacity):	मृदा जल की वह मात्रा जो सिंचाई के बाद गुरूत्वाकर्षण बल के विरूद्ध रूकी रहे।
त्रिगुणित (Triploid):	ऐसे पौधे जिनकी कोशिकाओं में 3 एक्स गुणसूत्र पाए जाते हैं।

सन्दर्भ साहित्य

Abutiate, W.S. and Nakasone, N.Y. 1972. Studies of vegetative propagation of lychee (*Litchi chinensis* Sonn.) with special reference to graftage. *Ghana Journal of Agricultural Science*, 5(3): 20-21.

Aftab, M.A. 1995. Effect of zinc, boron and growth regulators on flowering, fruiting and maturity of litchi (*Litchi chinensis* Sonn.). Thesis Ph.D., R.A.U., Pusa, Bihar.

Ahmed, S. 1961. The litchi. *Agriculture J. Pakistan*, 12: 769-775.

Akamine, E.K. and Goo, T. 1973. Respiration and ethylene production during ontogeny of fruit. *Journal of the American Society for Horticultural Science,* 98: 381-383.

Akomine, E.K. 1960. Preventing the darkening of fresh lychees prepared for export. Hawaii Agriculture Experiment Station Technical Programme Report, pp. 127.

Alam, Z. 1959. On the biology and control of litchi mite *Aceria species* (*Eriophyidae, Acarina*) in Pakistan. *Scientists Pakistan*, 3(1): 6.

Albert, Y. 1959. The adjustment of some methods for litchi in Israel. Thesis M.Sc. (Agric.). Hebrew University, Rehovot, pp. 42.

Aldrich, W.W. 1935. Some factors affecting fruit set in pears. *Proceedings of the American Society for Horticultural Science*, 32: 107-114.

Alkamine, E.K. 1960. Technical Programme Report No. 127, Hawaii Agricultural Experiment Station, University of Hawaii. c.f. *Indian Food Packer*, 46(3): 13-15.

Alkamine, E.K. and Goo, T. 1977. *Effect of gamma irradiation on shelf life of fresh lychee* (*Litchi chinensis* Sonn.). Research Bulletin, Hawaii Agricultural Experiment Station, University of Hawaii, 169: 20.

Ann, P.J. and Ko, W.H. 1980. Oospore germination of *Peronophythora litchi Mycologia*, 72(3): 611-614.

Ann, P.J. and Ko, W.H. 1984. Blossom blight of litchi in Taiwan caused by *Peronophythora litchi. Plant Disease*, 1984.

Anon. 1946. Annual Report, Madras Agril. Station, pp. 414-415.

Anon. 1947. Annual Report, Madras Agril. Station, 419.

Anon. 1956. Annual Report, Saharanpur Fruit Research Station, p. 10.

Annon. 1959. Annual Report, Saharanpur Horticultural Research Institute, pp. 15-16.

Anon. 1972. Annual Report, Hong Kong Department of Agriculture, Fisheries, p. 13.

Anon. 1973. Annual Report, Hong Kong Department of Agriculture, Fisheries, pp. 13-14.

Anon. 1976. Annual Report, Hong Kong, Department of Agriculture, Fisheries, pp. 13.

Anon. 1982. Use the correct medium when making litchi and guava air layers. Inf. Bull. South Africa Citrus and Sub-Tropical Fruit Research Institute, 122: 124.

Anonymous. 1908. Seeds and plants imported during the period from July 1906 to December 31, 1907, U.S.D.A. Bureau Plant Ind., Inventory No.13, Govt. Print. Off., Washington, D.C.

Anonymous, 1969. Floral biology of litchi. Technical Programme of Regional Fruit Research Station, Sabour, Jan. 1968-69: p. 7.

Anonymous, 1970. Floral biology of litchi. Technical Programme of Regional Fruit Research Station, Sabour, Jan. 1969-70: p. 10.

Anonymous. 1978. Lychee in Guangdong. Publication of South China Agricultural University, Guangdong, pp. 160.

Anonymous, 1981. Litchi culture (Taiwan). Publication of Chia-Yi Agricultural Experimental Station, Taiwan, pp. 11

Anonymous. 1984. Lychee District Crop Summary. Queensl. Dep. Primary Indust., pp. 14

Anonymous. 1985. *Zero energy cool chamber*. Research Bulletin No. 43, I.A.R.I., New Delhi.

Anonymous. 1986. Genetic resources of tropical and subtropical fruits and nut (excluding Musa). Int. Board Plant Genetic Resources (IBPGR), Rome. Pp. 125-125.

Anonymous 1989. *Lesions on bagged litchi fruits.* Information Bulletin, Citrus and Subtropical Fruit Research Institute, South Africa, No. 200 (2): 4.

Arnon, D.I. and Johnson, C.M. 1942. Influence of hydrogen-ion. Concentration on the growth of higher plants under controlled conditions. *Plant Physiology,* 17: 525-539.

Atkinson, D. 1980. The distribution and effectiveness of the roots of tree crops. *Horticultural Review*, 2: 424-490.

Avidan, B. 1994. Restricted water supply as a means of increasing yields in the Jordan Valley. *Hassadeh*, 74(6): 645.

Awasthi, R.P., Tripathi, B.R. and Singh, A. 1975. Effect of foliar sprays of zinc on fruit drop and quality of litchi (*Litchi chinensis* Sonn.). *Punjab Horticultural Journal*, 15: 14-16.

Babu, Ratna G.H.V. and Lavania, M.L. 1985. Effect of plant growth regulators on fruit set and fruit drop of Pant Lemon-1 (*Citrus limon* Burm). *Indian Journal of Horticulture*, 42: 337-340.

Badiyala, S.D. 1991. Fixing maturity standard for litchi (*Litchi chinensis*) cv. Calcuttia under Paonta valley conditions of H.P. *Indian Food Packer*, 45(6): 18-21.

Badiyala, S.D. 1993. Maturity standards for Muzaffarpur litchi fruits. *South Indian Horticulture*, 41: 4, 223-224.

Badiyala, S.D. and Awasthi, R.P. 1990. Studies on maturity standards of litchi cv. Dehradoon under Kangra Valley conditions of Himachal Pradesh. *Research and Development Reporter*, 7: 134-137.

Badiyala, S.D. and Awasthi, R.P. 1990a. Studies on the maturity standard of litchi cv. Dehrarose under Kangra valley condition of Himachal Pradesh. *Research and Development Report*, 7: 1-2.

Badiyala, S.D. and Awasthi, R.P. 1990b. A note on the maturity standards of litchi cv. Calcuttia under Kangra valley conditions of H.P. *Hariyana Journal of Horticultural Science*, 19(1-2): 141-152.

Bailey, L.H. 1916. *Standard Encylopedia of Horticulture,* Vol. V., MacMillan Publishing Company, New York.

Bailey, L.H. 1949. *Manual of Cultivated Plants.* MacMillan Publishing Company, New York, pp. 450.

Bailey, L.H. 1950. *The Standard Encylopedia of Horticulture*. MacMillan Publishing Company, New York, pp. 1891-1893.

Bains, J.M., Chaplin, G.R., Scott, K.J., Brown, B.I. and Willcox, M.E. 1983. Control of wastage in litchi fruit during marketing. *Australian Horticultural Research News-letter*, 55: 124.

Balendu, P.S., Balkrishna and Shailaj, C.S. 1963. *Gharelu Star Par Phal Aur Takari Parirakchhan,* C.F.T.R.I. Mysore, pp. 70.

Banerji, I. and Chaudhuri, K.L. 1944. A contribution to the life history of *Litchi chinensis* Sonn. *Proceedings Indian Academy of Science.* Section B: pp. 19-27.

Banta, E.S. 1952. Behold the lychee. *American Fruit Grower*, 72: 10-13.

Barua, P.C. and Mohan, N.K. 1984. Effect of growth regulators on prevention of fruit drop in litchi (*Litchi chinensis* Sonn.). *South Indian Horticulture*, 32: 92.

Batten, D., Lloyd, J. and McConchie, C. 1992. Seasonal variation in stomatal responses of two cultivars of lychee (*Litchi chinensis* Sonn.). *Australian Journal of Plant Physiology*, 19(3): 317-329.

Batten, D.J. 1983. Lychee adaption and management. Research Report of Tropical Fruit Research Station, Alstonville, pp. 19-20.

Batten, D.J. 1986a. Maturity criteria for litchis (lychee). *Food Quality and Preference*, 1: 149-155.

Batten, D.J. 1986b. Harvesting lychees. *Proceedings of the first National Lychee Seminar*. Sunshine Coast, Queensland, pp. 71-76.

Batten, D.J. 1989. Maturity criteria for litchi (lychees). *Food quality and Preferences*, 1(4-5): 149-155.

Batten, D.J. and Lahav, E. 1981. The effect of temperature on growth and nutrient uptake in three litchi varieties. *Research Report*, Tropical Fruit Research Station, Alstonvill, New South Vales, pp. 37-38.

Batten, D.J., Watson, B.J. and Chapman, K.R., 1982. Urgent need to clarify and standardise variety names. *Queensland Fruit and Vegetable News*, 53: 890-894.

Bayers, M., Thomas, A.C. and Tonder, A.J. Van. 1979. Gamma irradiation of sub-tropical fruits. I. Compositional tables of mango, papaya, strawberry and litchi fruit at the edible ripe stage. *Journal of Agricultural and Food chemistry*, 27(1): 37-42.

Bembower, W., 1948. Air layering litchi and other plants. Circular Hawaii Agricultural Experiment Station, 60: 1-2.

Benerji, I. and Chaudhuri, K.L. 1944. Storage experiments with pollens of cultivated fruit trees and vegetables. *Science and Culture*, 23: 616-617.

Beyers, M., Thomas, A.C. and Van Tonder, A.J. 1979. Gamma radiation of sub-tropical fruit-I. *Journal Agricultural and Food Chemistry*, 27: 37-42.

Bhambota, J.R., Singh, K.K. and Saini, H. 1968. Propagating litchi plants. *Punjab Horticultural Journal*, 8: 200-203.

Bhandary, K.R. and Shivashankar, Y.T. 1970. Propagation of litchi under mist. *Soiuth Indian Horticulture*, 18: 74-76.

Bhullar, S.S, 1962. Litchi likes layering. *Indian Horticulture*, 6: 5-6.

Bhuller, J.S., Dhillon, B.S. and Randhawa, J.S. 1983. Extending the post-harvest life of litchi cultivar Seedless Late. *Journal of Research, Punjab Agricultural University*, 29(4): 467-470.

Bielorai, H,., Levin, I. and Assaf, R. 1973. *Irrigation of Fruit Trees in Arid Zone Irrigation*, (Eds-Yaron, B. *et al.*). Chapman & Hall, London, pp. 397-404.

Biswas, S. and Roy, B.N. 1983. Studies on the maturity standards of litchi (*Litchi chinensis*) cv. Bombai. *Progressive Horticulture*, 15(3): 187-189.

Biswas, S. and Roy, B.N. 1985. Determination of maturity standards of litchi (*Litchi chinensis* Sonn.) cv. Elachi. *Haryana Journal of Horticultural Science*, 14(1-2): 30-32.

Blencoeve, J.W. 1969. *Crop Diversification in Malaysia*. Soc. of Planters Inc. Kuala Lumpur, Malaysia.

Bolt, L.C. and Joubert, A.J. 1968. Litchi grafting trials. *Farming South Africa*, 44: 11-13.

Bolt, L.C. and Joubert, A.J. 1980. Air layered litchi trees recommended for orchard establishment. *Information Bulletin*, South Africa Citrus and Sub-Tropical Fruit Research Institute, 92: 4-5.

Bose, T.K., Dhua, R.S., Mitra, S.K. and Sen, S.K. 1985. Synergism of phenotic substances with IBA in regeneration of root from litchi cutting. *Indian Journal of Horticulture*, 42: 153-155.

Bose, T.K., Ghosh, B. and Mitra, S.K. 1986. Influence of nitrogen, phosphorus and potassium on growth and fruit yield in *Litchi chinensis* Sonn. *Hort. Science,* 21: 822.

Bould, C., Hewitt, E.J. and Needham, P. 1983. *Diagnosis of Mineral Disorders in Plants. Vol. 1. Principles*. Her Majesty's Stationery Office, London, pp. 174.

Bredell, G.S. and Barnard, C.J. 1974. Determining the water requirements of sub-tropical fruit trees. *Citrus and Sub-tropical Fruit Journal*, 487: 18-20.

Breddel, G.S., Barnard, C.J., Vincent, A.P. 1975. Application of herbicides through microjet irrigation system. *Citrus and Sub-tropical Fruit Journal*, 497: 17-18.

Britton, N.L. and Wilson, P. 1926. *Botany of Puerio Rico and Virgin Isles. Descriptive Flora-Spermatophyta.* Scientific Survey of

Puerto Rico and Virgin Isles. New York Academy of Science, 6(3): 16-20.

Brown, B.I. 1987. Post harvest handling and storage of lychees. The potential of lychee in Australia. *Proceedings of National Lychee Seminar*, 4560: 77-78.

Brown, B.I., Scott, K.J. and Mayer, D.G. 1984. Control of ripe fruit rot of guava, lychee and custard apple by post harvest prochloraz dips. *Singapore Journal of Primary Industries*, 12(1): 40-40.

Brown, B.L. 1986. Post-harvest handling and storage of lychees. (In) Menzel C.M. and Greer G.N. (Eds). The Potential of Lychees in Australia. *Proc. Ist National lychee Seminar,* Nambour, Australia, pp. 77-79.

Browne, A.C. 1940. Grafting and layering of litchi in Hawaii. *Cir. Hawaii Agricultural Experiment Station*, 60: 1-3.

Brunner, T. and Droba, B. 1982. New methods for mechanical pruning of fruit trees on a physiological basis. *Proceedings of XXI International Horticulture Congress*, 1: 1181.

Bucher, F.G. 1957. Pollinating insects of lychee blossoms. *Proceedings of the Florida State Horticultural Society*, 70: 326-328.

Butani, D.K. 1977. Pests of litchi in India and their control. *Fruits*, 32(4): 269-273.

Campbell, C.W. 1959. Storage behaviour of fresh “Brewster” and “Bengal” lychee. *Proceedings of the Florida State Horticultural Society*, 72: 356-360.

Campbell, C.W. and Malo, S.E. 1975. The Lychee. Florida Co-operation Extension Service, Fruit Crops Fact Sheet, p. 2.

Campbell, C.W., Harkness, R.W. and Young, T.W. 1964. Subtropical crops of minor importance. *Annual Report of Florida Agricultural Experiment Station*, pp. 354.

Campbell, C.W., Harkness, R.W. and Young, T.W. 1964. Sub-tropical crops of minor economic importance. Annual Report of Florida Agricultural Experiment Station, pp. 354.

Campbell, T.P. 1981. Marcotting litchis. *Queensland Fruit and Vegetable News*, 52: 156-157.

Castle, W.S. 1983. Antitranspirant and root and canopy pruning effects on mechanically transplanted eight-year old 'Murcott' citrus tree. *Journal of American Society for Horticultural Science*, 108: 981-985.

Cavaletto, C.G. 1980. *Lychee. (In) Tropical and Subtropical Fruits* Eds: Nagy, S. and Shaw, P.E.), A.V.I. Publishing Inc., Westport.

Chadha, K.L. 1968. Litchi cultivation in India. *Indian Horticulture*, 12: 13-36.

Chadha, K.L. and Rajpoot, M.S. 1969. Studies on floral biology, fruit set and its retention and quality of some litchi varieties. *Indian Journal of Horticulture,* 26(3/4): 124-129.

Chakraborty, S., Saha, N.K., Prakash, Kunal and Bist, H.C. 1980. Studies on varietal suitability of litchi (*Litchi chinensis*) for canning. *Indian Food Packer*, 34(6): 17-27.

Chalmers, D.J., Wildes, R.A., Dann, I.R. and Hunter, C.C. 1978. Control of assimilate distribution between fruit and vegetative growth in peach trees. II. The role of ethylene. *International Horticulture Congress.* Abstract No. 1924.

Chan, H.T. (Jr); Kwok, S.C.M. and Lee, C.W.Q. 1975. Sugar composition and invertase activity in Lychee. *Journal of Food Science*, 40: 772-774.

Chandler, W.H. 1919. Some results as to the responses of fruit trees to pruning. *Proceedings of the American Society for Horticultural Science*, 16: 88-101.

Chandler, W.H. 1958. *Evergreen Orchards.* California University Press. Philadelphia, PA, pp. 525.

Chang, T.C. 1983. Research Report Food Indust. Res. Dev. Inst., Hsinchu, Taiwan (86); 1-11.

Chao, C.C. 1961. Studies on the fruit drop of litchi. *Journal of Agriculture Association, China* (Taipai). 33, 43-50.

Chapman, K.R. 1983. Litchi (*Litchi chinensis* Sonn.). (In) *Aust. Tropical Tree Fruits*. Queensland. Govt. Printer, Brisbane, pp. 179-191.

Chapman, K.R. 1984. Litchi (*Litchi chinensis* Sonn.). (In) Page P.E. (Editor), *Tropical Tree Fruits for Australia.* Queensland Govt. Printer, Brisbane, pp. 179-191.

Chaturvedi, R.B. 1965. Preliminary studies on the sex distribution, pollination and fruit development in Litchi. *Allahabad Farmer*, 39: 49-51.

Chaturvedi, R.B. and Saxena, G.K. 1965. Studies on the blossom biology of litchi (*Litchi chinensis* Sonn.). *Allahabad Farmer*, 39: 10-13.

Chaudhury, J.K. 1940. A note on the morphology and chromosome number of *Litchi chinensis* Sonn. *Current Science*, 9: 416.

Chaudhary, J.K. and Banerjee, H. 1959. Physiological changes in litchi during storage at normal and low temperature. *Indian Journal of Plant Physiology*, 2: 141-144.

Chen, F., Li, Y and Chen, M. 1986. Production of ethylene by litchi fruits during storage and its control. *Acta Horticulturae Sinica*, 13(3): 151-156.

Chen, W.H. 1949. The culture of the lychee. *Proceedings of the Florida State Horticultural Society*, 61: 223-226.

Chen, W.S. 1990. Endogenous growth substances in xylem and shoot tip diffusate of lychee in relation to flowering. *Hort. Science*, 25: 314-315.

Chen, W.S. and Ku, M.L. 1988. Ethephon and kinetin reduce shoot length and increase flower bud formation in lychee. *Hort. Science*, 23: 6-11.

Chen, Y.Z., Li, P., Want, Y.R. and Zeng, L.P. 1987. The effect of chilling temperatures on the respiration, electrolyte leakage and cold storage life in litchi fruits. *Acta Horticulturae Sinica*, 14(3): 169-173.

Chennabasavana, G.P. 1966. A contribution to the knowledge of India Eriophyd mite. Eriophyoidae : Trambideterm. Acarina, Bangalore, University of Agricultural Sciences, Hebbal.

Chi, P.K., Pang, S.P. and Liu, A. 1984. Studies on downy blight of *Litchi chinensis* Sonn. I. The pathogen and infection process. *Acta Phytopathologica Sinica*, 14(2): 113-119.

Chinnappa, K.S. 1962. Effect of plant growth regulators on the rooting of air layers in litchi (*Litchi chinensis* Sonn.), *Lal Bagh*, 7: 28-31.

Chona, B.L. and Munjal, R.L. 1956. Notes on miscellaneous fungi. *Indian Phytopath*, 9: 53-66.

Choo, W.C. and Kesta, S. 1991. *Plant Resources of Southeast Asia. II. Edible fruits and nuts*. Pudoc, Wageningen, The Netherlands.

Chua, S.E. and Chuo, S.K. 1981. A guide to tropical fruit tree cultivation. Director of Primary Production. Ministry of National Development, Singapore, 52.

Chundawat, B.S. and Randhawa, G.S. 1976. Effect of ringing and root pruning on fruit set, fruit drop and quality of Marsh seeded grapefruit. *Haryana Journal of Horticultural Science*, 1: 19-22.

Chundawat, B.S. and Sharma R.N. 1978. *Manual of Fruit and Vegetable Preservation.* H.A.U., Hissar, pp. 90.

Cobin, M. 1948. Notes on the grafting of *Litchi chinensis* Sonn. *Proceedings of the Florida State Horticultural Society*, 61: 265-268.

Cobin, M. 1954. *Lychee in Florida*. Bulletin, Florida Agricultural Experiment Station, 46: 1-35.

Cooper, W.C. and Knowlton, K.R. 1939. The effect of synthetic growth substance on the rooting of sub-tropical fruit plants. *Proceedings of the American Society of Horticultural Science*, 37: 1093-1098.

Covile, F.V. 1912. The lychee (*Litchi chinensis*)-a mycorrhizal plant. (In) Appendix to *The Lychee and Longan*, Groff G.W. (Ed.). Canton Christian College and Orange Judd Company, New York.

Crowe, A.D. 1980. Containment pruning in intensive, medium density orchards. *Compact Fruit Tree*, 13: 91-96.

Cul, B.W. and Hams, F.D. 1974. Litchi finds a new home in Queensland. *Queensland Agricultural Journal*, 100: 597-603.

Cull, B.W. 1977. Report on overseas study tour. Queensland Dep. Primary Industries, pp. 1-92.

Cull, B.W. and Hams, F.D. 1974. Litchi finds a new home in Queensland. *Queensland Agricultural Journal*, 100: 597-603.

Cull, B.W. and Paxton, B.F. 1982. *Litchi* (*Litchi chinensis*). Yearbook West Australian Nut Tree Crop Association, 7: 13-21.

Cull, B.W. and Paxton, B.F. 1983. Growing the lychee in Queensland. *Queensland Agricultural Journal*, 109: 53-60.

Dabral, M., Lal, R.L. and Misra, K.K. 2003. Performance of Litchi (*Litchi Chinensis*) Cultivars under foot hills region of Uttaranchal. *The Indian J. Agril. Sci.,* 73(6):338-340.

Dabral, M. and Misra, K.K. 2007. Studies on Flowering and Fruiting in some litchi cultivars. *Indian J. Hort.,* 64(2):207-210.

Dalal, V.B., Eipsen, W. Edward and Singh, N.S. 1970. Wax emulsion for fresh fruits and vegetables to extend their storage life. *Indian Food Packer*, 25(5): 9-15.

Darvos, J.M. 1992. Armillaria rot of litchi trees (*Litchi chinensis*) in South Africa. Year Book South Africa Litchi Growers Association, No. 4: 204.

Das, C.S. and Chaudhary, K.R. 1958. Floral biology of litchi (*Litchi chinensis* Sonn.). *South Indian Horticulture*, 6: 12-22.

Das, C.S. and Roy Chaudhari, K. 1955. Flowering of litchi. *South Indian Horticulture*, 6: 17-22.

Davenport, D.C., Martin, P.E. and Hagan, R.M. 1971. Antitranspirants for conservation of leaf water potential of transplanted citrus trees. *Hort. Science*, 7: 511-512.

Davies, F.S. and Albrigo, L.G. 1994. *Pruning in Citrus*. C.A.B. International, Wallingford, U.K., pp. 159-161.

Devi, S.B, Balagopal, C., Indrasenan, G. and Nair, P.U. 1974. Studes on pathogens affecting litchi trees. *Agricultural Research Journal of Kerala*, 12(1): 99-101.

Dickinson, T.A. 1962. Growing litchis in California. *World Crops*, 14: 55-56.

Donahue, R.L., Miller, R.W. and Shickluma, J.D. 1987. *Soils-An Introduction to Soils and Plant Growth* (5th Edn.). Prentice-Hall of India, New Delhi, pp. 667.

Dutt, A.K. 1962. Response of litchi to minor elements in laterite soils. *Fertilizer News*, 7: 24-26.

Duvenhage, J.A. 1994. Control of postharvest decay and browing of litchi fruit by sodium metabisulphate and low pH dips – an update. *South African Litchi Growers Association*, 6: 36-38.

Edmond, J.B., Senn, T.L., Andrews, F.S. and Halfacre, R.G. 1977. *Fundamentals of Horticulture* (4th edn). Tata McGraw Hill Publishing Company Ltd., New Delhi.

Emmert, F.H. and Franklin, W.S. 1954. The effect of maturity appemanation, waxing and growth regulators on respiration and red colour development of tomato fruits. *Proceedings of the American Society for Horticultural Science*, 63: 398-400.

Evreinoff, V.A. 1950. The litchi. *Fruits*, 5: 325-333.

F.A.O. 1991. F.A.O. Production year-book, F.A.O., Rome.

Feilden, G.S.C. and Gardner, R.J. 1936. Vegetative propagation of tropical and sub-tropical fruits. *Tech. Communication, Imp. Bur. Fruit Production*, 7: 47-48.

Firminger, W.K. 1947. *Manual of Gardening in India*. Thaker, Spink and Company, Calcutta.

Fletcher, T.B. 1918. Report of the Imperial Entomologist. Science Report of Agricultural Research Institute, Pusa (1917-18), pp. 84-116.

Fletcher, T.B. 1920. Report of the Imperial Entomologist. Science Reports of Agricultural Research Institute, Pusa (1919-20), pp. 68-94.

Fletcher, T.B. 1921. Report of the Imperial Entomologist. Science Reports of Agricultural Research Institute, Pusa (1920-21), pp. 41-59.

Fletcher, T.B. and Mujtaba 1917. Report of the Proceeding of the Second Entomological Meeting held at Pusa, pp. 229-230.

Fu, L.F. and Tang, D.Y. 1983. Induction of plantlets from pollen of litchi chinensis. *Acta Genetica Sinica*, 10(5): 369-374.

Fuchs, Y., Zauberman, G., Ronen, R., Rot, I., Waksler, A. and Akerman, M. 1993. The physiological basis of litchi fruit pericarp colour retention. *Acta Horticulturae*, 34: 29-33.

Galan Sauco, V. 1987. *The culture of litchi*. F.A.O. Plant Production and Protection Paper, 83. F.A.O., Rome, pp. 203.

Galloway, B.T. 1922. Improved method of propagating the litchi. *Journal of Heredity*, 13: 201-206.

Gardner, F.E., Marth, P.C. and Batjer, L.B. 1939. Spraying with growth substances to prevent apple fruit dropping. *Science*. 90: 209-209.

Gardner, R.J. and Chaudhuri, S.A. 1976. The propagation of tropical fruit trees. *Horticultural Review*, Commonwealth Bur. Horticultural Plantation Crops, 4: 1-566.

Gardner, R.J. and Piper, R.B. 1943. Ease of propagation of some sub-tropical fruits by cuttings from young seedlings. *Proceedings of the Florida State Horticultural Society*, 56: 124-126.

Garg, R.C. and Ram, H.B. 1969. Effect of different concentrations of wax-emulsion on the storage behaviour of litchi (*Litchi chinensis* Sonn.). *Progressive Horticulture*, 3(4): 33-39.

Garg, R.C., Srivastava, R.K., Jain, K.S.P. and Ram, H.B. 1974. Effect of certain food additives on the pink discoouration of canned litchi (*Litchi chinensis* Sonn.). *Progressive Horticulture*, 6(2/3): 93-103.

Gaskins, M.H. 1960.Effects of certain plant growth regulators upon cold hardiness of lychees. *Proceedings of the Florida State Horticultural Society*, 72: 339-343.

Gaur, G.S. and Bajpai, P.N. 1977. Maturity standards for litchi fruits (*Litchi chinensis* Sonn.). *Progressive Horticulture*, 9(3): 11-17.

Gaur, G.S. and Bajpai, P.N. 1978. Postharvest physiology of litchi fruits-I. *Progressive Horticulture*, 10(3): 63-77.

Gaur, G.S. and Bajpai, P.N. 1978. Some aspects of developmental physiology of the litchi fruit. *Indian Journal of Horticulture*, 35: 173-177.

Gaur, G.S. and Singh, R.P. 1987. Post Harvest storage studies in litchi (*Litchi chinensis* Sonn.) fruits. *Proceedings of Symposium on Himalaya Horticulture in the Context of Defence Supplies*: 70.

Geisler, D. and Ferree, D.C. 1984. Response of plants to root pruning. *Horticultural Review*, 6: 155-188.

Ghosh, B. and Mitra, S.K. 1990. Effect of varying level of nitrogen, phosphorus and potassium on yield and quality of litchi (*Litchi chinensis* Sonn.) cv. Bombay. *Haryana Journal of Horticultural Science*, 19(1-2): 7-12.

Ghosh, B., Biswas, B. and Mitra, S.K. 1987. Control of fruit drop in litchi cv. Bombai with growth regulators and zinc. *Progressive Horticulture*, 19: 171-175.

Ghosh, B., Biswas, B., Mitra, S.K. and Bose, T.K. 1987. Physico-chemical characteristics of litchi cultivars. *Indian Food Packer,* 41: 34-37.

Gianinazzi-Pearson, V. and Gianinazzi, S. 1983. The physiology of vesicular-asbuscular mycorrhizal roots. *Plant and Soil.,* 71: 197-209.

Gill, R.S. 1992. *Blastobasis* species. A new pest of litchi fruit in Punjab. *Proceedings of National Seminar on Recent Developments in Litchi Production* held at R.A.U., Pusa, 1992, pp. 38-39.

Gill, R.S., Sharma, R.C. and Bains, S.S. 1992. Chemical control of nut borer (*Blastobasis* species) of litchi. *Proceedings of National Seminar on Recent Development in Litchi Production* held at R.A.U., Pusa, 1992, pp. 39-40.

Glen, D.M. 1990. Alternative orchard floor management practices. *Proc. Annual Meeting of Massachusetts Fruit Gower Association*, 96: 79-80.

Goldweber, S. 1959. Observation on lychees grown in pot culture. *Proceedings of the Florida State Horticultural Society*, 72: 353-356.

Goto, Y.B. 1960. Lychee and its processing. Pacific Region Food Conference, 1: 15-23.

Grant, Y.B. and William, A.N.A. 1936. *Burma fruits and their cultivation*. Burma Dept. Agri. Bull. No. 30.

Grochowska, M.J., Karaszewska, A., Jankowska, B. and Maksymiuk, J. 1981. Comparative studies on the pattern of endogenous growth hormones in pruned and unpruned apple trees. I. Changes induced by the dormant pruning in auxin, gibberellin and cytokinin activities of the stem and annual shoots. (In) Physiological aspects of pruning and other treatments promoting flower formation and fruit retention in the apple tree. Report for 1975-1981. Research Institute of Pomology, Skierniewice, Poland, pp. 79-133.

Grochowska, M.J., Karaszewska, A., Jankowska, B., Maksymiuk, J. and Williams, M.W. 1984. Dormant pruning influence on auxin, gibberellin and cytokinin levels in apple trees. *Journal of American Society for Horticultural Science*, 109: 312-318.

Groff, G.W. 1921. Some ecological factors involved in successful litchi culture. *Proceedings of the Florida State Horticultural Society*, 56: 34-55.

Groff, G.W. 1921. *The Lyche and Longan.* Orange Judd Company and Canton Christian College, China.

Groff, G.W. 1943. Some ecological factors involved in successful lychee culture. *Proceedings of the Florida State Horticultural Society*, 56: 34-55.

Groff, G.W. 1943. Some ecological factors involved in successful lychee. *Proceedings of the Florida State Horticultural Science*, 56: 134-155.

Grove, W.R. 1952. *The Lychee in Florida*. Fla. Dept. Agric. Publ. No. 134, Tallahassee.

Grove, W.R. 1947. Wrapping air layers with rubber plastic. *Proceedings of the Florida State Horticultural Society*, 60: 184-187.

Gupta, J.H. 1992. Chemical control of algal rust of litchi caused by *Cephaleuros virescens* Kunze. *Progressive Horticulture*, 24(1-2): 109-110.

Hameed, S.F., Sharma, D.D. and Agarwal, M.L. 1992. Integrated Pest management in litchi. *Proceedings of National Seminar on Recent Development in Litchi Production* held at R.A.U., Pusa, 1992, pp. 38.

Hamilton, R.A. and Yee, W. 1970. Litchi cultivars in Hawaii. *Proceedings of the American Society for Horticultural Science*, 14: 7-12.

Hamilton, R.W. 1961. Litchi, the fruit that goes nutty. *West Fruit Grower*, 15: 37-38.

Hardwood, R.R. and Price, E.E. 1976. Multiple cropping in tropical Asia. (In) Multiple Cropping. ASA Publication No. 27, American Society of Agronomy, Madison, U.S.A.

Hargreaves, P.A. 1983. Benomyl residues in litchis after post harvest dipping. *Australian Journal of Experimental Agriuclture and Animal Husbandary*, 23: 95-98.

Harkness, N.W. and Cobin, H. 1950. Harden mango maturity observations during 1960. *Proceedings of Society of Florida Mango fruit*, 10: 27-32.

Hartman, H.T. and Kester, D.E. 1975. *Plant Propagation*. 3rd Edition, Prentice Hall. Englewood Cliffs, New Jersey pp. 662.

Hasan, A., Ghosh, B. and Mitra, S.K. 1992. Studies on the physiology of fruit growth in litchi. *Haryana Journal of Horticultural Science*, 21: 24-27.

Hassan, M.A. and Chattopadhyay, P.K. 1990. Effect of different soil moisture regimes on growth and yield of litchi cv. Bombai. *Indian Journal of Horticultrue*, 47(4): 397-400.

Hassan, M.A. and Chattopadhyay, P.K. 1991. Flowering behaviour of litchi as affected by different soil moisture regimes. *South Indian Horticulture*, 39(2): 67-70.

Hassan, M.A. and Chattopadhyay, P.K. 1992. Note on effect of different soil moisture regimes on water requirement, crop coefficient and water use efficiency of litchi. *Indian Journal of Horticulture*, 49(2): 155-157.

Hatfield, J.L. 1983. ET obtained from remote sensing methods. *Advances in Irrigation Science*. Vo. I. Academic Press, New York.

Hayes, W.B. 1957. *Fruit Growing in India*, 2nd Edn. Kitabistan, Allahabad, India.

Hegreavs, P.A. 1983. Benomyl residues in litchis after postharvest dipping. *Australian Journal of Experimental Agricultural and Animal Husbandry*. 23(120): 95.

Heinicke, D.R. 1975. High-density apple orchards-planting training and pruning. Agric. Haqndb., U.S. Department of Agriculture Research Service, No. 458, pp. 1-34.

Higgins, J.E. 1917. *Litchi in Hawaii*. Bull. Hawaii Agricultural Experiment Station, 44: 1-21.

Hillel, D. 1987. The efficient use of water in irrigation. The World Bank Tech. Paper No. 64, World Bank, Washington, D.C., pp. 101.

Ho, H.H., Lu, J.Y. and Gong, L.Y. 1984. Observations on asexual reproduction by *Peronophythora litchi*. *Mycologia*, 76(4): 745-747.

Hoad, G.V. and Abbott, D.L. 1984. Hormonal control of growth and reproductive development in apple. (In) Lakso, A.N. and Lenz, F. (Eds.) Regulation of photosynthesis in fruit trees. Special Report, New York State Agricultural Experiment Station, Cornell Univ., Geneva.

Hoda, M.N. and Syamal, N.B. 1975. Effect of zinc and growth regulators on sex, fruit formation and abscission layer in litchi. *Science and Culture*, 41: 448-450.

Hoda, M.N., Syamal, N.B. and Chhonkar, V.S. 1973. Growth substances and zinc on litchi fruit drop. *Indian Journal of Horticulture*, 30: 456-460.

Hoda, M.N., Syamal, N.B. and Chhonkar, V.S. 1975. Growth substances and zinc on development and quality of litchi fruits. *Indian Journal of Horticulture*, 32: 151.

Hooker, J.D. 1875. *The Flora of British India*. Vol. 1. L. Reeve and Company, London, pp. 685-687.

Horst, R.K. 1979. *Mushroom rot Clitocybe tabascens in Florida*. Westcott's Plant disease handbook (IV Edition). Van Nostrand, Rheinhold Co, New York.

Howard, A. 1925. The effect of grass on trees. *Proceedings of the Royal Society of London* (*Series B*), 97: 284-321.

Huang, C.C. and Wang, Y.T. 1990. Effect of storage temperature on the colour and quality of litchi fruit. *Acta Horticulturae*, 269: 307.

Huang, H. and Xu, J. 1983. The developmental patterns of fruit tissues and correlative relationship in *Litchi chinensis* Sonn. *Scientia Horticulturae*, 19: 362.

Huang, H.B. 1989. The water relations problem of fruit trees in Guangdong. *Journal South China Agricultural University*, 10(1): 33-39.

Huang, M. 1985. Control of rotting and browning of litchi fruit after harvest at ambient temperature in China. *Tropical Agriculture*, 62(1): 2-4.

Huang, P.C. 1966. Constituent and utilization. (*In*) *Tropical Fruit Trees. Vol. 2. Lychee.* Publisher Unknown (Chinese).

Huang, P.Y. and Scott, K.J. 1985. Control of rotting and browning of litchi fruit after harvest at ambient temperature in China. *Tropical Agriculture*, 62(1): 2-4.

Huang, S., Hart, H., Lee, H. and Wicker, L. 1990. Enzymatic and colour changes during postharvest storage of lychee fruit. *Journal of Food Science*, 55(6): 1762-1763.

Hundel, H.S. and Arora, C.L. 1995. DRIS approach for nitrogen, phosphorus and potassium foliar diagnostic norms for litchi (*Litchi chinensis*). *Journal of Indian Society of Soil Science*, 43(1): 58-63.

Husan, M.A. and Chattopadhyay, P.K. 1990. Influence of N, P. K nutrition on the peel pigmentation of *Litchi chinensis* Sonn. *Orissa Journal of Horticultural Research*, 3(3-4): 177-180.

Huxley, A. 1981. *The Penguin Encyclopedia of Gardening.* Penguin Books, Middlesex, England, pp. 373.

Hwang, J.S. and Hsich, F.K. 1989. The bionomics of the cocoa pod borer in Taiwan. *Plant Protection Bulletin, Taipei*, 31(4): 387-395.

Ireta Ojeda, A. 1975. Studies on litchi propagation by air layering in Valle de Culiacan. *Agricultural Tec. Mex.*, 11: 418-423.

Jackson, J.E. 1980. Theory of light interception by orchards and a modelling approach to optimizing orchard design. *Acta Horticulturae*, 114: 69-79.

Jacobi, K.K., Wong, L.S. and Giles, J.E. 1993. Lychee (*Litchi chinensis* Sonn.) fruit quality following vapour heat treatment and cool storage. *Postharvest Biology and Technology*, 3(2): 111-119.

Jain, S.P., Tripathi, V.K., Ram, H.B. and Singh, S. 1988. Varietal suitability of litchi for squash making. *Indian Food Packer*, 42(1): 29-33.

Jaiswal, B.P., Sah, N.L. and Prasad, U.S. 1987. Regulation of colour break during litchi (*Litchi chinensis* Sonn.) ripening. *Indian Journal of Experimental Biology,* 25(1): 66-72.

Jamaluddin; Tandon, M.P. and Tandon, R.N. 1975. Rot of fruits of litchi (*L. chinensis*) in marketing process. *India Phytopath*, 28(4): 530-531.

Janick, J. 1986. *Horticultural Science* (4th Edn.). Freeman, New York, pp. 746.

Jawanda, J.S. and Singh, S. 1977. Fruit yield, ripening time and fruit quality of litchi cultivar grown in Punjab. *Punjab Horticultural Journal,* 17: 122-125.

Jha, H.K. 1980. Marketing of litchi at Muzaffarpur and its suburbs. M.Sc. RAU, Pusa, pp. 62-63.

Jiang, J.P., Su, M.X. and Lee, P.M. 1986. The production and physiological effects of ethylene during ontogeny and after harvest of litchi fruits. *Acta Phytophsiologica Sinica*, 12(1): 95-103.

Johnstone, H.G. 1956. Direct field planting of lychee layers : a progress report. *Proceedings of Florida Lychee Growers Association*, 3: 49-53.

Joiner, J.N. 1959. The effects of different levels of nitrogen, potassium and magnesium on the growth of lychee. *Proceedings of the Florida State Horticultural Society*, 72: 346-348.

Joiner, J.N. and Dickey, R.D. 1961. Effects of nitrogen, potassium and magnesium levels on growth and chemical composition of lychee (*Litchi chinensis* Sonn.) grown in sand culture. *Proceedings of American Society for Horticulture Science, 77*: 270-277.

Jones, H.G., Lakso, A.N. and Syvertsen, J.P. 1985. Physiological control of water status in temperate and sub-tropical fruit trees. *Horticultural Review*: 301-344.

Jones, W.W. and Beaumont, J.H. 1937. Carbohydrate accumulation in relation to vegetative propagation of the litchi. *Science*, 86: 313.

Jones, W.W. and Embleton, T.W. 1969. Potassium nutrition of sub-tropical fruits. *Hort. Science*, 4: 37-38.

Joubert, A.J. 1970. *The litchi*. Bull. No. 389. South Africa Department of Agriculture Technical Service, pp. 22.

Joubert, A.J. 1986. *Litchi in CRC Handbook of Fruitset and Development* (Ed. Monselise, S.P.). CRC Press, Florida. Pp. 233-246.

Joubert, A.J. and Lelyveld, L.J.V. 1975. An investigation of post-harvest browning of litchi peel. *Phytophylactica*, 7: 9-13.

Kadman, A. 1985. Improvement in the air layering propagation method for laychee and Macadamia trees. *Acta Horticulture*, 158: 143-149.

Kadman, A. 1985. Propagation of sub-tropical fruit trees by air layering. *Hassadeh*, 63(8): 1674-1678.

Kadman, A. and Slor, E. 1974. Experiments with propagation of the litchi (*Litchi chinensis*) in Israel. *Indian Journal of Horticulture*, 31: 28-33.

Kadman, A. and Slor, E. 1982. Experiments with propagation of the litchi (*Litchi chinensis*) in Israel. *Indian Journal of Horticulture*, 31: 28-33.

Kadman, A. and Slor, E. 1982. Litchi growing in Israel. *Alon Hanotea*, 36: 673-688.

Kadman, A. and Tomer, E. 1987. Effect of nitrogen fertilizer level on growth of lychee (*Litchi chinensis* Sonn.). *Journal of Plant Nutrition*, 10(9/16): 1853-1857.

Kaisaer, C. 1994. Litchi (*Litchi chinensis* Sonn.) pericarp colour retention. Yearbook South Africa Litchi Growers Association, 6: 32-35.

Kang, M.S., Singh, I. and Singh, I. 1991. Die-back and leaf blight of litchi incited by *Pestalotiopsis mangiferae* (Hem.) Stayaert. *Plant Disease Research*, 6(1): 103-104.

Kantilal, C. 1944. A note on the morphology and chromosome number of *Litchi chinensis* Sonn. *Current Science*, 9(9): 416.

Kanwal, J.S. and Nijjar, G.S. 1975. Litchi cultivation in Punjab. *Punjab Horticultural Journal,* 15: 8-13.

Kanwar, J.S. and Kahlon, G.S. 1985. Intensity and pattern of fruit drop in litchi. *Journal of Research, Punjab Agricultural University,* 22: 1, 48-52.

Kanwar, J.S. and Kahlon, G.S. 1985. Intensity and pattern of fruit drop in litchi. *Punjab Horticultural Journal*, 15: 9-13.

Kanwar, J.S. and Nijjar, G.S. 1976. Fruit development in relation to cracking in litchi (*Litchi chinensis* Sonn.) at Gurdaspur (Punjab). *Haryana Journal of Horticultural Science*, 5: 164-168.

Kanwar, J.S. and Nijjar, G.S. 1985. Comparative evaluation of fruit growth in relation to cracking of fruits in some litchi cultivars. *Punjab Horticultural Journal*, 24: 82.

Kanwar, J.S., Nijjar, G.S. and Rajpoot, M.S. 1972a. Fruit growth studies in litchi (*L. chinensis* Sonn.) at Gurdaspur (Punjab). *Punjab Horticultural Journal*, 12: 146-151.

Kanwar, J.S., Rajpoot, M.S. and Bajwa, M.S. 1972. Sun-burning and skin cracking in some varieties of litchi (*Litchi chinensis* Sonn.) and the factors affecting them. *Indian Journal of Agricultural Science,* 42: 772-775.

Kanwar, R. and Srivastava, R.P. 1989. A note on N and K fertilization effect on chemical composition, yield and fruit quality of litchi (*Litchi chinensis* Sonn.) cv. Rose Scented. *Haryana Journal of Horticultural Sience,* 18 (1-2): 67-71.

Kao, C.W. and Leu, L.S. 1980. Sporangium germination of *Peronophythora litchi*, the causal organism of litchi downy blight. *Mycologia*, 72: 737-748.

Katyal, S.L. and Chug, D.V. 1961. Problems in extensive litchi cultivation. *Horticultural Advance*, 5: 39-41.

Keifer, H.H. 1943. *Eriophyied studies.* XIII. California Department of Agriculture Bulletin, 32(3): 212-222.

Ketsa, S. and Leelawatana, K. 1992a. Effect of pre and post storage acid dipping on browing of lychee fruits. *Acta Horticulturae*, 321: 726-731.

Ketsa, S. and Leelawatana, K. 1992b. Effect of pre-cooling and polythelene film liners in corrugated boxes on quality of lychee fruits. *Acta Horticulturae*, 321: 742-746.

Kevin, J., Scott, Brain J.B., Grantley, R.C., Mary, E.W. and John, M.B. 1982. The control of rotting and browning of litchi fruit by hot benomyl and plastic film. *Scientia Horticulturae*, 16: 253-262.

Khan, A.R. 1929. Pollination and fruit formation in litchi. *Agricultural Journal of India*, 24: 183-187.

Khan, I., Mishra, R.S. and Srivastava, R.P. 1976. Effect of plant growth regulators on fruit drop, size and quality of litchi cultivar Rose Scented. *Progressive Horticulture*, 8: 61-69.

Khanduja, S.D., Balasubramanyam, V.R. and Saraswati, K.B. 1974. Zinc improves fruit set in grapes. *Indian Horticulture*, 19: 36.

Khangura, J.S., Kanwar, J.S., Singh, H. and Singh, D. 1992. Pest management in litchi. *Proceedings of National Seminar on Recent Development in Litchi Production* held at R.A.U., Pusa, 1992, pp. 40-41.

King, J., Exley, E.M. and Vithange, V. 1989. Insect pollination for yield increase in lychee. *Proceedings of 4th Australian Congress on Tree and Nut Crops,* pp. 142-145.

Knight, R. (Jr). 1980. Origin and world importance of tropical and subtropical fruits. (*In*) *Tropical and Subtropical Fruits* (Eds. Nagy, S. and Shaw, P.E.). A.V.I. Publishing Inc., Westport. Pp. 1-120.

Knight, R.J. 1963. The lychee evaluation programme at the U.S. Plant Introduction Station, Miami, Florida. *Proceedings of Florida Litchi Growers'Association,* 10: 47-51.

Kobayashi, K.O. and McLean, R.M. 1985. Relationship of yield of lychee to tissue and soil analysis and weather. *HortScience*, 20: 607.

Kobayashi, Y., Kimishima, E., Nishio, T. and Nagao, N. 1986. *Peronophythora litchi* isolated from litchi fruit imported from Taiwan. Research Bulletin of the Plant Protection Service Japan, No. 22: 55-60.

Koen, T. 1977. *Manurial requirements of litchi trees.* Information Bulletin, Citrus and Sub-Tropical Fruits Research Institute, 57: 7.

Koen, T.J. 1987. *Leaf analysis of subtropical fruits.* Information Bulletin, Citrus and Sub-Tropical Fruits Research Institute, 182: 9-10.

Koen, T.J. and Langengger, W. 1979. Leaf analysis in litchi. *Farming in South Africa*, 13: 2.

Koen, T.J., Langenegger, W. and Smart, G. 1981. Nitrogen fertilization of litchi tree. Information Bulletin of Citrus and Sub-tropical Fruit Research Institute, 107: 11.

Koen, T.J., Langengger, W. and Smart, G. 1981a. *Determination of the fertilizer requirements of litchi trees.* Inf. Bull., Citrus and Sub-tropical Fruit Research Institute, 103: 9-12.

Koen, T.J., Langengger, W. and Smart, G. 1981b. Nitrogen fertilization of litchi trees. Inf. Bull., Citrus and Sub-tropical Fruit Research Institute, 107: 9-11.

Koen, T.J. and Smart, G. 1982. Effect of optimal manure on the production and fruit quality of litchi trees. Citrus and Sub-tropical Fruit Research Institute, 117: 1-2.

Koen, T.J. and Smart, G. 1983a. Fertilization of litchis. Citrus and Sub-tropical Fruit Research Institute, p. 1.

Koen, T.J. and Smart, G. 1983b. Leaf Analysis in Litchi. Citrus and Sub-tropical Fruit Research Institute, p. 2.

Koen, T.J. and Smart, G. 1983c. Soil preparation for litchis. Citrus and Sub-tropical Fruit Reseach Institute, p. 2.

Koo-Duang, A. and Subhadrabandhu, S. 1987. Effects of branch girdling on total nonstructural carbohydrate content in relation to flowering of two litchi (*Litchi chinensis* Sonn.) cultivars. *Kesetsart Journal of Natural Sciences*, 21(2): 132-141.

Kramer, P.J. and Kozlowski, T.T. 1979. *Physiology of Woody Plants*. Academic Press, New York.

Kremer-Kohne, S. and Lonsdale, J.H. 1990. Maintaining market quality of fresh litchi during storage. Part I – Control of browning. Litchi Yearbook South African Litchi Growers Association, 3: 15-17.

Krizek, D.T. 1985. Methods of inducing water stress in plants. *Hort. Science*, 20: 1028-1034.

Kuhn, G.D. 1962. Some factors influencing the properties of lychee jelly. *Proceedings of the Florida State Horticultural Society*, 75: 408-410.

Kulkarni, S.M., Malhotra, C.P. and Ghos, M. 1967. *Platypepla aprobola* Meyer., a leaf roller on *Moghnia macrophylla* (Wild) O. Ketze. *Indian Forest*, 93: 111-119.

Kumar, Ganesh and Lal, R.L. 1993. Training trial in litchi. Group workers meeting for sub-tropical fruits. Research Reports, 1993. All India Co-ordinated Research Project on Sub-tropical fruits, I.C.A.R., New Delhi.

Kumar, K.K. 1992. Management of litchi mite *Aceria litchi* Keifer. *Indian Journal of Plant Protection*, 20(2): 229-231.

Kumar, M. and Lall, B.S. 1984. Incidence of insect-pests of litchi fruits in different localities of Bihar. *Bulletin of Entomology*, 25(1): 898-899.

Kumar, M. and Lall, B.S. 1985. Binomics of the litchi fruit borer *Carpophilus obsoletus* Er. (Coleoptera : Nitidulidae). *Bulletin of Entomology*, 26(1): 42-45.

Kumar, Rajesh and Sharma, S.B. 1995. Litchi cultivation. (*In*) *Text Book of Pomology*, Vol. 2. Kalyani Publishers, Ludhiana.

Kumar, S., Kumar, R., Sharma, R.K., Hoda, M.N. and Singh, U.P. 1981. Effect of growth regulators on litchi (*Litchi chinensis* Sonn.). *Indian Journal of Horticulture*, 38: 191-194.

Lal, H. and Nirwan, R.S. 1980. Saharanpur Selection, a new litchi cultivar. *Progressive Horticulture*, 12: 75-77.

Lalduhawama, K. 1987. Studies on the effect of plant growth regulators on fruit drop, development and quality of litchi (*Litchi chinensis* Sonn.). Thesis M.Sc. (Ag.), R.A.U., Pusa, Bihar.

Lall, B.S. and Malik, S.N. 1976. Binomics and control of litchi leaf roller (*Platypepla aprobola* Meyer). Lepidoptera : Tortricidae. *Proceedings of the National Academy of Sciences*, India, pp. 22-23.

Lall, B.S. and Rahman, M.F. 1975. Studies on the bionomics and control of the Erinose mite, *Eriophyes litchi* keifer, Acarina : Eriophydae. *Pesticides*, 9(11): 49-54.

Lall, B.S. and Sharma, D.D. 1976. Studies on the bionomics and control of cacao moth (*Acrocercops cramerella* Sn. Gracillariidae : Lepidoptera). *Proceedings of the National Academy of Sciences*, India, pp. 22-23.

Lall, B.S. and Sharma, D.D. 1978. Studies on the binomics and control of the cacao moth *Acrocercops cramerella* Snell. (Lepidoptera : Gracillariidae). *Pesticide*, 12(12): 40-42.

Lambard, P.B. 1963. Maturity study of mandarins. *California Citrograph*, 48: 171-176.

Langenegger, W. 1974. *Nutrient requirement of litchis: Leaf and Soil Analysis*. Information Bulletin, Citrus and Sub-tropical Fruit Research Institute, 20: 9-10.

Langenegger, W. 1975. *Litchi nutrient trial*. Inf. Bull., Citrus and Sub-tropical Fruit Research Institute, 37: 5-6.

Ledger, S.N. 1986. Packaging lychees. *Proceedings of the 1st National Lychee Seminar*. Sunshine Coast, Queensland, pp. 79-81.

Lee, H.S. and Wicker, L. 1991a. Quantitative changes in anthocyanin pigments of lychee fruit during refrigerated storage. *Food Chemistry*, 40(3): 263-270.

Lee, H.S. and Wicker, L. 1991b. Anthocyanin pigments in the skin of lychee fruits. *Journal of Food Science*, 56(2): 448-493.

Leenhouts, P.W. 1978. Systematic notes on the Sapindaceae-Nepheleae. *Blumea*, 24(2): 395-403.

Lenka, P.C. and Das, R.C. 1981. A note on the effect of IBA and rooting media on litchi stem cutting under mist. *Orissa Journal of Horticulture*, 9(1): 40-41.

Leung, W.T. 1961. Food composition table for use in Latin America. Inst. Nutr. Central Am. And Panama, Gautemala City, C.A. and Natl. Inst. Health, Bethesda, Md.

Li, L.Y. and Li, C.S. 1948. Blooming of the orange, lychee and longan trees during the winter of 1948 in Foochow. *Fukien Agriculture Journal*, 10: 163-168.

Li, L.Y. and Li, C.S. 1949. An improved method of air layering lychee tree. *Fukien Agricultural Journal*, 1: 1-6.

Li, P., Wang, Y.R., Chen, Y.Z., Li, S. and Liu, H.X. 1989. Effect of cold hardening of litchi fruit on prolonging its cold storage life after storage. *Acta Botanica Austro Sinica*, 4: 143-151.

Liang, J. 1981. The litchi, origin, utilization and development of its culture. *Journal of Agriculture, Trinidad*, 28: 257-270.

Liang, W.Y., Liang, L.F., Ji, Z.L. and Li, P.W. 1987. The fluctuation of endogenous gibberellins and indole 3-acetic acid in *Litchi chinensis* shoot tips dring flower initiation. *Acta Horticulturae*, 14: 145-152.

Lichou, J. 1977. Fruit nursery in Reunion. Programmes-useful techniques, prospective. *Fruits*, 32: 197-209.

Lin, Z.F., Li, S.S., Zhang, D.L., Lin, G.Z., Li, Y.B., Liu, X.X. and Chen, M.D. 1988a. Variations of pigments, phenolics and the activities of related enzymes in the pericarp of harvested litchi fruits. *Acta Botanica Sinica*, 30(1): 40-45.

Lin, Z.F., Li, S.S., Zhang, D.L., Lin, S.X., Li, Y.B., Lin, G.Z. and Chen, M.D. 1988b. Changes of oxidation and perodxidation in postharvest litchi fruits. *Acta Botanica Sinica*, 30(4): 384-387.

Linder, R.C., Ikeda, W. and Awada, M. 1946. Biennial Report of Hawaii Agriculture Experiment Station.

Liu, S.Y. 1954. Studies on *Litchi chinensis* Sonn. *Dissertation Abstract*, 14: 1018-1019.

Loebel, R. 1976. *The litchi*. Tropical Fruit Bulletin. N.S.W. Dep. Agric., 6: 1-12.

Loomis, H.F. 1955. Bengal Promising large-clustered Indian lychee. *Proceedings of Florida Lychee Growers Association*, 2: 9-12.

Lu, L.X., Chen, J.L. and Chen, X.J. 1987. A study on chromosome number and meiosis in pollen mother cells in *Litchi chinensis* Sonn. *Journal of Fujian Agricultural College*, 16(3): 224-228. Merrill, E.D. 1923. *An Enumeration of Philippine Flowering Plants*. Bur. Printing, Manila, Philippines. Pp. 12.

Lyall, P. and Mittal, R.K. 1980. *Litchi chinensis* – a new host for *Cladosporium chlorocepthalum. Environment India*, 3(1-1): 87.

Lynch, S.I. 1958. The effects of cold on lychees on the calcareous soil of southern Florida. *Proceedings of the Florida State Horticulture Society*, 71: 359-362.

Lynch, S.J. 1954. Fertilizing practices on the lychee in Dade Country. *Proceedings of Florida Lychee Growers Associations*, 1: 14.

Lynch, S.J. 1958. The effect of cold on lychees on the calcareous soil of southern Florida. *Proceedings of the Florida State Horticultural Society*, 71: 359-362.

Lynch, S.J. and Nelson, R.O. 1956. Current method of vegetative propagation of avocado, mango, lychee and guava in Florida,. *Ceiba*, 4: 315-336.

Mahajan, B.V.C., Sharma, R.C. and Bains, S.S. 1995. Effect of pre-storage treatments on the quality and storage behaviour of litchi cv. Dehradun. *Horticulture Journal*, 8(1): 1-7.

Mahanagar, B.S. 1940. Litchi and its cultivation. *Punjab Fruit Journal*, 4: 816-817.

Maithi, S.C. 1985. Litchi. In Fruits of India. *Tropical and Sub-tropical* (Ed. Bose, T.K.), Naya Prakash, Calcutta, India, pp. 388-408.

Maiti, B. and Sahoo, A.K. 1991. Biological observations of *Platypepla aprobola* Meyer. on *Polyathia longifolia* Var. Pendula in West Bengal. *Environment and Ecology*, 9(3): 647-649.

Maiti, S.C. 1985. Litchi, (*In*) *Fruits of India – Tropical and sub-tropical* (Ed. T.K. Bose), Naya Prakash, Calcutta, pp. 388-408.

Malcolm, J.L. 1953. Chelates for the correction of iron chlorosis in subtropical plants. *Proceedings of the Florida State Horticultural Society*, 6: 179-184.

Malik, M.N. and Maqbool, M. 1977. Studies of the effect of various physical treatments on the successful establishment of litchi plant through layerage. *Pakistan Agricultural Research Journal*, 15: 321-327.

Malik, P.C. and Singh, D.L. 1965. Hunger signs in litchi (*Litchi chinensis* Sonn.). *Indian Agriculturist*, 9: 127-132.

Manoharchary, C. and Rao, P.R. 1989. Survey and pathophysiological studies of fruit rot diseases. (In) *Perspectives in Phytopath.* (Eds. Agnihotri, V.P., Singh, N., Chaulu, H.S., Singh, U.S. and Dwivedi, T.S.). Today and Tomorrow Printers and Publishers, New Delhi.

Marchal, J. 1984. Miscellaneous Tropical Fruits. (In) *Plant analysis* (Eds-Martin-Prevel *et al.*), SBA Publication, Calcutta, India; pp. 430-433.

Marloth, R.H. 1934. The Litchi, *Farming in South Africa*, 9: 423-425, 438.

Marloth, R.H. 1947. The Litchi in South Africa I. Varieties and propagation. II. Cultural practices and marketing. *Farming in South Africa,* 22: 824-830, 863-870.

Mathew, A.B. and Pushpa, M.C. 1964. Organic acid and carbohydrates of litchi. *Journal of Food Science and Technology,* 1:7.

Mathur, A.C. and Tandon, P.L. 1974. Litchi mite can be controlled. *Indian Horticulture*, 19(1): 11-12.

Mathur, P.B. and Srivastava, H.C. 1955. Effect of skin coatings on the storage behaviour of mangoes. *Food Research,* 20: 559-561.

Maurice, J. 1969. Suction grafting and rooting tropical fruit trees. *World Crops*, 21: 265-267.

McConchie, C.A. and Batten, D.J. 1991. Fruit set in lychee (*Litchi chinensis* Sonn.), variation between flowers, panicles and trees. *Australian Journal of Agricultural Research*, 42: 1163-1172.

Mc.Conchie, C.S., Vithanage, V. and Batten, D.J. 1994. Intergeneric hybridization between litchi and longan. *Annuals of Botany*, 74: 2, 11-118.

McGregor, S.E. 1976. Insect pollination of cultivated crop plants. Agriculture Hand-Book of United States Department of Agriculture, 496: 411.

Mclean, F.T. 1920. Notes on agriculture in Southern-China. *Philippine Agriculture*, 6: 205-211.

Mecfie, G.B. 1957. Lychee processing equipment. *Proceedings of Florida Lychee Growers Association*, 4: 35-39.

Menzel, C.M. 1983. The control of floral initiation in lychee: a review. *Scientia Horticulturae*, 21: 210-215.

Menzel, C.M. 1984. Management of bearing lychee trees in sub-tropical Queensland. Newst. Sunshine Coast Subtrop. *Fruits Association*, 9: 20-31.

Menzel, C.M. 1984. The pattern and control of reproductive development lychee-a review. *Scientia Horticulturae*, 22: 333-345.

Menzel, C.M. 1985. Propagation of lychee: a review. *Scienta Horticulturae*, 25: 31-48.

Menzel, C.M. 1991. *Litchi chinensis* Sonn. (*In*) *Plant Resources of South East Asia. 2. Edible Fruits and Nuts* (Eds. Verheij, E.W.M. and Coronel, R.E.). udoc, Wageningen, The Netherlands, pp. 191-195.

Menzel, C.M. and Paxton, B.F. 1985. The effect of temperature on growth and dry matter production of lychee seedlings. *Scientia Horticulturae*, 26: 17.

Menzel, C.M. and Paxton, B.F. 1986a. The effect of cincturing on flowering of litchi in subtropical Queensland. *Acta Horticulturae*, 175: 233-235.

Menzel, C.M. and Paxton, B.F. 1986b. The effect of cincturing at different stages of vegetative flush maturity on the flowering of litchi (*Litchi chinensis* Sonn.). *Journal of Horticultural Science*, 61(1): 135-139.

Menzel, C.M. and Paxton, B.F. 1986c. Effect of cincturing on growth and flowering of lychee : preliminary observation in subtropical Queensland. *Australian Journal of Experimental Agriculture*, 26(2): 255-259.

Menzel, C.M. and Simpson, D.R. 1986. Site selection and early management of Lychee. *Proceedings of the First National Lychee Seminar,* Sunshine Coast, Australia, pp. 10-16.

Menzel, C.M. and Simpson, D.R. 1986. Litchi growing in subtropical Queensland. *Proceedings of Ist National Lychee Seminar*, Nambour, Queensland, Australia, pp. 55-70.

Menzel, C.M. and Simpson, D.R. 1986a. Litchi in Australia. *Queensland Agricultural Journal*, May-June, pp. 125-136.

Menzel, C.M. and Simpson, D.R. 1986a. Lychee growing in subtropical Queensland. (In) *The Potential of Lychee in Australia* (Eds Menzel, C.M. and Greer, G.N.). Sunshine Coast Sub-tropical Fruits Association, Nambour, Queensland, pp. 22-26.

Menzel, C.M. and Simpson, D.R. 1986b. Lychee production around the world. *Proceedings of International Lychee Seminar*, Australia, pp. 55-70.

Menzel, C.M. and Simpson, D.R. 1986b. Lychee production around the world. C.M. Menzel and G.N. Greer (Editor). *Proc. First National Lychee Seminar,* Sunshine Coast Subtrop. Fruits Assoc., Nambour, Queensland, Australia.

Menzel, C.M. and Simpson, D.R. 1986b. Plant water relations in lychee: Effects of solar radiation interception on leaf conductance and leaf water potential. *Agricultural and Forest Meteorology*, 37(4): 259-266.

Menzel, C.M. and Simpson, D.R. 1986c. Plant water relations in lychee: Diurnal variations in leaf conductance and leaf potential. *Agricultural and Forest Meterology*, 37(4): 267-277.

Menzel, C.M. and Simpson, D.R. 1986c. The role of potassium in lychee flowering. Report Maroochy Horticultural Research Station, 4: 76.

Menzel, C.M. and Simpson, D.R. 1987. Effect of cincturing on growth and flowering of lychee over several seasons in subtropical Queensland. *Australian Journal of Experimental Agriculture*, 27(5): 733-738.

Menzel, C.M. and Simpson, D.R. 1987. Lychee nutrition. A review. *Scientia Horticulturae*, 31: 195-224.

Menzel, C.M. and Simpson, D.R. 1988. Effect of temperature on growth and flowering of litchi (*Litchi chinensis* Sonn.) cultivars. *Journal of Horticultural Science*, 63: 349-360.

Menzel, C.M. Watson, B.J. and Simpson, D.R. 1988. The Lychee in Australia. *Queensland Agricultural Journal,* 114(1): 19-26.

Menzel, C.M., Aitken, R.L., Dowling, A.W. and Simpson, D.R. 1990. Root distribution of lychee trees growing in acid soils of sub-tropical Queensland. *Australian Journal of Experimental Agriculture*, 30: 699-705.

Menzel, C.M., Banks, A.G. and Simpson, D.R. 1986. Effect of aerial and soil environment on leaf water potential of lychee: Implications for irrigation scheduling and productivity. *Acta Horticulturae*, 175: 363-370.

Menzel, C.M., Carseldine, M.L. and Simpson, D.R. 1987. The effect of leaf age on nutrient composition of non-fruiting litchi (*Litchi chinensis* Sonn.). *Journal of Horticultural Science*, 62: 273-279.

Menzel, C.M., Carseldine, M.L. Simpson, D.R. 1988. The effect of fruiting status on composition of litchi (*Litchi chinensis* Sonn.) during the flowering and fruiting season. *Journal of Horticultural Science*, 63(3): 547-556.

Menzel, C.M., Carseldine, M.L., Hydon, G.F. and Simpson, D.R. 1992a. A review of existing and proposed new leaf nutrient standards for lychee. *Scientia Horticulturae*, 49: 33-53.

Menzel, C.M., Chapman, K.R., Paxton, B.F. and Simpson, D.R. 1986. Growth and yield of lychee cultivars in subtropical

Queensland. *Australia Journal of Experimental Agriculture*, 26: 261-265.

Menzel, C.M., Haydon, G.F. and Simpson, D.R. 1992c. Mineral nutrient reserves in bearing litchi trees (*Litchi chinensis* Sonn.). *Journal of Horticultural Science*, 67(2): 149-160.

Menzel, C.M., Haydon, G.F., Doogan, V.J. and Simpson, D.R. 1992b. Observation on the leaf nutrient status of lychi in Australia. *Journal of South Africa Socity for Horticultural Science*, 2(2): 86-88.

Menzel, C.M., Piccone, M.F. and Simpson, D.R. 1986a. Fertilizing lychees. *Queensland Fruit and Vegetable News*, 57(4): 29-29.

Menzel, C.M., Rasmussen, T.S. and Simpson, D.R. 1988. Effect of temperature and leaf water stress on growth and flowering of litchi (*Litchi chinensis* Sonn.). *Journal of Horticultural Science*, 64: 739-752.

Menzel, C.M., Simpson, D.R. and Haydon, G.F. 1992. Partitioning of nutrients in bearing litchi trees (*Litchi chinensis* Sonn.). *Acta Horticulturae*, 321: 535-540.

Menzel, C.M., Watson, B.J. and Simpson, D.R. 1988. The lychee in Australia. *Queensland Agricultural Journal*, 114: 19-27.

Meulen, M. A.V. 1957. Litchis. (In) Handbook for Farmers in South Africa. Dept. of Agric., Pretoria, Govt. Printer, Pretoria.

Meyer, L.H. 1960. *Food Chemistry*. Reinhold Publishing Corporation, New York.

Meyrick, E. 1906. Description of Indian Microlepidoptera. *Journal of the Bombay Natural History Society*, 16: 586.

Mika, A. 1986. Physiological responses of fruit trees to pruning. *Horticultural Review*, 8: 337-378.

Mika, A. and Antoszewski, R. 1972. Effect of leaf position and tree shape on the rate of photosynthesis in the apple tree. *Photosynthetica*, 6: 381-386.

Mika, A., Grochowska, M.J. and Karaszewska, A. 1983. Effect of dormant and summer pruning, disbudding and growth retardants on growth, flower bud formation and fruiting of young apple trees. *Journal of American Society for Horticultural Science*, 108: 655-660.

Millar, C.D., Bazore, K. and Barthow, M. 1957. Lychee. (*In*) *Fruits of Hawaii.* Univ. of Hawaii Press, Honolulu.

Mishra, C.B. 1912. Litchi leaf curl. *Indian Agricultural Journal,* 7: 93.

Misra, K.K. and Dabral, M. 2005. Studies on root distribution pattern of litchi (*Litchi chinensis* Sonn.). Prog. Hort., 37(1):124-127.

Mishra, R.K. 1980. Gall formation and control of the erinose mite *Eriophyes litchi. Proceedings of International Symposium of TOBC/WPRS on integrated control in agriculture and forestry*, Vienna, 1979, Workshop Session 1980: 436.

Mishra, R.S. and Khan, I. 1981. Effect of 2, 4, 5-trichlorophenoxyacetic acid and micronutrient on fruit maturity and quality of litchi cv. Rose Scented. *Progressive Horticulture*, 13: 87-90.

Mishra, S.K., Nauriyal, J.P. and Awasthi, R.P. 1973. Effect of growth regulators on fruit drop in litchi. *Punjab Horticulture Journal*, 13: 122-126.

Misra, A.P., Prakash, O. and Mishra, B. 1972. Fruit rot of litchi (*L. chinensis*) caused by *Helminthosporium hawaiiense* Bungaicourt. *Indian Journal of Horticulture*, 29(3/4): 355-356.

Misra, K.K., Dabral, M. and Rai, R. 2014. Molecular characterization of litchi germplasm by RAPD marker. Prog. Hort., 46(2): 222-226.

Mitchel, F. Goodon 1985. *Postharvest technology of horticultural crops.* Cooperative Extension, Univ. of California Special Publication, 311: 35-43.

Mitchel, G.E., McLauchlan, R.L., Issacs, A.R., Willian, D.J. and Nottingham, S.M. 1992. Effect of low dose irradiation on compostion of tropical fruits and vegetables. *Journal of Food Composition and Analysis*, 5(4): 291-311.

Monk, W.B. and Joner, J.R. 1942. Effect of waxing on certain physiological processes of cucumbers under different storage conditions. *Food Research*, 7(1): 38-41.

Monteith, J.L. 1980. Development and extension of Penman's evaporation formula. (In) *Application of Soil Physics*, (Ed. Hillel, D.). Academic Press, Orlando.

Moreshet, S., Cohen, Y. and Fuchs, M. 1983. Response of mature "Shamouti" orange trees to irrigation of different soil volumes at similar levels of available water. *Irrigation Science*, 3: 223-236.

Moreuil, C. 1973. Some observation and remarks on litchi. *Fruits*, 28: 637-640.

Moy, J.H., Alkamine, E.K., Brewbaker, I.L., Buddenhagen, J.W., Ross, E., Spielmann, H., Upadhya, H.D., Wenker, N., Helber, D., Doller, A.M., Hanaoka, M. and McGlich, G.A. 1971. Dosometry tolerance and shelf life extension related to disinfestations of tropical fruits by gamma irradiation disinfection of fruits by irradiation No. STI/PUB/299: 43-47.

Mukherjee, P.K. 1957. Preservation of natural colour in litchis under cold storage. *Science and Culture*, 23: 101-103.

Mukherjee, S.K., Roy, P.K. and Munsi, P.S. 1981. Litchi orchard efficiency analysis. (Abstract) *Proceedings of National Symposium on Tropical and Sub-tropical Fruit Crops,* held at Bangalore in January, 1981, p. 89.

Murneek, A.E. 1925. Correlation and cyclic growth in plants. *Botanical Gazzette*, 79: 329-332.

Mustard, M.J. 1960. Megagametophytes of the lychee (*Litchi chinensis* Sonn.). *Proceedings of the American Society for Horticultural Sciene,* 75: 292-304.

Mustard, M.J. and Lynch, S.I. 1959. Notes of Lychee panicles development. *Proceedings of the Florida State Horticultural Society*, 72: 324-327.

Mustard, M.J., Liu, S.Y. and Nelson, R.O. 1953. Observation of floral biology and fruit setting in Lychee varieties. *Proceedings of the Florida State Horticultural Society*, 66: 212-220.

Nair, P.K.R. 1979. *Intensive multiple cropping with coconut in India. Principles, Programme and Prospective.* Verlag, Paul Parey, Berlin.

Nakata, R.C. and Watnable, Y. 1966. Effect of photoperiod and high temperature on the flowering of *Litchi chinensis*. *Botanical Gazette*, 127: 146-152.

Nakata, S. 1953. Girdling as a means of inducing flower-bud initiation in litchi. Hawaii Agricultural Experiment Station Progressive Note, 95: 1-4.

Nakata, S. 1955. Floral initiation and fruit set in litchi, with special reference to the effect of sodium naphthalene acetate. *Botanical Gazette*, 117: 126-134.

Nakata, S. 1956. Litchi flowering and girdling. *Hawaii Farm Science*, 4: 4-5.

Nakata, S. and Suehisa, E. 1969. Growth and developemnt of *Litchi chinensis* as affected by soil moisture stress. *American Journal of Botany*, 56: 1121-1126.

Nanz, R.A. 1955. Soil variations and litchi growth. *Proceedings of the Florida State Horticultural Society*, 68: 275-276.

Nanz, R.O. 1956. Soil pH variations and Lychee growth. *Proceedings of the Florida State Horticultural Society*, 68: 275-276.

Nassar, S.K.T., Singh, V.K. and Kumar, H. 1992. Status of thrust of biotechnological research of litchi mycorrhiza. (Abstracts) National Seminar on Recent Development in Litchi Production, RAU, Pusa, India.

Nel, D.J. 1983. Soil requirements for litchis. Citrus and Sub-tropical Fruit Research Institute, Nelspruit, p. 1.

Nelson, R.O. 1953. High humidity treatment for air-layers of lychee. *Proceedings of the Florida State Horticultural Society*, 66: 198-199.

Nelson, R.O. 1954a. Notes on litchi grafting. *Proceedings of the Florida State Horticultural Society*, 67: 231-232.

Nelson, R.O. 1954b. Comments on litchi propagation-air layering and graftage. *Proceedings of Florida lychee growers Association*, 1: 8-11.

Nelson, R.O. 1957. Suggested method for top working lychee trees. *Proceedings of the Florida State Horticultural Society*, 4: 27-31.

Nijjar, G.S. 1972. *Litchi cultivation*. Punjab Agricultural University, Ludhiana, pp. 24.

Nijjar, G.S. 1973. Fertilization of litchi. *Progressive Farming*, 9: 19.

Nijjar, G.S. 1981. *Litchi Cultivation*. Bulletin, Punjab Agril. University, Ludhiana, pp. 24.

Nijjar, G.S. 1981. *Litchi cultivation*. Punjab Agricultural University, Ludhiana, pp. 36.

Nijjar, G.S. 1985. *Nutrition of Fruit Trees*. Kalyani Publishers, New Delhi, pp. 320.

Norman, J.M. and Campbell, G. 1983. Application of a plant environment model to problems in irrigation. (In) *Advances in Irrigation*. Vo. 2. Academic Press, Orlando.

Norton, R.L. 1980. Managing pruning problems in high density plantings. Annual Report of New York State Horticulture Society, 110: 35-47.

Ochse, J.J. 1952. Observations on rooting of lychee cuttings. *Proceedings of the Florida State Horticultural Society*, 65: 186-187.

Ochse, J.J. and Iwanice, W.J. 1954. Study on root development. *Proceedings of the Florida State Horticultural Society*, 67: 217-218.

Ochse, J.J. and Reark, J.B. 1950. The propagation of subtropical plants by cuttings. *Proceedings of the Florida State Horticultural Society*, 63: 248-251.

Ochse, J.J., Soule, M.J. (Jr); Dikman, M.J. and Wehilburg, C. 1961. Other Fruit Crops. (*In*) *Tropical and Sub-tropical Agriculture*. Vol. I. MacMillan Publishing Company, New York.

Oosthuizen, J.H. 1994. Control of the size of litchi tress by pruning and chemical growth regulators. Yearbook South Africa Litchi Growers Association, 6: 21-23.

Oosthuizen, J.H., Roe, D.J. and Menzel, C.M. 1994. Response of litchi to drought : water status, photosynthesis, growth and yield of trees growing in a sandy loam soil. Yearbook South Africa Litchi Grower's Association, 6: 24-28.

Otens, E.Q. 1937. Note on the cacao pod borer moth, *Acrocercops cramerella* Snell. *Phillipine Journal of Agriculture*, 7(4): 419-424.

Pandey, R.M. and Sharma, H.C. 1989. The Litchi, ICAR, New Delhi, pp. 80.

Pandey, R.S. and Yadav, R.P.S. 1970. Pollination of litchi (*Litchi chinensis*) by insects with special reference to honey bees. *Journal of Agricultural Research*, 9: 103-105.

Pandey, S. 1992. Endophyte of *Litchi chinensis* Sonn. In relation to mineral fertilizers. (Abstracts) National Seminar on Recent Development in Litchi Production, RAU, Pusa, India, p. 363.

Pandey, S. and Mishra, A.P. 1971. Rhizophagus in mycorrhizal association with *Litchi chinensis* Sonn. *Mycapathologia et Mycologia Applicate*, 45: 337-354.

Pandey, S. and Mishra, A.P. 1975. Mycorrhiza in relation to growth and fruiting of *Litchi chinensis* Sonn. *Journal of Indian Botanical Society*, 54: 280-293.

Pandey, S.N. and Singh, R.K. 1974. Annual Technical Programme of R.F.R.S. for 1972-1974, Sabour, pp. 18-21.

Pandey, S.P. and Mishra, A.P. 1975. Mycorrhiza in relation to growth and fruiting of *Litchi chinensis* Sonn. *Journal of Botanical Horticulture Society*, 54: 280-283.

Pandey, V.S. and Bajpai, P.N. 1969. Studies on blossom bud differentiation in litchi var. Kalkattia and Rose Scented. *Indian Journal of Science and Industries*, 3: 90-102.

Pathak, A. and Dixit, V.K. 1984. Antifungal and antibacterial studies on essential oil of *Glossocardia bosvallia* D.C. *Indian Perfumer*, 28(2): 91-94.

Patra, D.K. and Sadhu, M.K. 1992. Influence of postharvest calcium treatment on shelf life and quality of litchi fruits. *South Indian Horticulture*, 40(5): 252-256.

Paxton, B. and Chapman, K.R. 1980. Some litchi yields of interest at Maroochy Horticultural Research Station. Biennial Report, Maroochy Horticultural Research Research Station, 2: 344-347.

Paxton, B., Sarnah, J. and Chapman, K.R. 1978. The propagation of litchis by cuttings. Biennial Report, Maroochy Horticultural Research Station, 1: 34.

Paxton, B.F. and Chapman, K.R. 1980. Some litchi yields of interest at Maroochy Horticultural Research Station, Nambour. (Summer 1980-81). Biennial Report of Maroochy Horticultural Research Station, 2: 34-37.

Penman, H.L. 1956. Evaporation – An introductory survey. *Netherland Journal of Agricultural Science*, 4: 9-29.

Pivovaro, S.Z. 1974. Studies on the floral biology and influence of growth regulators on fruit set, size and drop of *Litchi chinensis* Sonn. Thesis M.Sc., Hebrew University, Rehovot.

Plaut, Z. and Moreshet, S. 1973. Transport of water in plant atmosphere system. (In) *Arid Zone Irrigation* (Eds-Yaron, B. *et al.*), Chapman Hall, London, pp. 123-141.

Polikarpov, V.P. and Adaskalieji, M.M. 1973. Vodnyj rezim I sodierzanie chlorofiela v listjach jabloni z ploskimi I obyenymi kronami. *Vestn. Skh. Nauki* (*Moscow*), 18(8): 84-87.

Pope, W.T. and Storey, W.B. 1933. Grafting tropical fruit trees in Hawaii. Circ. Hawaii Agricultural Station, 6: 1-24.

Popenoe, W. 1920. *The Litchi, Manual of Tropical and Subtropical Fruits.* MacMillan Publishing Company, New York, pp. 474.

Popenoe, W. 1927. *Manual of Tropical and sub-tropical Fruits.* MacMillan Company, New York, pp. 474.

Popenoe, W. 1948. *Manual of Tropical and Sub-tropical Fruits.* Hofner Press, New York, pp. 312-333.

Prasad, A. and Pandey, S.D. 1963. Effect of seed irradication on germination and seedling growth of litchi. *Horticultural Advance*, 7: 1-16.

Prasad, S.S. 1962. Two new leaf spot diseases of *Nephelium litchi* Comb. *Current Science*, 31(7): 293.

Prasad, S.S. 1967. Leaf spot disease of *Nephelium litchi* comb. *Indian Phytopath*, 20: 50-53.

Prasad, S.S. 1986. Fungal diseases of litchi and management. Review of Tropical Plant Pathology, 2:221-233.

Prasad, S.S. and Bilgrami, R.S. 1972. Unrecorded cylindrocarpon rot of litchi from Muzaffarpur, India. *Indian Phytopath*, 25(3): 459-461.

Prasad, S.S. and Bilgrami, R.S. 1973a. Investigations on disease of litchi. II. Influence of temperature and humidity on the decay of fruits caused by nine virulent pathogens. *Indian Phytopathology*, 26(3): 517-520.

Prasad, S.S. and Bilgrami, R.S. 1973b. Investigation on diseases of litchi. III. Fruit rots and their control by post harvest treatments. *Indian Phytopathology*, 26(3): 523-527.

Prasad, S.S. and Bilgrami, R.S. 1973c. Investigations on disease of litchi. IV. Studies on pectolytic and cellulolytic enzymes produced *in-vivo* and *in-vitro* by five species of Aspergillus. *Proceedings of the National Academy of Sciences, India*, 43(3): 255-257.

Prasad, S.S. and Bilgrami, R.S. 1974. Investigations on diseases of litchi. VI. Post harvest diseases of fruits in India. *Plant Disease Reporter*, 58(12): 1134-1136.

Prasad, S.S. and Bilgrami, R.S. 1975. Investigation on diseases of litchi. VII. Antibiotics for control of *Aspergillus* fruit rots. *Proceedings of the National Academy of Sciences, India-B*, 45(1): 40-42.

Prasad, S.S. and Bilgrami, R.S. 1977. Some physiological aspects of soft rot disease of litchi. (In) *Physiology of Micro-organisms.* Today and Tomorrows Printers and Publishers, New Delhi, India, pp. 249-261.

Prasad, S.S. and Bilgrami, R.S. 1979. Investigations on diseases of litchi. VII-Changes in ascorbic acid content of fruit during pathogenesis of *Aspergillus. Indian Phytopathology*, 32(2): 300-301.

Prasad, S.S. and Sinha, S.K. 1975. Post infection changes in ascorbic acid content of litchi fruits caused by certain pathogenic fungi. *Proceedings of the National Academy of Sciences, India,* 45(1): 43-44.

Prasad, U.S. and Jha, O.P. 1978. Changes in pigmentation patterns during litchi ripening: flavenoid production. *Plant Biochemical Journal*, 5(1): 44-49.

Prasad, U.S. and Jha, O.P. 1979. Acid and alkaline phosphatise activity in fruit pulp during ripening of Litchi. *Indian Journal of Plant Physiology*, 22: 84-86.

Prasad, V.G. and Singh, R.K. 1981. Prevalence and control of litchi mite, *Aceria litchi* Keifer in Bihar. *Indian Journal of Entomology*, 43(1): 67-75.

Pujari, M.M. and Syamal, N.B. 1977. The effect of foliar spray of growth substances and minor elements on fruit drop in litchi (*Litchi chinensis* Sonn.). *Proceedings of the Bihar Academy of Agricultural Science*, 25: 27-30.

Ram, M. and Majumdar, P.K. 1981. A note on the propagation of litchi (*Litchi chinensis* Sonn.) by stooling. *Science and Culture*, 47: 332-333.

Ramaswamy, G.R., Sohi, H.S. and Gondu, H.C. 1988. Studies on the host range of *Pestalotia psidii* causal agent of guava canker and evaluation of fungicides against the pathogen. *Indian Journal of Mycology and Plant Pathology*, 18(2): 180-181.

Rana, B.S. and Srivastava, R.P. 1984. Distribution of endomy corrhizal spores in the rhizosphere of *Litchi chinensis* as affected by fertilizer application. *Progressive Horticulture*, 16: 133-136.

Rao, D.P., Mukherjee, S.K. and Ray, R.N. 1985. Nutritional studies of litchi orchards in different districts of West Bengal. *Indian Journal of Horticulture*, 42(1/2): 1-7.

Rathore C.S., Lal, R.L. and Misra, K.K. 20003. Effect of planting system on the performance of litchi (*Litchi chinensis* Sonn.) Prog. Hort., 35(2): 146-151.

Rawat, S.S. 1991. When is hardening required before transplanting in litchi? *Indian Horticulture*, 36: 22-23.

Ray, D.P. and Munshi, P.S. 1990. A note on quantitative parameters and its association with leaf and soil nutrients in litchi (*Litchi chinensis* Sonn.). *Orissa Journal of Horticulture*, 18(1-2): 80-85.

Ray, P.K. 1984. China-The Litchi. *Intensive Agriculture*, 22(1): 13.

Ray, P.K. 1991. Fertilizer use for proper nutrition of litchi orchards. *Adhunik Kisan*, 21(7): 9-12.

Ray, P.K. 1991. Irrigation of litchi orchards. *Adhunik Kisan*, 21(7): 12-14.

Ray, P.K. 1995. Technical Programme of Fruit Research, RAU, Pusa, p. 35.

Ray, P.K., Mishra, K.A. and Sharma, S.B. 1985. Yield and bearing constancy of some commercial litchi cultivars. *Indian Journal of Horticulture*, 42(3-4): 218-222.

Ray, P.K. and Sharma, S.B. 1985. Viability of *Litchi chinensis* seeds when stored in air and in water. *Journal of Agricultural Science,* Cambridge, 104: 247-248.

Ray, P.K. and Sharma, S.B. 1986. Delaying litchi harvest by growth regulators or urea spray. *Scientia Horticulturae*, 28: 93-96.

Ray, P.K. and Sharma, S.B. 1987. Growth, maturity, germination and storage of litchi seeds. *Scientia Horticulturae*, 33: 213-221.

Ray, P.K. and Sharma, S.B. 1988. Fruit growth dynamics and yield relationships in Shahi litchi. *Indian Journal of Horticulture*, 45: 171-178.

Ray, P.K. Sharma, S.B. and Mishra, K.A. 1985. Important litchi cultivars of Bihar. *Indian Horticulture*, 30(1): 9-13.

Ray, P.K., Sharma, S.B. and Mishra, A.K. 1984. Important litchi cultivars of Bihar. *Indian Horticulture*, 30: 9-13.

Ray, P.K., Sharma, S.B. and Misra, K.A. 1984. Important litchi cultivars of Bihar. *Indian Horticulture*, 30(1): 1-13.

Ray, P.K., Sharma, S.B. and Mishra, K.A. 1985. Heat unit in relation to maturity of litchi. cv. Shahi. *South Indian Horticulture*, 33(1): 395-397.

Ray, R.S. and De, B.N. 1950. Control the litchi mite. *Indian Journal of Horticulture*, 7(1): 16.

Reddy, S.E. and Majumdar, A.M. 1983. Response of mango (*Mangifera indica* L.) to foliar applications of phosphorus. *Fertilizer Research*, 4: 281-285.

Reffye, P.D; Elugero, E. and Costes, E. 1991. Growth units construction in trees: an approach. *Acta Biotheoretica*, 39(3-4): 325-342.

Richardson, W.F. 1915. The lichee. *Proceedings of the Florida State Horticultural Society*, 28: 221-223.

Robinson, J.C. 1979. Note on irrigation of sub-tropical fruit trees. *Hortus*, 26: 28-29.

Roe, D.J., and Oosthuizen, J.H. 1994. Drought strategies for litchi orchards. Yearbook South Africa Litchi Growers Association, 6: 29-31.

Roe, R.S. 1993. Spacing trends in litchi and macadamia orchards. *Journal of the Southern Africa Society for Horticultual Science*, 3: 2, 85-89.

Roth, G. 1963. Post harvest decay of litchi fruit. South Africa Department of Agriculture Technical Service and Technical Communication, p. 16.

Roy, R.N., Rao, D.P. and Mukherjee, S.K. 1984. Orchard efficiency analysis of litchi. *Indian Journal of Horticulture*, 41: 16-21.

Roy, R.N., Rao, D.P., Mukherjee, S.K. and Chatterjee, B.K. 1987. Studies on the feeder root distribution of litchi (*Litchi chinensis* Sonn.) cv. Bombai. *Indian Agriculturist*, 31(1): 33-41.

Roy, R.S. 1952. A Consolidated Report of the Fruit Research Scheme, Bihar (1933-51). Superintendent, Government Printing Press, Bihar, Patna.

Roy, S.K. 1989. (In) *Trends in Food Science and Technology*. Association of Food Scientists & Technologists (India). Mysore, pp. 349-356.

Roychoudhary, N. and Banik, B.C. 1993. Pruning trial in litchi. Groups workers meeting for sub-tropical fruits. Research Reports, 1993. All Indian Co-ordinated Research Project on Subtropical Fruits. Indian Council of Agricultural Research, New Delhi.

Salunkhe, D.K. and Desai, B.B. 1984. *Postharvest Biotechnology of Fruits*, Vol. II. CRC Press Inc., Boca Ratan, Florida.

Salvi, S.R. 1975. Seasonal management of the India live bees at Pathankot, Punjab. A preliminary report. *Indian Bee Journal*, 37: 10-14.

Sandhu, M.K., Naskar, B.B. and Basu, R.M. 1972. Auxin-synergists in the rooting of air layers of tropical trees. *Indian Agriculturist*, 16: 251-257.

Sandhu, S.S. and Randhawa, J.S. 1988. Note on cold storage behaviour of litchi cultivars. *Indian Journal of Horticultrure*, 45(1-2): 76-78.

Sanyal, D., Hasan, A., Ghosh, B. and Mitra, S.K. 1990. Studies on sunburning and skin cracking in some varieties of litchi. *Indian Agriculturist*, 34: 1, 19-23.

Sanyal, D. and Mitra, S.K. 1990. Standardization of leaf sampling technique for mineral composition of litchi cv. Bombai. *Indian Journal of Horticulture*, 47(4): 371-375.

Sarkar, G.K., Sinha, M.M. and Mishra, R.S. 1981. Effect of NAA on fruit set, fruit drop, cracking, fruit size and quality in litchi cv. Rose Scented. *Progressive Horticulture*, 16: 301-304.

Sarkar, T.K. and Bandyopadhyay 1989. Flowering behaviour of some important litchi varieties of the genetic plains of W. Bengal. *Environment and Ecology*, 7(1): 189-192.

Scholefied, P.B. 1982. A scanning electron microscope study of flowers of avocado, litchi, macadamia and mango. *Scientia Horticulture*, 16: 263-272.

Schumacher, R., Fankhauser, F. and Stadler, W. 1978. Beeinflussung der Fruchtbarkeit und der Fruchtqualital durch den Wurzelschnitt. *Schweiz. Zeitschr. Obst. Weinbau*, 114: 56-61.

Schutte, G.C., Batha, T. and Kotze, J.M. 1990. Post harvest control of decay and browning of litchi fruits by fungicide dips and paper sheets impregnated with sodium-metabisulphite. Litchi yearbook South African Litchi growers Association, 3: 10-14.

Scott, K.J., Brown, B.I., Chaplin, G.R., Silcox, M.E. and Bain, J.M. 1982. The control of rotting and browning of litchi fruits by hot benomyl and plastic film. *Scientia Horticulturae*, 16(3): 253-262.

Sen, P.K.; Basu, R.N., Bose, T.K. and Roychoudhary, N. 1969. Mist propagation of fruit tree cuttings. *Plant Science*, 1: 216-219.

Sethi, V. 1985. A simple and low cost preservation of litchi juice. *Indian Food Packer,* 39(4): 42-48.

Sethi, V. and Anand, J.C. 1983. Prepare litchi squash at home. *Indian Horticulture*, 28(1): 27.

Shamueli, E. 1973. Efficient utilization of irrigation water. (In) *Arid Zone Irrigation*, (Eds-Yaron, E. *et al.*). chapman Hall, London, pp. 411-423.

Sharifuddin, A.F.M. and Hussain, A. 1973. Effect of growth regulators, rooting and wrapping materials on the success of air-layers in litchi. *Bangladesh Horticulture*, 1: 45-51.

Sharma, D.D. 1985. Major pests of litchi in Bihar. *Indian Farming*, 35(2): 25-26.

Sharma, D.D. 1991. Occurrence of *Cephaleuros virescens*, a new record of leaf curl in litchi (*L. chinensis*). *Indian Journal of Agricultural Science*, 61(6): 446-448.

Sharma, D.D. and Agrawal, M.L. 1988. Studies on the biology and immature stages of litchi fruit borer. *RAU Journal of Research*, 6(1-2): 84-87.

Sharma, D.D. and Kumar, H. 1986. How to control bark-eating caterpillars. *Indian Horticulture*, 31(1): 25.

Sharma, D.D. and Rahman, M.F. 1982. Control of litchi mite *Aceria litchi* (Keifer) with particular reference to evaluation of pre-bloom and post-bloom application with different insecticides. *Entomon*, 7(1): 55-56.

Sharma, D.D., Singh, S.P. and Akhauri, R.K. 1986. Relationship between the population of *Aceria litchi* Keifer on litchi and weather factors. *Indian Journal of Agricultural Sciences*, 56(1): 59-63.

Sharma, K.K., Bains, K.S. and Bawa, P.S. 1989. Effect of fertilizer done on litchi (*Litchi chinensis*) cv. Seedless Late. *Journal of Research Punjab Agricultural University*, 26(4): 588-592.

Sharma, K.K., Bains, K.S., Singh, Balwant and Singh, B. 1990. Effect of different levels of N, P, K on growth, yield and quality of litchi (*Litchi chinensis*) cv. Dehradun. *Haryana Journal of Horticultural Science*, 19(3-4): 241-245.

Sharma, M.L. 1985. Estimating evaportanspiration. *Advances in Irrigation Science*, 3: 213-281.

Sharma, R.C. and Azad, A.S. 1988. Effect of different combination of N, P and K on growth, yield and quality of litchi. *Indian Journal of Horticulture*, 45(1-2): 63-65.

Sharma, R.C. and Azad, A.S. 1989. A note on the effect of different rates of N, P and K on yield and quality of litchi (*Litchi chinensis*) cv. Dehradun. *Haryana Journal of Horticultural Science*, 18(1-2): 72-73.

Sharma, R.C. and Grewal, G.P.S. 1989. A note on propagation of studies in litchi (*Litchi chinensis* Sonn.). *Haryana Journal of Horticultural Science*, 18: 24-76.

Sharma, S.B. 1993. Pruning trial in litchi. Groups workers meeting for subtropical fruits. Research Reports., 1993. All Indian Co-ordinated Research Project on Sub-tropical Fruits. Indian Council of Agricultural Research, New Delhi.

Sharma, S.B. and Dhillon, B.S. 1984. Effect of zinc sulphate and growth regulators on the growth of litchi fruit. *Progressive Horticulture*, 16: 19-22.

Sharma, S.B. and Dhillon, B.S. 1986. Effect of zinc sulphate and growth regulators on fruit and seed size of litchi (*Litchi chinensis* Sonn.). *Journal of Research, Punjab Agricultural University*, 23: 233-236.

Sharma, S.B. and Dhillon, B.S. 1987. Effect of fruit retention, fruit weight and quality of litchi (*Litchi chinensis* Sonn.). *Journal of Research, Punjab Agricultural University*, 24: 235-239.

Sharma, S.B. and Dhillon, B.S. 1993. Endogenous level of cytokinins in relation to fruit cracking in litchi (*Litchi chinensis* Sonn.). *Bihar Journal of Experimental Horticulture*, 1: 40-43.

Sharma, S.B. and Ray, P.K. 1987. Flowering and fruiting behaviour of some litchi cultivars. *Haryana Journal of Horticultural Sciences*, 16: 168-174.

Sharma, S.B. and Ray, P.K. 1987. Fruit cracking in litchi – a review. *Haryana Journal of Horticultural Science*, 16(1-2): 11-15.

Sharma, S.B., Ray, P.K. and Rai, R. 1986. The use of growth regulators for early ripening of litchi (*Litchi chinensis* Sonn.). *Journal of Horticultural Science*, 61: 533-534.

Sharma, S.B., Ray, P.K. and Singh, B.K. 1990a. A note on the effect of defoliation on survival of litchi in nursery. *Haryana Journal of Horticultural Science*, 19: 129-130.

Sharma, S.B., Ray, P.K. and Singh, B.K. 1990b. Note on rooting and survival of litchi layers. *Indian Journal of Horticultural*, 47: 174-176.

Sharma, S.B., Ray, P.K. and Yadav, J.P. 1987. Determination of maturity standard of litchi (*Litchi chinensis* Sonn.) cv. Shahi. *Indian Food Packer*, 41(5): 15-17.

Sharma, S.B., Ray, P.K. and Yadav, J.P. 1987. Determination of maturity standard of litchi (*Litchi chinensis* Sonn.) cv. Shahi. *Indian Food Packer*, 41(5): 15-17.

Sharma V.K., Srivastava, A.K. and Choham J.S. 1972. A new host record for parasitic alga *Cephaleuros virescens* Kunze. *Science and Culture*, 38(1): 39-40.

Shaw, P.K. 1945. Asexual propagation of litchi. Biennial Report of Hawaii Agricultural Experiment Station, p. 31.

Shigeura, G. 1948. Blossom bud formation and fruit setting in litchi. Biennial Report of Hawaii Agriculture Experiment Station, pp. 138-140.

Shing, K.C., Haung, Y.C. and Cheng, K. 1954. The effect of L-naphthalein acetic acid and rootone on root formation in air layering of litchi (*Litchi chinensis* Sonn.). Mem. College Agriculture, National Taiwan University, 3: 44-56.

Shreshtha, G.K. 1981. Effects of ethephone on fruit cracking of lychee (*Litchi chinensis* Sonn.). *Horticulture Science*, 16: 498.

Shukla, K.S., Misra, R.L., Kaul, M.K. and Prasad, A. 1978. Studies on pollination germination of certain fruits. *Haryana Journal of Horticultural Science*, 7: 162-164.

Shukla, R.K. 1968. Studies on fruit bearing habit in litchi. Thesis Ph.D.. University of Agra.

Shukla, R.K. and Bajpai, P.N. 1974. Blossom bud differentiation and autogeny in litchi (*Litchi chinensis* Sonn.). *Indian Journal of Horticulture,* 31: 226-228.

Shukla, R.K. and Bajpai, P.N. 1974. Studies on vegetative growth in litchi (*Litchi chinensis* Sonn.). *Indian Journal of Horticulture*, 31: 148-153.

Shukla, R.K. and Bajpai, P.N. 1979. A note on flower drop in litchi (*Litchi chinensis* Sonn.). *Indian Journal of Horticulture*, 36: 54-56.

Simmonds, N.W. 1976. *Evolution of Crop Plants.* Ist Edn., Longman, London, pp. 321.

Singh, A.P. 1974. Studies on growth and fruiting of litchi under irrigated and unirrigated conditions and soil moisture relationship. Thesis M.Sc., RAU, Pusa, India.

Singh, Ajay and Abidi, A.B. 1986. Studies on the variation in protein, amino acids and ash contents of different litchi (*Litchi chinensis* Sonn.) cultivars during ripening and post harvest storage. *Narendra Deva University Journal of Agricultural Research*, 1(2): 149-154.

Singh, G. 1992. Loss assessment and biology of the litchi fruit borer. *Proceedings of National Seminar on Recent Developments in litchi Production* held at R.A.U., Pusa, 1992, pp. 40.

Singh, H. and Singh, H. 1974. Occurrence of *Myllocerus delicatullus* Boh. on tender leaves of litchi. *Indian Journal of Entomology*, 36(3): 238.

Singh, H.P. and Yadav, I.S. 1988. Physico-Chemical changes during fruit development in litchi cultivars. *Indian Journal of Horticulture*, 48: 212-218.

Singh, H.P. and Yadav, I.S. 1992. CHES-1, a promising selection in litchi. Souvenir, National Seminar on Recent Developments in Litchi Production, pp. 9-10.

Singh, I.S., Sharma, R.N. and Dhawan, S.S. 1981. *Phal Awam Sabji Parirakhchan*. H.A.I., Hissar, Publication, pp. 91.

Singh, K.K. and Jawanda, J.S. 1962. Litchi cultivation in the Punjab. *Punjab Horticulture Journal*, 2: 69-74.

Singh, L.B. 1951. Air-layering in litchi without soil and water. *Current Science*, 20: 102.

Singh, L.B. and Singh, U.P. 1954. *The litchi*. Superintendent of Printing and Stationery, Govt. of Uttar Pradesh, Lucknow, pp. 14-22.

Singh, M.P. 1952. Mineral composition of fruits of the litchi (*Litchi chinensis* Sonn.) and loquat (*Eriobotrya japonica* Lind.). *Indian Journal of Horticulture*, 9: 53-38.

Singh, M.P. 1971a. Occurrence of *Platypela apropola* Meyer. (Tortiricidae : Lepidoptera) on litchi in North Bihar. *Indian Journal of Entomology*, 33: 98.

Singh, M.P. 1971b. *Myllocerus discolar* Boh. and *M. undecimpuslulatus* Faust. (Curculionidae : Coleoptera) or pest of litchi. *Indian Journal of Entomology*, 32(2): 221.

Singh, O.P. and Phogat, K.P.S. 1984. Effect of growth regulators on fruit drop, size and quality of litchi cv. Calcuttia. *Punjab Horticultural Journal*, 24: 83-88.

Singh, P.K. 1976. The litchi in India, *Khad Parika*, 17: 18-21.

Singh, R. 1957. Improvement of packaging and storage of litchi at room temperature. *Indian Journal of Horticulture*, 14: 205-212.

Singh, R. 1958. *The Litchi in India*. Farm Bull. No. 44, I.C.A.R., New Delhi. Pp. 1-24.

Singh, R.D. 1977. Morphological changes during development of litchi fruits (*Litchi chinensis* Sonn.) cultivar. Early Large Red. *Agriculture and Agro-Industries Journal*, 10: 31-33.

Singh, R.K. and Chaudhary, B.M. 1970. Germination of litchi seeds. *Proceedings of Bihar Academy of Agricultural Sciences*, p. 18.

Singh, R.N. 1990. *Mango.* Indian Council of Agricultural Research, New Delhi (Revised Edn.), pp. 134.

Singh, S., Chugh, C.V. and Singh, K.K. 1965. Seasonal and interaction effects in marcotting of litchi (*Litchi chinensis* Sonn.) with some plant regulators. *Indian Journal of Agricultural Sciences*, 35: 101-113.

Singh, S. and Dhillon, B.S. 1981. Fruit drop pattern in litchi (*Litchi chinensis* Sonn.) cultivar and its control by the use of auxins. *Progressive Horticulture*, 13: 91-93.

Singh, S. and Dhillon, B.S. 1983. Flowering behaviour of litchi cultivars under Punjab conditions. *Indian Journal of Horticulture*, 40: 14-17.

Singh, S., Krishnamurthi, S. and Katyal, S.L. 1963. *Fruit Culture in India.* Indian Council of Agricultural Research, New Delhi. Pp. 451.

Singh, S.N. and Pathak, R.A. 1983. Effect of irrigation intensity, its frequency and manures on the growth of litchi, cv. Calcuttia. *Punjab Horticulture Journal*, 23(3/4): 197-202.

Singh, S.P. and Rao, N.S. 1976. Evaluation of some insecticides against black citrus aphid *Toxoptera aurantii. Pesticides*, 10(11): 21-22.

Singh, U.N., Singh, D.R. and Verma, A.N. 1972. Effect of different cover crops on the nutrient uptake by litchi var. Calcutia. *Horticulture Advance*, 9: 43-46.

Singh, V.K., Nasar, S.K.T. and Kumar, H. 1972. A fast macro and microscopic screening technique for mycorrhizal fungus of litchi and other horticultural crops. (Absteracts) National Seminar on Recent Development in Litchi Production, RAU, Pusa, India, pp. 32-33.

Singh, V.S. and Lal, R.K. 1980. Influence of growth regulators on setting, retention and weight of fruits in two cultivars of litchi. *Scientia Horticulture*, 12: 321-326.

Singhal, V 1995. Litchies. (In) Handbook of Indian Agriculture. Vikash Publishing House Ltd., New Delhi, pp. 139.

Sinha, R.B., Mallik, P.C. and Chhonkar, V.S. 1960. An observation on metabolic effect of indolebutyric acid in mango and litchi cuttings. *Indian Journal of Horticulture*, 17: 225-229.

Snowdon, A.L. 1990. *A colour atlas of postharvest diseases and disorders of fruits and vegetables*. Vol. I. *General Introduction and Fruits.* Wolfe Scientific Ltd., London, pp. 302.

Srivastava, G.C. and Kumar, S. 1996. Export potential of horticultural products in Bihar. Policy imperative paper presented at National Seminar on Export Potential of Agricultural Commodities-The Bihar Context. A.N. Sinha Institute of Social Studies, Patna, Bihar.

Srivastava, M.P., Tandon, R.N., Bligrami, K.S. and Ghosh, A.K. 1964. Studies on fungal diseases of some tropical fruits. I. *Phytopath*, 50: 250-61.

Srivastava, R.P. and Singh, L. 1969. Effects of growth substances on the quality of litchi. *Horticultural Science*, 1: 1-6.

Stephen, S.E. 1955. The litchi. *Queensland Agriculture Journal*, 81: 19-20.

Stephens, S.E. 1935. Litchi. *Queensland Agricultural Journal*, 44: 191-194.

Stern, R., Adato, I. and Gazit, S. 1990. Autumn water stress as means of increasing flowering and improving fertility in young litchi trees. *Alon Hanotea*, 44(5): 391-394.

Stern, R., Adoto, I. and Gazit, S. 1990. Autumn water stress of means of increasing flowering and improving fertility in young litchi trees. *Alon Hanotea*, 94: 391-394.

Stern, R.A., Adato, I., Goren, M., Eisentein, D. and Gazit, S. 1993. Effect of autumnal water stress on litchi flowering and yield in Israel. *Scientia Horticulturae*, 54(4): 295-302.

Stern, R.A., Gazit, S., Ei-Batsri, R. and Degani, C. 1993. Pollen parent effect on outcrossing rate, yield, and fruit characteristics of "Floridian" and "Mauritius" Lychee. *Journal of the American Society for Horticultural Sciences*, 118: 109-114.

Stewart, J.B. 1983. A discussion of the relationship between the principal forms of the combination equation for estimating crop evaporation. *Agricultural Meteorology,* 30: 111-127.

Stiles, W.C. 1984. Effect of pruning on growth and size of trees. *Acta Horticulturae*, 146: 225-229.

Storey, W.B. 1956. The lychee-with remarks concerning its status in California. Year-book California Avocado Society, 39: 55-67.

Storey, W.B. 1973. The lychee Yearbook. California Avocado Society, pp. 75-86.

Storey, W.B., Hamilton, R.A. and Nakasone, J. 1950. Litchi propagation. Biennial Report of Hawaii Agricultural Experiment Station, pp. 95-96.

Storey, W.B., Hamilton, R.A. and Nakasone, H.V. 1953. Groff-a new variety of lychee. Circular Hawaii Agriculture Experiment Station, 39: 1-8.

Subhadrabandhu, S. 1986. Studies of plant growth regulator effects on tropical and subtropical tree fruits of Thailand. *Acta. Horticulturae*, 175: 291-291.

Sunkist, G. 1960. *Preservs Hand-Book*, 6th edn., Ontario.

Suryanarayana, V. and Das, R.C. 1977. Effect of 2,4-D, NAA, GA and 2,4,5-T on fruit weight and fruit cracking in litchi (*Litchi chinensis* Sonn.) var. Muzaffarpur. *Plant Science*, 3: 126-128.

Swarts, D.H. 1985. *Sulphur content of fumigated South African litchi fruit.* Information Bulletin, Citrus and Subtropical. Fruit Research Institute, 155: 18-20.

Swarts, D.H. 1990. The post harvest treatment of Madras litchis. Litchi Year-book South African Litchi Growers Association, 3: 21-22.

Swarts, D.H. and Anderson, T. 1980. Chemical control of mould growth on litchis during storage and sea shipment. Information Bulletin, Citrus and Subtropical Fruit Research Institute, South Africa, 98: 13-15.

Syamal, M.M., Mishra, K.A., Singh, K.P. and Singh, B.K. 1983. Physico-chemical composition of litchi varieties of Bihar. *Indian Food Packer*, 4(4): 80-82.

Syvertsen, J.P. 1985. Integration of water stress in fruit trees. *Hort. Science*, 20: 1039-1043.

Tan, X.J. 1989. Post harvest physiology and preservation of tropical & sub-tropical fruits. *Acta Botanica Austro Sinica*, 5: 25-30.

Tandon, R.N., Singh, B. and Grewal, J.S. 1952. Leaf spot disease of litchis (*Nephelium litchi* comb.). *Proceedings of the National Academy of Science, India*, 1: 21-28.

Taylor, B.K. and Goubran, F.H. 1975. The phosphorus nutrition of the apple tree. I. Influence of rate of application of superphosphate on the performance of young trees. *Journal of Agricultural Research*, 26: 843-854.

Teaotia, S.S. and Singh, R.D. 1970. Fruit Cracking-review. *Progressive Horticulture*, 2(2): 21-32.

Teaotia, S.S., Tripathi, R.S. and Singh, R.D. 1967. Fixing maturity for some tropical fruits. *Proceedings of International Symposium on Sub-tropical and Tropical Horticulture*, Bangalore, pp. 108-121.

Thakur, S. 1987. Effect of different growth regulators on bearing of litchi (*Litchi chinensis* Sonn.). Thesis Ph.D., R.A.U., Pusa, Bihar.

Thakur, S. 1992. Hybridization in litchi. Souvenir, National Seminar on Recent Developments in Litchi Production, R.A.U., Pusa, p. 13.

Thakur, S., Kumar, R., Brahmachari, V.S., Sharma, R.K. and Chatterjee, D. 1991. Effect of growth regulators on fruit composition of litchi (*Litchi chinensis* Sonn.). *Horticulture Journal*, 4: 1-4.

Thakur, S. and Sharma, R.K. 1994. To combine the economic characters by hybridization. Technical programme of Agricultural Research, R.A.U. Research Council Proceeding (*Rabi*), 1993-94, p. 48.

Thompson, S.D. 1954. Effect of prepackaging and refrigeration on quality of lychees. Annual Report of Florida Agriculture Experiment Station, p. 113.

Tomer, E. and Kadman, A. 1985. The effect of various amounts of fertilizers on the growth and fruiting of litchi trees in the Negev region. *Alon Hanotea*, 34: 447-450.

Tongdee, S.C., Scott, K.J. and McGlasson, W.B. 1982. Packaging and cold storage of litchi fruits. *CSIRO-Food Research-Quarterly*, 42(2): 25-28.

Traub, H.P. and Robinson, T.R. 1940. Effect of recent freeze on lychee Jaboticabo and Mimoha bracatinga. *Proceedings of the Florida State Horticultural Society*, 53: 184-187.

Tukey, H.B. 1964. *Dwarfed Fruit Trees*. MacMillan Company, New York.

Underhill, S.J.R., Bagshaw, J., Prasad, A., Zauberman, G., Ronen, R. and Fuchs, Y. 1992. The control of lychee (*Litchi chinensis* Sonn.) post harvest skin browning using sulphur dioxide and low pH. *Acta Horticulturae*, 321: 732-741.

Underhill, S. and Critchley, C. 1994. Anthocyanin decolourization and its role in lychee pericarp browning. *Australia Journal of Experimental Agriculture*, 34(1): 115-122.

Underhill, S.J.R. and Critchley, C. 1993a. Physiology and anatomical changes in lychee (*Litchi chinensis* Sonn.) pericarp during storage. *Journal of Horticultural Science*, 68(3): 327-335.

Underhill, S.J.R. and Critchley, C. 1993b. Lychee perlcarp browning caused by heat injury. *Horticultural Science*, 28(7): 721-722.

Underhill, S.J.R. Critchley, C. and Simpson, D.H. 1992. Post harvest pericarp browning of lychee (*Litchi chinensis* Sonn.). *Acta Horticulturae*, 321: 718-725.

Underhill, S.J.R. and Simpson, D.H. 1993. Lychee (*Litchi chinensis* Sonn.) pericarp desiccation and importance of post harvest microcracking. *Scientia Horticulturae*, 54(4): 287-294.

Underhill, S.J.R. and Wang, L.S. 1990. A maturity standard for lychee (*Litchi chinensis* Sonn.). *Acta Horticulturae*, 269: 181-187.

Underhill, S.J.R. and Wong, L.S. 1989. A maturity standard for lychee (*Litchi chinensis* Sonn.). *Acta Horticulturae*, 269: 181-187.

Van Bavel, C.H.M. and Hillel, D. 1976. Calculating potential and actual evaporation from a bare soil surface and simulation of current flow of water and heat. *Agricultural Meterology*, 17: 453-476.

Veera, S. and Das, R.C. 1971. Effect of 2,4-D, NAA, GA and 2,4,5-T on fruit weight and fruit cracking in litchi (*Litchi chinensis* Sonn.) var. Muzaffarpur. *Plant Science*, 3: 126-128.

Veera, S. and Das, R.C. 1974. Effect of 2,4-D, NAA, GA and 2,4,5-T on initial set, retention and growth of fruits in litchi (*Litchi chinensis*). *Horticultural Advance*, 9: 11-13.

Venning, F.D. 1949. Anatomy and secondary growth in the axis of *Litchi chinensis* Sonn. *Quarterly Journal of Florida Academy of Science*, 12: 51-60.

Verma, A.N. and Khurana, A.D. 1974. Further new host records of *Indarbela* species (Lepidoptera : Metarbelidae). *Haryana Agriculrtural University Journal of Research*, 4(3): 253-254.

Verma, S.K., Jain, B.P. and Das, S.R. 1980. Preliminary studies on the evaluation of the effect of growth substances with minor element in controlling fruit drop in litchi (*Litchi chinensis* Sonn.). *Haryana Journal of Horticultural Science*, 10: 4-10.

Verma, U. and Prasad, S.S. 1986a. Pathogenic capabilities of auxotrophs of *Aspergillus nidulans* associated with litchi rot. *Journal of Indian Botanical Society*, 65(1): 60-64.

Verma, U. and Prasad, S.S. 1986b. Growth factors of auxotrophs of *Aspergillus nidulans* associated with litchi rot and their pathogenecity. *Journal of Indian Botanical Society*, 65(1): 41-46.

Verma, U.P. and Pandey, S. 1957. Dried litchi has a good market. *Indian Farming*, 7(6): 6-7.

Vernon, A.R. 1967. Annual Report, Cocoa Research Institute, Ghana, pp. 60-62.

Vevai, E.J. 1971. Know your crop, its pest problems and control of minor tropical fruits. *Pesticides*, 5(11): 31-54.

Vyas, N.D. 1938. *The Litchi*. Bull. Uttar Pradesh Department of Agriculture, Fruit Service, 12: 1-10.

Wadhi, S.R. and Batra, H.N. 1964. Pests of tropical and sub-tropical fruit trees. *Entomology in India*. Silver Jubilee Number. Entomological Society of India, pp. 227-260.

Wang, L.S., Jacobi, K.K. and Giles, J.E. 1991. The influence of hot benomyl dips on the appearance of cool stored lychee (*Litchi chinensis* Sonn.). *Scientia Horticulturae*, 46(3-4): 245-251.

Ware, C.E. 1956. Peerless, an interesting new lychee. *Proceedings of Florida Lychee Growers Association*, 3: 60-62.

Watson, B.J. 1983a. Propagation of tropical fruit trees. (In) Anonymous (Editor), Plant Quarantine nursery stock workshop. Queensland Government Printer. Brisbane, pp. 34-38.

Watson, B.J. 1983b. *Care, treatment of tropical fruit trees in quarantine.* North Queensland Government Printer, Brisbane, pp. 79-86.

Watson, B.J. 1984. Unpublished data. Cited from Menzel, C.M. 1985. *Scientia Horticulturae*, 25: 31-38.

Wenkam, N.S. and Miller, CD. 1965. Composition of Hawaii fruits. *Hawaii Agricultural Experiment Station Bull.* 135.

Wertheim, S.J. 1980. High-density planting: development and current achievements in the Netherlands, Belgium and West Germany. *Acta Horticulturae*, 114: 318-325.

Wester, P.J. 1920. *Plant propagation and fruit culture in tropics.* Bulletin, Philippine Department Agriculture, 32: 1-12.

Westwood, M.N. 1978. *Temperature Zone Pomology*. Freeman, New York, pp. 428.

Wild, B.L. 1992. Variations in sensitivity of isolates of *Geotrichum candidum* to the fungicide guazatine. *Australian Plant Pathology*, 21(1): 13-15.

Wildes, R.A., Dan, I.R., Chalmers, D.J. and Hunter, C. 1978. Control of assimilate distribution between fruit and vegetative growth in peach trees. I. Effects of cincturing and hormones. Abstr. 1941. *Proceedings XX International Horticulture Congress*, Sydney. 1.

Winfield, M.E. 1945. The role of boron in plant metabolism. The influence of boron on certain enzymes. *Australian Journal of Experimental Biology and Medical Science*, 23: 267-272.

Winks, C.W., Batten, D.J. and Burt, J.R. 1983. Autralian Sub-tropical Horticulture Mission to the people's Republic of China. Commonwealth Dep. Primary Ind., Canberra.

Wong, L.S., Jacobi, K.K. and Giles, J.E. 1991. The influence of hot benomyl dips on the appearance of cool stored lychee (*L. chinensis* Sonn.). *Scientia Horticulturae*, 46(3/4): 245-251.

Xia, Q.H., Chen, R.Z. and Fu, J.R. 1992. Effects of desiccation, temperature and other factors on the germination of lychee (*Litchi chinensis* Sonn.) and longan (*Euphoria longan* Stend) seeds. *Seed Science and Technology*, 20: 1-19, 127.

Xu, R.Y., Chen, R.M., Chen, J.L., Want, K.G. and Kang, Z.K. 1984. A study of the effect of microelement boron on litchi production. *Journal of Fujian Agriculture*, 13: 305-311.

Yadav, G.R., Prasad, B. and Upadhaya, J. 1984. Effect of postharvest treatments on storage rot of litchi fruit. *Progressive Horticulture,* 16(3/4): 351-352.

Yee, W. 1961. The lychee in Hawaii. Univ. Hawaii Coop. Extn. Serv. Circ; 366: 1-13.

Yee, W. 1972. The lychee in Hawaii. Circular University Hawaii Agricultural Cooperative Extension Service, 366: 1-24.

Young, 1957. Lychee-branch girdling. Annual Report of Florida Agricultural Experiment Station, pp. 353-354.

Young, E. and Werner, D.J. 1982. Early season root and shoot growth of Golden Delicious apple on four rootstocks as affected by pruning at planting. *Journal of the American Society for Horticultural Science*, 107: 822-826.

Young, T.N. and Harkness, R.W. 1961. Flowering and fruiting behaviour of Brewster lychee in Florida. *Proceedings of the Florida State Horticultural Science*, 74: 358.

Young, T.W. 1942. Lychee Selection and culture in Florida. Annual Report of Institute of Food and Agriculture Science, University of Florida, pp. 188.

Young, T.W. 1954. Fertilization of the litchi on sandy and loamy soils. *Proceedings of Florida Lychee Growers Association*, 1: 11-14.

Young, T.W. 1955. Branch girdling and root pruning trials on lychees in Florida. *Proceedings of Florida Lychee Growers Association*, 3: 42-47.

Young, T.W. 1955. Branch girdling and root pruning trials on lychees. *Proceedings of Florida Lychee Growers Association*, 4: 9-13.

Young, T.W. 1956. Response of lychees to girdling. *Proceedings of the Florida State Horticultural Society*, 69: 305-308.

Young, T.W. 1956a. Response of lychees to girdling. *Proceedings of the Florida State Horticultural Society*, 69: 305-308.

Young. T.W. 1956b. Lychee-branch girdling. Annual Report of Florida Agriculture Experiment Station, pp. 314-315.

Young, T.W. 1957. Lychee fruitfulness. *Proceedings of Florida Lychee Growers Association*, 4: 9-13.

Young, T.W. 1957. Lychee-branch girdling. Annual Report of Florida Agriculture Experiment Station, pp. 353-354.

Young, T.W. 1959. Lychee-branch girdling. Annual Report of Florida Agriculture Experiment Station, pp. 356.

Young, T.W. 1970. Some climatic effects on floweing and fruiting of 'Brewster' lychee in Florida. *Proceedings of the Florida State Horticultural Society*, 83: 362-367.

Young, T.W. 1972. Lychee selection and culture in Florida. Annual Report of Institute of Food and Agricultural Science, University of Florida, pp. 188.

Young, T.W. 1977. Effect of branch girdling on yield of severely pruned Brewster lychee trees. *Proceedings of the Florida State Horticultural Society*, 90: 251-253.

Young, T.W. and Harkness, R.W. 1961. Flowering and Fruiting behaviour of Brewster litchi in Florida. *Proceedings of the Florida State Horticultural Society*, 74: 358-363.

Young, T.W. and Koo, R.C.J. 1964. Influence of nitrogen source and rate of fertilization on performance of Brewster lychees. *Proceedings of the Florida State Horticultural Society*, 17: 406-410.

Young, T.W. and Noonan, J.C. 1958. Freeze damage to lychees. *Proceedings of the Florida State Horticultural Society*, 71: 300-304.

Young, T.W., Campbell, C.W. and Popenoe, J. 1963. Lychee girdling. Annual Report of Florida Agriculture Experiment Station, pp. 339.

Yu, Y.B. 1991. Study on some factors in tissue culture of lychee (*Litchi chinensis*). *Fujian Agriculture Science Technical*, 5: 17-18.

Yule, H., Bernell, A.C. and Hobsen, J. 1903. Being a glossary of Anglo-Indian colloquial words and phrases, etymological, historical, geographical and discursive. New Edition, William J. Murray, London.

Zauberman, G., Ronen, R., Akerman, M., Weksler, S., Rot, I. and Fuchs, Y. 1991. Post harvest retention of the red colour of litchi fruit pericarp. *Scientia Horticulturae*, 47(1-2): 89-97.

Zelev, I. 1977. Vlijanie na rozibata vrchu dinamikata na ujakoi biologicni projavi pri jablkata. I. Filizence. *Gradinar. Lozar Nauka*, 14(1): 3-9.

Zeng, S.X., Wang, Y.R., Cheng, Y.Z. and Liu, H.X. 1987. The change in alcohol dehydrogenase isozymes (ADH) from litchi peel during storage under different low temperature. *Acta Horticulturae Sinica*, 14(1): 62-64.

Zhang, K., Guo, R. and Zhang, Q.C. 1988. Effect of plant growth regulators on fruit set in litchi. *Journal of Fujian Agricultural College*, 17: 54-60.

Zhang, Q.C., Huang, J.W., Tan, D.F. and Ye, W. 1986. A brief report on the study of fresh litchi preservation. *Plant Physiology Communications*, 1: 35-36.

Zhang, Z.P., Guan, Q., Zhao, X.D., Zeng, K.Y. and Feng, Q.M. 1993. Ecophysiological characteristics of high quality litchi. *Acta Agriculturae Sinica*, 1993, Supplement No. 1, pp. 180-183.

Zhong, Y.W. and Mu, S.K. 1983. Effect of growth regulators on the induction of flowers in the litchi cultivar Nomici. *Guangdong Agricultural Science*, Guengdong Nongye Eexue Nos. 17-19.

Zhong, Y.W. and Wu, S.X. 1983. A study on the growth pattern of fruits of litchi (*Litchi chinensis*) cv. 'Nomici'. *Guangdong Agriculture Science,* 4: 1-5.

Zhuang, W., Jenah, Y., Lin, Z., Chen, R. and Chen, J. 1988. A resume of research conducted on the subject of how to promote fruit bearing in mature lychee trees. *Journal of Fujian Agriculture College*, 12: 297-305.

Zhuang, W.B., Yang, J.A., Lin, X.J., Chen, Y.M. and Chen, J.L. 1983. A summary of studies on improving fruiting in litchi. *Journal of Fujian Agricultural College*, 12(4): 297-306.

अनुक्रमणिका

ऊ

क

ग

र

ह